"十四五"职业教育河南省规划教材

法院、检察院书记员职业能力训练系列教材

总主编 殷 宏 徐 飚

书记员庭审速录训练

主 编 郑志锋

副主编 唐 骥 耿世昌

科学出版社

北 京

内 容 简 介

　　本书内容包括庭审笔录常见词汇速录训练、庭审笔录常见句型速录训练、庭审笔录看打录入训练、庭审笔录听打录入训练 4 个项目。每个项目又分设民事诉讼、行政诉讼、刑事诉讼 3 个训练任务。

　　本书贴近庭审记录工作实践，每个项目设有知识要点、考核要求、学习评价、知识拓展模块。每个任务设有训练目标、训练步骤、训练内容模块。书中的训练素材均来源于真实案例的庭审笔录，由庭审常见词汇到庭审常见句型，再到庭审笔录实例，由易到难、循序渐进。既注重速录技能的训练，又注重法律素养的提升。

　　本书既可作为高等职业院校法律事务、法律文秘、检察事务等相关专业速录课程的教材，也可作为法院、检察院初任书记员岗前培训用书。

图书在版编目（CIP）数据

　　书记员庭审速录训练/郑志锋主编. —北京：科学出版社，2023.2
　　（"十四五"职业教育河南省规划教材·法院、检察院书记员职业能力训练系列教材）
　　ISBN 978-7-03- 071281-3

　　Ⅰ. ①书…　Ⅱ. ①郑…　Ⅲ. ①书记员-速记-中国-职业培训-教材
Ⅳ. ①D926.2

　　中国版本图书馆 CIP 数据核字（2021）第 274303 号

责任编辑：都　岚　施玉新　李乐维 / 责任校对：王万红
责任印制：吕春珉 / 封面设计：东方人华平面设计部

科 学 出 版 社出版

北京东黄城根北街 16 号
邮政编码：100717
http://www.sciencep.com

三河市骏杰印刷有限公司印刷
科学出版社发行　　　各地新华书店经销
*

2023 年 2 月第 一 版　　　开本：787×1092 1/16
2025 年 2 月第五次印刷　　　印张：16 3/4
字数：393 000

定价：67.00 元

法院、检察院书记员职业能力训练系列教材

编委会

本书编委会

主 编　郑志锋

副主编　唐　骥　耿世昌

参 编　陈　琳　张燕乐　荣　方　时瑞燕

前　言

速录是书记员必备的基本技能之一，已广泛应用于法院、检察院的司法工作中。由书记员当庭记载全部法庭审理活动情况的文字记录，是法院正确认定案件事实，全面客观地审查核实证据，进而作出公正裁判的主要依据。因此，认真、完整、准确、客观地记好、记清庭审笔录，是书记员最重要的职责。

本书为满足司法改革的需求，助力全面推进司法公正，依据法律类高职院校法律事务、法律文秘、检察事务等相关专业的人才培养方案和书记员岗位技能需求编写，以书记员典型岗位工作任务训练为主线，以提高庭审速录技能水平为主要目的，设置了庭审笔录常见词汇速录训练、庭审笔录常见句型速录训练、庭审笔录看打录入训练、庭审笔录听打录入训练4个项目，每个项目设有知识要点、考核要求、学习评价、知识拓展模块。每个项目下设3个任务，每个任务设置了训练目标、训练步骤、训练内容模块。本书内容翔实，深入浅出，既有速度训练，又有相关知识，还有学习指导。通过本书的学习，能够帮助学生更加高效地掌握书记员庭审速录技能。

本书采用"速录技能与法律素养齐头并进"的教学模式，遵循由易到难、循序渐进的原则，由"词"及"句"、由"句"到"篇"，即先训练庭审常见词汇的速录，再训练庭审常见句型的速录，接着训练庭审笔录的看打，最后训练庭审笔录的听打。本书旨在帮助广大书记员提高庭审速录水平，最终达到180字/分的录入速度，真正实现"语落字现、话毕稿成"，保证全面、客观、准确地记录整个庭审过程。同时，通过相关法律知识的学习，不断增强法治意识，弘扬社会主义法治精神，做社会主义法治的忠实崇尚者、自觉遵守者、坚定捍卫者。

本书由河南检察职业学院张进超统筹，郑志锋担任主编，北京速录科技有限公司副总经理兼中国中文信息学会速记专业委员会副秘书长唐骧、河南加速度科技有限公司总经理耿世昌担任副主编。河南检察职业学院张燕乐、荣方、时瑞燕，河南加速度科技有限公司陈琳参与编写。具体编写分工如下：郑志锋负责大纲及体例的制定，撰写前言、项目1、项目2，并负责全书最终的审校；唐骧负责项目1、项目2的初步审校；耿世昌负责项目3、项目4的初步审校；陈琳负责编写二维码材料中所有技巧文；荣方负责编写项目3的任务1、项目4的任务1、附录；张燕乐负责编写项目3的任务2、项目4的任务2；时瑞燕负责编写项目3的任务3、项目4的任务3。

本书在纸质教材的基础上，增加了网络增值服务，将一些看打、听打练习素材以二维码的形式呈现，若需音频材料可以与编者联系（815195101@qq.com），学有余力的学生可以扫描、下载，加大练习量，更快地掌握庭审速录技能。本书的教学课件可以从科学出版社职教技术出版中心网站 www.abook.cn 下载。

本书各项目教学课时建议见下表。

教学课时建议

项目	任务	课时
项目 1　庭审笔录常见词汇速录训练	任务 1　民事诉讼常见词汇速录训练	4
	任务 2　行政诉讼常见词汇速录训练	4
	任务 3　刑事诉讼常见词汇速录训练	4
项目 2　庭审笔录常见句型速录训练	任务 1　民事诉讼常见句型速录训练	4
	任务 2　行政诉讼常见句型速录训练	4
	任务 3　刑事诉讼常见句型速录训练	4
项目 3　庭审笔录看打录入训练	任务 1　民事诉讼笔录看打录入训练	8
	任务 2　行政诉讼笔录看打录入训练	8
	任务 3　刑事诉讼笔录看打录入训练	8
项目 4　庭审笔录听打录入训练	任务 1　民事诉讼笔录听打录入训练	8
	任务 2　行政诉讼笔录听打录入训练	8
	任务 3　刑事诉讼笔录听打录入训练	8
考核、机动		8
合计		80

　　本书在编写过程中，殷宏、徐飚全程参与指导，郑州高新技术产业开发区人民法院给予鼎力支持，在此表示衷心的感谢。同时，本书借鉴了同行专家学者的已有成果，在此一并表示深深的谢意。

　　由于编者水平有限，书中疏漏与不足之处在所难免，敬请广大读者批评指正。

编　者

目　录

项目 1　庭审笔录常见词汇速录训练

　　语言是法律的载体，法律术语是法律语言的基本构成要素。庭审过程中，作为法律专业人士的法官、检察官、律师，为了实现高效率、低差错的信息传递，会使用大量的法律术语，也就是法律专业词汇。对包括亚伟速录在内的任何输入法而言，词汇输入的快慢和准确率是非常关键的。所以，为了更有效地提高庭审记录的速度和确保高准确率，保证庭审的顺利进行，书记员一方面要加强法律基础知识的学习，理解法律术语的含义，在日常工作中要注意积累法律专业词汇，并把这些词汇记录到输入法内，建立自己的专业词库；另一方面，要有针对性地加强法律专业词汇的速录练习，看打和听打练习要交替进行，努力实现"听得懂、打得准"。

　　练习庭审速录必须践行劳动精神、奋斗精神，为自己制订一个切实可行的训练计划，既不能急于求成，也不能一曝十寒。首先，要测试自己的录入速度，并以此为起点，把训练过程划分成若干阶段，确定阶段性目标，比如以每分钟提高 10 个字为标准进行划分。其次，要对阶段性目标进行冲刺，待提高到一个阶段并且保持稳定以后，再继续冲刺下一个阶段性目标。再次，要避免零星、分散的练习，其练习效果并不理想，而应当合理安排时间，每天安排不低于一个小时进行集中练习，以取得事半功倍的效果。

【知识要点】

1. **特定单音字的录入方法[X/W:单字音节码]**

➤ 步骤一：左手击打 X 键或 W 键，右手击打单字音节码。

➤ 步骤二：左右手同时并击。

例如：人（X:XBZN）、权（W:XGIUAN）

2. **双音略码的录入方法[首音节码:X 或 W]**

➤ 步骤一：左手击打首音节码，右手击打 X 键或 W 键。

➤ 步骤二：左右手同时并击。

例如：关系（GUAN:X）、特别（BD:W）

3. **三音略码的录入方法**

➤ 步骤一：左手或右手单手击打首音节码。

➤ 步骤二：左右手同时并击 X 键。

例如：审判员（1.XZN　2.X:X）

4. **四音略码的录入方法**

➤ 步骤一：左手击打首音节码，右手击打末音节码，左右手同按同起。

➤ 步骤二：左右手同时击打 X 键。

例如：民事责任（1.XBIN:XBZN　2.X:X）

5. **多音略码的录入方法**

➤ 步骤一：左右手同时并击前两个字的音节码。

➤ 步骤二：左手击打末音节码，右手击打 XO 键，左右手同按同起。

例如：有限责任公司（1.IEO:XIAN　2.XDZ:XO）

6. **重码选择的录入方法**

➤ 步骤一：单手单击某组同音字或双手并击某组同音词。

➤ 步骤二：左手击打 XNE，右手击打相应数字键，左右手同按同起。

例如：知识（1.Z:XZ　2.XNE:Z）

7. **联词消字的录入方法（常用）**

➤ 步骤一：用目标字组成一个两字词语。

➤ 步骤二：用 W 键删除非目标字（左手击打 W 键，删除两字词语左边的字；右手击打 W 键，删除两字词语右边的字）。

例如：费（费德）（1.XBUE:D　2.:W）

任务 1   民事诉讼常见词汇速录训练

训练目标

1. 熟练掌握民事诉讼常见词汇的亚伟码。
2. 熟练掌握民事诉讼常见词汇的亚伟码录入技巧。
3. 能够快速准确地录入民事诉讼常见词汇。

训练步骤

1. 学习民事诉讼常见词汇中的亚伟码录入技巧。
2. 通过看打方式，熟练掌握民事诉讼常见词汇的速录技巧。
3. 通过听打方式，熟练掌握民事诉讼常见词汇的速录技巧。

训练内容

一、看打录入训练

（一）技巧录入练习

1. 录入技巧练习之一：特定单音字

生命权（生命/2 + 权/W）   身体权（身体 + 权/W）   健康权（健康 + 权/W）

荣誉权（荣誉 + 权/W）   撤销权（撤销 + 权/W）   购买权（购买 + 权/W）

婚姻自主权（婚姻自主/四音 + 权/W）   无处分权人（无/X+处分+权/W+人）

2. 录入技巧练习之二：双音略码

根据（W）	关系（X）	代表（W）	原则（X）	团体（W）	特别（W）
能力（X）	高度（W）	保证（X）	解决（X）	方法（W）	债权（W）
混合（W）	建设（X）	技术（W）	责任（W）	规定（X）	具有（W）
设计（X）	表示（X）	措施（X）	损害（W）	其他（W）	权利（X）

3. 录入技巧练习之三：三音略码

所有权

4. 录入技巧练习之四：四音略码

法律行为　权利能力　财产关系　婚姻自主　诉讼权利　公序良俗　连带责任
损害赔偿　法庭辩论　人身自由　技术转让　用益物权　侵权行为　法律效力
违法行为　先予执行　实用新型　民事诉讼　公益诉讼

5. 录入技巧练习之五：多音略码

民事行为能力　有限责任公司　股份有限公司　融资租赁合同　民事法律关系
遗嘱执行人　　民事诉讼法　　审判委员会　　授权委托书　　非婚生子女

6. 录入技巧练习之六：重码选择

物权（2）　　　生命（2）　　　诚信（3）　　　优先（2）　　主物（2）　　串通（2）
非营利（2）　　营利（5）　　　董事（2）　　　两次（3）　　质权（2）　　抵销（2）
胁迫（2）　　　直系（4）　　　晚辈（2）　　　姻亲（2）　　异议（2）　　要约（2）
争议（2）　　　监事会（2）　　通知（3）

7. 录入技巧练习之七：全码捆绑

知识产权　董事会　　理事会　　宅基地　地役权　抵押权　出质人　当事人
第三人　　担保物权　名誉权　　隐私权　不动产　探矿权　采矿权　近亲属
管辖权　　起诉书　　民事主体　标的物　第一审　姓名权　肖像权　使用权
通知书　　质押权　　留置权　　不当得利

☑ 本书中全码捆绑选取的是改变常规录入方法的捆绑词语。例如，董事（2）、董事会（1），单独录入"董事"需捆绑选择 2，而"董事会"捆绑之后，无须再选择。和常规录入方法一致的捆绑词语未被选取。例如，相对（1）、人（1）、相对人（1）等。

8. 录入技巧练习之八：联词消字

仓单（仓库/W + 单位/W）　附合（附耳 + 合/W）

9. 录入技巧练习之九：分开击打

买受（买/左手先单击 + 受/右手后单击）

10. 录入技巧练习之十：后置

社会（XZWUE）　　活动（XGWUEO）

（二）看打录入练习

1. 看打录入练习之一

法人　董事会　民事主体　法定代理人　民事法律关系　认定事实的根据

清算	监事会	民事关系	非营利法人	民事法律行为	法律事实和文书
物权	理事会	人身关系	法定代表人	民事权利能力	公益诉讼办案规则
合同	生命权	财产关系	善意相对人	民事行为能力	案件流程监控通知书
发明	身体权	公平原则	婚姻自主权	社会团体法人	侵害当事人诉讼权利
动产	健康权	诚信原则	优先购买权	有限责任公司	
共有	姓名权	公序良俗	无处分权人	股份有限公司	
主物	肖像权	营利法人	善意受让人	宅基地使用权	

2. 看打录入练习之二

从物	名誉权	特别法人	其他近亲属	标的格式条款	检察院提请抗诉
加工	荣誉权	执行董事	非婚生子女	连带责任保证	解决争议的方法
附合	隐私权	连带债权	遗嘱执行人	融资租赁合同	第一审民事案件
混合	所有权	连带债务	残疾赔偿金	建设工程合同	法庭辩论终结前
征收	撤销权	人身自由	死亡赔偿金	技术开发合同	法律规定的机关
征用	代理人	人格尊严	惩罚性赔偿	技术转让合同	委托诉讼代理人
担保	相对人	用益物权	民事诉讼法	技术许可合同	经两次传票传唤
质权	不动产	担保物权	侵权行为地	技术咨询合同	不具有法律效力
要约	受让人	不当得利	管辖权转移	技术服务合同	审判人员违法行为
承诺	探矿权	知识产权	审判委员会	夫妻共同债务	对执行活动的监督
标的	采矿权	实用新型	诉讼标的物	遗赠扶养协议	民事诉讼监督规则

（三）看打录入测试

抵销	地役权	外观设计	代表人诉讼	直系晚辈血亲	胁迫他人作伪证
提存	抵押权	商业秘密	诉讼第三人	共同侵权行为	保全和先予执行
买受	质押权	意思表示	财产代管人	共同危险行为	强制性教育措施
仓单	质权人	重大误解	委托代理人	精神损害赔偿	宣读公益诉讼起诉书
血亲	出质人	恶意串通	授权委托书	医疗损害责任	
姻亲	留置权	被代理人	案外人异议	高度危险责任	

二、听打录入训练

（一）技巧录入练习

1. 录入技巧练习之一：特定单音字

调查核实权（调查核实/四音 ＋ 权/W）　　撤销权（撤销 ＋ 权/W）

按份共有（按/左手单击 ＋ 份/W＋共有）　　探望权（探望 ＋ 权/W）

2. 录入技巧练习之二：双音略码

专门（X）　原则（X）　负责（W）　一般（W）　存在（X）　错误（W）　停止（X）
没有（X）　人民（W）　判决（W）　排除（X）　能力（X）　履行（X）　措施（X）
损失（X）　条件（W）　影响（W）　普通（W）　调查（X）　设计（X）　债权（W）
关系（X）　规定（X）　责任（W）　提出（W）　特别（W）

3. 录入技巧练习之三：三音略码

债权人

4. 录入技巧练习之四：四音略码

民事责任　适用法律　连带责任　诉讼权利　恢复名誉　赔礼道歉　劳动争议
权利能力　紧急避险　诉讼时效　纪检监察　违法行为　调查核实　公益诉讼

5. 录入技巧练习之五：多音略码

仲裁委员会　　业主委员会　土地使用权　公示催告程序　审判监督程序
诚实信用原则　管辖权异议　再审申请书　居民委员会

6. 录入技巧练习之六：重码选择

知识（2）　　书证（2）　评议（2）　质证（3）　介质（2）　施行（2）　检察（2）
检察院（2）拘传（2）　登记（2）　始发（2）　撤诉（2）　寄存（2）　海事（2）
中止（4）　　终审（2）　不予（2）　挛息（5）　清单（3）　复议（3）　要约（2）
承办（2）　　地域（2）

7. 录入技巧练习之七：全码捆绑

检察官　合议庭　溯及力　通知书　有异议　护理费　管辖权　正当防卫　第一审
未成年　保险金　赔偿金　补偿金　代位权　监督员　当事人　权利义务　登记表
决定书　医疗费　交通费　营养费　发包人　裁决书　建议书　法定挛息
人民检察院

8. 录入技巧练习之八：联词消字

合议（合议庭）　行纪人（行/行为 + 纪/纪律 + 人）
调查函（调/调查/X + 函/函数）

9. 录入技巧练习之九：分开击打

另有规定（另/左手单击 + 有/X+规定/X）

定作人（定/左手单击 + 作/右手单击 + 人/W）

有专门知识的人（有 + 专门/X + 知识/2 + 的/左手单击 + 人/X）

两个单字在一起录入时，一般可以采取先左后右分开录入的方法，但为了避免产生不必要的捆绑现象，这里我们建议采取左字单手右字 X 或左字单手右字 W，即左边的字用左手单击后离键，右边的字采取特定单音字的方法来录入，特定单音字的方法是右手打字、左手打 X 或 W。

（二）听打录入练习

1. 听打录入练习之一

重婚	保险金	委托代理	仲裁委员会	诚实信用原则	有专门知识的人
配偶	赔偿金	法定代理	未成年子女	检察监督原则	法律另有规定的
合议	补偿金	民事责任	善意相对人	一般地域管辖	适用法律存在错误
回避	要约人	连带责任	业主委员会	特殊地域管辖	国有土地使用权出让
复议	代位权	停止侵害	人民监督员	诉讼权利能力	第一审公益诉讼判决
起诉	撤销权	排除妨碍	居民委员会	诉讼行为能力	
反诉	出卖人	继续履行	强制性措施	当事人的陈述	
答辩	出租人	赔偿损失	承办检察官	最佳证据规则	

2. 听打录入练习之二

书证	承租人	消除影响	委托调查函	必要共同诉讼	合议庭评议案件
物证	承揽人	恢复名誉	法律溯及力	普通共同诉讼	指令调查通知书
质证	定作人	赔礼道歉	人民检察院	审判监督程序	中止审查决定书
期间	发包人	不可抗力	经常居住地	公示催告程序	尚未施行的法律
送达	勘察人	正当防卫	被告住所地	劳动争议仲裁	再审检察建议书
拘传	设计人	紧急避险	合同履行地	债务人负责人	免除或减轻责任
罚款	施工人	诉讼时效	票据支付地	民事抗诉案件	对管辖权有异议
拘留	承包人	预告登记	运输始发地	案件流程监控	证人的权利义务
撤诉	承运人	相邻关系	仲裁裁决书	行政公益诉讼	妨害司法秩序行为
抗诉	寄存人	按份共有	不动产纠纷	民事公益诉讼	海事诉讼特别程序
查封	行纪人	共同共有	连带债权人	提出检察建议	不予执行仲裁裁决

（三）听打录入测试

扣押	探望权	天然孳息	连带债务人	调取证据清单	终审的判决裁定

拍卖	收养人	法定孳息	管辖权异议	原始存储介质	不符合受理条件
变卖	医疗费	受要约人	审查登记表	调查收集证据	没有法律溯及力
仲裁	护理费	免责条款	再审申请书	纪检监察机关	违法行为人主观过错
权益	交通费	补充协议	复查决定书	审查起诉期限	
关系	营养费	交易习惯	调查核实权	案件基本事实	

任务 2 行政诉讼常见词汇速录训练

训练目标

1. 熟练掌握行政诉讼常见词汇的亚伟码。
2. 熟练掌握行政诉讼常见词汇的亚伟码录入技巧。
3. 能够快速准确地录入行政诉讼常见词汇。

训练步骤

1. 学习行政诉讼常见词汇中的亚伟码录入技巧。
2. 通过看打方式，熟练掌握行政诉讼常见词汇的速录技巧。
3. 通过听打方式，熟练掌握行政诉讼常见词汇的速录技巧。

训练内容

一、看打录入训练

（一）技巧录入练习

1. 录入技巧练习之一：特定单音字

行政处罚权（行政处罚 + 权/W）　　　　申辩权（申辩/2 + 权/W）
加处罚款（加/X + 处/XW + 罚款）　　　　代履行（代/W + 履行/X）
有立功表现（有/X+立功 + 表现/W）　　　陈述权（陈述 + 权/W）
裁决权（裁决 + 权/W）　　原裁定（原/X + 裁定）　　抗诉书（抗诉 + 书/W）

2. 录入技巧练习之二：双音略码

参加（X）	履行（X）	土地（W）	地方（X）	判决（W）	损害（W）
停止（X）	生产（X）	政府（W）	措施（X）	约束（X）	建设（X）
或者（W）					

3. 录入技巧练习之三：三音略码

所有权

4. 录入技巧练习之四：四音略码

行政拘留　从轻处罚　人身自由　询问笔录　矿产资源　生育保险　行政赔偿
特许经营　婚姻登记　国家利益

5. 录入技巧练习之五：多音略码

地方性法规　具体行政行为

6. 录入技巧练习之六：重码选择

处罚（2）　证照（4）　登记（2）　财物（2）　证券（2）　留置（2）　申辩（2）
复议（3）　清除（2）　船舶（2）　听证（2）　抵押（2）　扣缴（2）　执业（5）
权属（6）　事务（2）　胁迫（2）　质押（3）　交还（2）　原状（2）　颁发（2）

7. 录入技巧练习之七：全码捆绑

许可证　矿业权　地役权　抚恤金　自治区　通行费　检查笔录　行政处罚　记大过
机动车　资格证　起诉状　调解书　自主权　减轻处罚　失业保险　养老金　上诉状
当事人　滞纳金　直辖市　原判决　工伤保险　税务登记　使用权　资质证　答辩状
裁量权　考务费　起诉状　行政复议　驾驶证　决定书

8. 录入技巧练习之八：联词消字

登记费（登记/2 + 费/费时或费德）　地上物（地上 + 物/物质）
证照费（证照/4 + 费/费时或费德）　戒毒（戒/戒备 + 毒/毒物）
失业保险金（失业保险 + 金/金额）　工伤保险金（工伤保险 + 金/金额）
生育保险金（生育保险/四音略码 + 金/金额）

（二）看打录入练习（500 字）

1. 看打录入练习之一

损害　起诉状　行政复议　地方性法规　执业资格许可　船舶所有权登记
赔偿　答辩状　行政赔偿　罚款的限额　授予荣誉称号　给付基本养老金
警告　上诉状　扣押财物　规范性文件　不动产登记费　失业保险资格认定
罚款　相对人　行政许可　受委托组织　政府信息公开　采取保护性约束措施
没收　所有权　行政征收　行政处罚权　责令交还土地　加处罚款或者滞纳金
停产　使用权　行政征用　受他人胁迫　责令停止建设

停业	自主权	质押登记	有立功表现	责令恢复原状
吊销	鉴定人	户籍登记	自由裁量权	责令暂停生产

2. 看打录入练习之二

警告	代履行	行政处罚	吊销许可证	没收违法所得	行政处罚决定书
罚款	证照费	暂扣执照	矿业权登记	没收非法财物	冻结存款、汇款
暂扣	陈述权	吊销执照	地役权登记	责令停产停业	冻结资金、证券
留置	申辩权	行政拘留	给付抚恤金	具体行政行为	划拨存款、汇款
行政	自治区	从轻处罚	车辆通行费	行政复议机关	强制清除地上物
处罚	直辖市	减轻处罚	船舶登记费	限制人身自由	房屋所有权登记
违法	监护人	视听资料	考试考务费	强制隔离戒毒	海域使用权登记
陈述	许可证	行政诉讼	最终裁决权	特许经营许可	不动产抵押登记
申辩	资质证	询问笔录	诉讼参加人	矿产资源许可	机动车所有权登记
复议	资格证	检查笔录	递交起诉状	药品注册许可	颁发机动车驾驶证
诉讼	记大过	听证程序	扣缴义务人	医疗器械许可	生育保险资格认定

（三）看打录入测试

执照	勘验人	婚姻登记	当事人陈述	责令暂停销售	给付失业保险金
拘留	原判决	收养登记	行政强制法	责令暂停使用	给付工伤保险金
鉴定	原裁定	税务登记	非强制手段	草原权属确权	给付生育保险金
管辖	调解书	行政确认	地方性事务	规划变更补偿	集体土地所有权登记
从轻	抗诉书	行政给付	加处滞纳金	移民安置补偿	
减轻	专利法	行政允诺	必要性评价	损害国家利益	

二、听打录入训练

（一）技巧录入练习

1. 录入技巧练习之一：特定单音字

无履行能力（无/X+履行/X+能力/X）　　陈述权（陈述+权/W）

侵权须赔偿（侵权+须/W+赔偿）　　公行政（公/X+行政）

申辩权（申辩/2+权/W）　　专属权（专属/6+权/W）

决定书（决定/X+书/W）　　代履行（代/W+履行/X）

用权（用+权/W）

2. 录入技巧练习之二：双音略码

决定（X）　　履行（X）　　能力（X）　　土地（W）　　责任（W）　　建设（X）　　农村（W）
协调（W）　　没有（W）　　措施（X）　　停止（X）　　管理（W）　　讨论（W）　　其他（W）
追究（W）　　委员（W）

3. 录入技巧练习之三：三音略码

专利权　　国务院

4. 录入技巧练习之四：四音略码

社会保险　　社会秩序　　违法行为　　司法机关　　合法权益　　法定程序　　人民政府
利害关系　　土地经营　　强制措施　　行政法规　　贪污受贿

5. 录入技巧练习之五：多音略码

法定节假日　　经营自主权　　直接责任人　　国家赔偿法　　维护社会秩序
最低生活保障金

6. 录入技巧练习之六：重码选择

胁迫（2）　　奖金（2）　　征缴（5）　　刑期（4）　　专属（6）　　污水（2）　　笔录（3）
闲置（4）　　实施（2）　　听证（2）　　资质（3）　　登记（2）　　批复（2）　　执法（2）
颁发（2）　　召回（2）　　抚恤（2）　　申辩（2）　　补救（2）　　不予（2）

7. 录入技巧练习之七：全码捆绑

处理费　　标的物　　处罚权　　执行权　　许可证　　记大过　　行政执法　　从重处罚　　宅基地
使用权　　经营权　　上诉权　　委员会　　抚养费　　刑事责任　　有期徒刑　　知情权　　手续费
第三人　　确认书　　决定书　　行政处罚　　污水处理　　办事处　　公共事务

8. 录入技巧练习之八：联词消字

社会保险金（社会保险/四音 ＋ 金/金额）　　　财产罚（财产 ＋ 罚/罚个）
镇人民政府（镇/镇长 ＋ 人民政府/四音）　　　资格罚（资格 ＋ 罚/罚个）
有权必有责（有权 ＋ 必/必须/W ＋ 有责）　　　名誉罚（名誉 ＋ 罚/罚个）
闲置费（闲置/4 ＋ 费/费时或费德）　　　　　复垦费（复垦 ＋ 费/费时或费德）
登记费（登记/2 ＋ 费/费时或费德）　　　　　开垦费（开垦 ＋ 费/费时或费德）

9. 录入技巧练习之九：后置

矛盾（XBWN）　　企业（XGWIE）

（二）听打录入练习

1. 听打录入练习之一

赠与	公行政	责令召回	法定节假日	执法能力建设	农村土地经营权
资质	陪审员	退学决定	赔偿请求人	协调配合机制	行政处罚的依据
抚恤	自然人	行政裁决	赔偿委员会	没有主观过错	责令采取补救措施
保险	上诉权	行政协议	经营自主权	依法从重处罚	给付最低生活保障金
保障	第三人	行政补偿	社会保险金	违法行为轻微	土地承包经营权登记
海关	确认书	贪污受贿	镇人民政府	不予行政处罚	
金融	纳税人	公共利益	国务院部门	移送司法机关	
国税	成年人	社会秩序	利害关系人	重大违法行为	

2. 听打录入练习之二

胁迫	专利权	兑现奖金	扣押决定书	社会保险待遇	征缴社会抚养费
刑期	专属权	兑现优惠	无履行能力	维护公共利益	征缴社会保险费
罚金	标的额	行政征缴	义务承受人	维护社会秩序	征缴污水处理费
笔录	标的物	征缴税款	分阶段履行	纠正违法行为	征缴土地闲置费
回避	处罚权	行政奖励	停止代履行	实施行政处罚	征缴土地复垦费
听证	执行权	发放奖金	直接责任人	降低资质等级	征缴耕地开垦费
决定	财产罚	行政收费	记大过处分	吊销许可证件	企业注册登记费
集资	办事处	行政批复	授权范围内	综合行政执法	海域使用权确权
征收	转委托	行政处理	变更与延续	承担法律责任	建设工程规划许可
摊派	转代理	责令改正	颁发许可证	管理公共事务	建设工程施工许可
许可	申请人	责令公开	国家赔偿法	行政执法资格	宅基地使用权登记

（三）听打录入测试

外汇	手续费	合法权益	保障知情权	集体讨论决定	其他规范性文件
降级	资格罚	法定依据	执法有保障	重大公共利益	委托的具体事项
撤职	名誉罚	法定程序	有权必有责	金钱给付义务	违法行为发生地
开除	有期徒刑	用权受监督	制作现场笔录	建设用地使用权登记	
警告	罚款额	行政法规	违法受追究	行政强制措施	
记过	政策性	刑事责任	侵权须赔偿	不得重复冻结	

任务 3　刑事诉讼常见词汇速录训练

训练目标

1. 熟练掌握刑事诉讼常见词汇的亚伟码。
2. 熟练掌握刑事诉讼常见词汇的亚伟码录入技巧。
3. 能够快速准确地录入刑事诉讼常见词汇。

训练步骤

1. 学习刑事诉讼常见词汇中的亚伟码录入技巧。
2. 通过看打方式，熟练掌握刑事诉讼常见词汇的速录技巧。
3. 通过听打方式，熟练掌握刑事诉讼常见词汇的速录技巧。

训练内容

一、看打录入训练

（一）技巧录入练习

1. 录入技巧练习之一：特定单音字

已满七十五周岁（已/W+满+七十五/上屏+周岁）

已满十六周岁的人（已/W+满+十六+周岁+的/左手单击+人/W）

以法律为准绳（以/X+法律为准绳）

☑　两个单字在一起录入时，一般可以采取先左后右分开录入的方法，但为了避免产生不必要的捆绑现象，这里我们建议采取左字单手右字 X 或左字单手右字 W，即左边的字用左手单击后离键，右边的字采取特定单音字的方法来录入，特定单音字的方法是右手打字、左手打 X 或 W。

2. 录入技巧练习之二：双音略码

普遍（X）　表现（W）　组成（X）　国家（X）　安全（W）　告诉（X）　主要（X）

追究（W） 不能（X） 委员（W） 自己（W） 严重（W） 特别（W） 决定（X）
保证（X） 需要（X） 造成（W）

3. 录入技巧练习之三：三音略码

被告人　辩护人　判决书

4. 录入技巧练习之四：四音略码

无期徒刑　意外事件　司法协助　犯罪预备　提请批准　强制措施　共同犯罪
人民法院　具结悔过　安全机关　没收财产　玩忽职守　敲诈勒索　徇私舞弊

5. 录入技巧练习之五：多音略码

刑事诉讼法　刑事责任年龄　剥夺政治权利　死刑缓期执行　最高人民检察院
审判委员会　国家工作人员　以事实为根据　中级人民法院　高级人民法院
人民陪审员　基层人民法院　判处无期徒刑　附带民事诉讼　专门人民法院
犯罪嫌疑人　确有悔改表现　被不起诉人　两审终审制

6. 录入技巧练习之六：重码选择

刑事（3）　刑罚（2）　减刑（2）　处罚（2）　刑期（4）　过失（2）　训诫（2）
假释（5）　检察（2）　矫正（2）　不法（2）　羁押（3）　主刑（2）　罪刑（2）
缓刑（2）　下级（2）

7. 录入技巧练习之七：全码捆绑

管辖权　审判权　豁免权　检察权　建议书　独立行使　贪污贿赂　刑事责任
胁从犯　合议庭　教唆犯　法定刑　当事人　量刑幅度　犯罪未遂　驱逐出境
现行犯　被害人　搜查证　逮捕书　附加刑　犯罪中止　故意伤害　诽谤罪
协议书　裁定书　受贿罪　重婚罪　行贿罪　挪用公款罪　人民检察院

8. 录入技巧练习之八：联词消字

致人重伤（致/致畸或致死 ＋ 重伤）　　罪责刑（罪责 ＋ 刑/刑部）
应当负刑事责任（应当 ＋ 负/负责/W＋ 刑事责任）
敲诈勒索罪（敲诈勒索/四音 ＋ 罪/罪恶）　绑架罪（绑架 ＋ 罪/罪恶）

9. 录入技巧练习之九：上屏

七十五周岁（七十五/上屏+周岁）　　实际执行（实际/上屏+执行）
☑ 主动上屏键：X:W 或 W:X

（二）看打录入练习

1. 看打录入练习之一

训诫	辩护人	意外事件	主要犯罪地	追究刑事责任	已满七十五周岁
假释	当事人	不能抗拒	诉讼代理人	情节显著轻微	不需要判处刑罚
羁押	被害人	不能预见	审判委员会	高级人民法院	故意伤害致人重伤
折抵	自诉人	正当防卫	检察委员会	刑事司法协助	最高人民检察院核准
死缓	起诉书	紧急避险	委托辩护人	贪污贿赂犯罪	应当预见自己的行为
自首	判决书	犯罪预备	挪用公款罪	基层人民法院	
累犯	保证人	犯罪未遂	诉讼代理人	中级人民法院	
前罪	现行犯	犯罪中止	被害人陈述		

2. 看打录入练习之二

刑法	罪责刑	刑事责任	保护管辖权	刑事责任年龄	独立行使审判权
犯罪	豁免权	犯罪行为	普遍管辖权	剥夺政治权利	独立行使检察权
刑罚	受贿罪	罪刑法定	减刑建议书	责令具结悔过	提请批准逮捕书
追诉	行贿罪	滥用职权	刑事诉讼法	死刑缓期执行	应当负刑事责任
主犯	胁从犯	玩忽职守	人民检察院	重大立功表现	应当组成合议庭
从犯	教唆犯	免除处罚	诉讼参与人	法定量刑幅度	缓刑执行期满后
主刑	附加刑	故意犯罪	两审终审制	国家工作人员	判处无期徒刑的
管制	法定刑	直接故意	人民陪审员	国家安全机关	实际执行的刑期
拘役	被告人	间接故意	犯罪嫌疑人	危害国家安全	提起附带民事诉讼
死刑	不起诉	过失犯罪	敲诈勒索罪	以事实为根据	隐匿毁灭伪造证据
拐卖	鉴定人	不可抗力	告诉才处理	以法律为准绳	已满十六周岁的人

（三）看打录入测试

后罪	重婚罪	共同犯罪	批准逮捕书	最高人民法院	造成严重后果的
渎职	搜查证	徇私舞弊	不批准逮捕	上级人民法院	情节特别严重的
抢劫	绑架罪	无期徒刑	不起诉决定	下级人民法院	确有悔改表现的

诈骗　审判长　没收财产　被不起诉人　专门人民法院　制止不法侵害的行为

预审　裁定书　驱逐出境　当事人和解　采取强制措施

走私　诽谤罪　社区矫正　和解协议书　附带民事诉讼

二、听打录入训练

（一）技巧录入练习

1. 录入技巧练习之一：特定单音字

轻口供（轻/W + 口供）　　申诉书（申诉 + 书/W）

判决确定之日（判决/W + 确定/X + 之/左手单击 + 日/X）

判决执行之日（判决/W + 执行 + 之/左手单击 + 日/X）

不满十八周岁的人（不满 + 十八 + 周岁 + 的/左手单击 + 人/W）

不以共同犯罪论（不/左手单击 + 以/X + 共同犯罪/四音 + 论）

2. 录入技巧练习之二：双音略码

普遍（X）　　技术（W）　　特别（W）　　管理（W）　　判决（W）　　确定（X）

措施（X）　　国家（X）　　一般（W）　　单位（W）　　考验（X）　　原则（X）

没有（W）　　严重（W）　　保证（X）　　产品（X）　　负责（W）　　方法（W）

排除（W）　　或者（W）　　病人（W）

3. 录入技巧练习之三：三音略码

审判员　被告人

4. 录入技巧练习之四：四音略码

强制措施　人民法院　犯罪分子　简易程序　犯罪集团　数罪并罚

情节恶劣　刑事诉讼　共同犯罪　提起公诉　调查研究　招摇撞骗

5. 录入技巧练习之五：多音略码

剥夺政治权利　暂予监外执行　律师事务所　数额特别巨大　交通肇事罪

重大责任事故

6. 录入技巧练习之六：重码选择

缓刑（2）　期内（2）　处罚（2）　解除（2）　致使（4）　中止（4）　凶器（2）

原判（2）   报案（3）   假释（5）   收监（2）   适用（2）   临场（2）   不法（2）

轻信（2）   刑事（3）   悔过（2）   刑罚（2）   自愿（2）   罪刑（2）   如实（2）

供述（4）   串供（2）   受贿（3）   煽动（2）   贿赂（2）   出示（翻页选 2）

7. 录入技巧练习之七：全码捆绑

溯及力   管辖权   法定刑   航空器   被害人   未遂犯   刑事处罚   故意伤害

教唆犯   相适应   之日起   侦查权   逮捕证   不适用   追诉时效   减轻处罚

保证金   审判权   以暴力   相威胁   前款罪   单位犯   疏忽大意   考验期

遗弃罪   虐待罪   侵占罪   伪证罪   赌博罪   侮辱罪

8. 录入技巧练习之八：联词消字

背叛国家罪（背叛 + 国家/X + 罪/罪恶）

分裂国家罪（分裂 + 国家/X + 罪/罪恶）

危险驾驶罪（危险 + 驾驶 + 罪/罪恶）

妨害公务罪（妨害 + 公务 + 罪/罪恶）

刑讯逼供罪（刑讯 + 逼供 + 罪/罪恶）

拐卖儿童罪（拐卖 + 儿童/W + 罪/罪恶）

医疗事故罪（医疗事故 + 罪/罪恶）

毒品罪（毒品 + 罪/罪恶） 罪责刑（罪责 + 刑/刑部）

重证据（重/重要/X + 证据）

预备犯（预备 + 犯/犯禁或犯法）

中止犯（中止/4 + 犯/犯禁或犯法）

重调查研究（重/重要 +调查研究/四音）

致人死亡（致/致畸或致死 + 人 + 死亡）

属人管辖权（属/属于/W + 人 + 管辖权/捆绑）

既遂犯（既/既是 + 遂/遂溪 + 犯/犯禁或犯法）

不负刑事责任（不 +负/负责/W + 刑事责任/捆绑）

最高刑（最高 + 刑/刑部）   最低刑（最低 + 刑/刑部）

有前款行为（有/左手单击 + 前/右手单击 + 款/款式 + 行为）

（二）听打录入练习

1. 听打录入练习之一

贪污   遗弃罪   首要分子   背叛国家罪   交付执行死刑   携带凶器抢夺的

勘验	教唆犯	撤销缓刑	律师事务所	派员临场监督	以暴力相威胁的
辨认	虐待罪	原判刑罚	分裂国家罪	暂予监外执行	不满十八周岁的人
报案	重证据	撤销假释	贩卖毒品罪	罪刑法定原则	疏忽大意而没有预见
举报	轻口供	收监执行	隐匿证据的	罪责刑相适应	
抢夺	预备犯	追诉时效	重调查研究	不负刑事责任	
贿赂	侵害人	追诉期限	不轻信口供	又聋又哑的人	
追捕	审判权	刑事处罚	情节恶劣的	销售伪劣产品	

2. 听打录入练习之二

辩护	最高刑	一般累犯	刑法溯及力	依法予以排除	在缓刑考验期内
控告	最低刑	特别累犯	交通肇事罪	治安管理处罚	判决确定之日起
受贿	法定刑	犯罪情节	属地管辖权	审查批准逮捕	被剥夺政治权利
移送	赌博罪	枉法裁判	属人管辖权	变更强制措施	经人民法院裁定
回避	伪证罪	招摇撞骗	危险驾驶罪	解除强制措施	对单位判处罚金
讯问	航空器	犯罪分子	故意犯罪的	技术侦查措施	单位犯前款罪的
盗窃	侵占罪	数罪并罚	妨害公务罪	案件侦查终结	致使被害人重伤
会见	间谍罪	发现漏罪	暴力性犯罪	退回补充侦查	致使被害人死亡
通信	既遂犯	判决宣告	刑讯逼供罪	简易程序审判	故意伤害致人死亡
串供	未遂犯	考验期限	拐卖儿童罪	传授犯罪方法	从轻或者减轻处罚
物证	中止犯	犯罪集团	医疗事故罪	签发执行死刑	剥夺政治权利终身

（三）听打录入测试

释放	叛逃罪	刑事诉讼	情节严重的	依法给予处罚	数额特别巨大的
期间	侦查权	执行逮捕	罪行重大的	刑罚执行完毕	不以共同犯罪论
送达	审判员	批准逮捕	不法侵害人	重大责任事故	间歇性精神病人
罪犯	侮辱罪	提起公诉	出示逮捕证	判决确定之日	被告人自愿如实供述
传票	申诉书	贩卖毒品	有前款行为	判决执行之日	
查封	保证金	分工负责	不适用死刑	罪行极其严重	

考核要求

1. 通过反复练习，录入民事诉讼词汇可以达到 100 字/分且准确率为 95%以上。
2. 通过反复练习，录入行政诉讼词汇可以达到 100 字/分且准确率为 95%以上。
3. 通过反复练习，录入刑事诉讼词汇可以达到 100 字/分且准确率为 95%以上。

学习评价

请教师根据学生对民事诉讼、行政诉讼、刑事诉讼词汇的看打、听打的训练情况进行测评，如下表所示。

民事诉讼、行政诉讼、刑事诉讼词汇看打、听打测评

看打测评				听打测评			
测评内容	准确率	速度	教师点评	测评内容	准确率	速度	教师点评
民事诉讼词汇				民事诉讼词汇			
行政诉讼词汇				行政诉讼词汇			
刑事诉讼词汇				刑事诉讼词汇			

知识拓展

法言法语中的字斟句酌

为了清晰地加以区分，法律行业用语的规范与选择往往具有一定的人为规定性，与大众语文学习中的语文规范不一定完全吻合。比如，对"作出"与"做出"的区分，立法技术规范中的规定就显得很特别。

1. 和，以及，或者

1）"和"连接的并列句子成分，其前后成分无主次之分，互换位置后在语法意义上不会发生意思变化，但在法律表述中应当根据句子成分的重要性、逻辑关系或者用语习惯排序。

示例：一切法律、行政法规和地方性法规都不得同宪法相抵触。

2）"以及"连接的并列句子成分，其前后成分有主次之分，前者为主，后者为次，前后位置不宜互换。

示例：开庭应当公开，但涉及国家秘密、商业秘密和个人隐私以及当事人约定不公开的除外。

3）"或者"表示一种选择关系，一般只指其所连接的成分中的某一部分。

示例：任何组织或者个人不得侵占、买卖或者以其他形式非法转让土地。土地的使用权可以依照法律的规定转让。

2. 应当，必须

"应当"与"必须"的含义没有实质区别。从法律的角度，在表述义务性规范时，一般用"应当"，不用"必须"。

示例：仲裁庭对农村土地承包经营纠纷应当进行调解。调解达成协议的，仲裁庭应当制作调解书；调解不成的，应当及时作出裁决。

3. 不得，禁止

"不得""禁止"都用于禁止性规范的情形。"不得"一般用于有主语或者有明确的被规范对象的句子中，"禁止"一般用于无主语的祈使句中。

示例：禁止非法拘禁和以其他方法非法剥夺或者限制公民的人身自由，禁止非法搜查公民的身体。

不再使用"不准""不应""不能""严禁"等与"不得"和"禁止"相近的词语。

4. 但是，但

"但是""但"二者的含义相同，只是运用习惯不同。法律中的但书，一般用"但是"，不用单音节词"但"。"但是"后一般加逗号，在简单句中也可以不加。

5. 除……外，除……以外

"除……外"和"除……以外"搭配的句式用于对条文内容作排除、例外或者扩充规定的表述。对条文内容作排除、例外表达的，置于句首或者条文中间，表述为"除……外，……"或者"……除……以外，……"；对条文内容作扩充表达的，置于条文中间，表述为"……除……以外，还……"。

示例：农村和城市郊区的土地，除由法律规定属于国家所有的以外，属于集体所有；宅基地和自留地、自留山，也属于集体所有。

6. 依照，按照，参照

1）规定以法律法规作为依据的，一般用"依照"。

示例：国务院和地方人民政府依照法律、行政法规的规定，分别代表国家对国家出资企业履行出资人职责，享有出资人权益。

2）"按照"一般用于对约定、章程、规定、份额、比例等的表述。

示例：履行出资人职责的机构应当按照国家有关规定，定期向本级人民政府报告有关国有资产总量、结构、变动、收益等汇总分析的情况。

3）"参照"一般用于没有直接纳入法律调整范围，但是又属于该范围逻辑内涵自然延伸的事项。

示例：本法第二条规定的用人单位以外的单位，产生职业病危害的，其职业病防治活动可以参照本法执行。

项目2 庭审笔录常见句型速录训练

　　法官、当事人或者其他诉讼参与人在庭审过程中，会经常性地、大量地使用一些固定句型。这些常见句型一般可分为两类：一类是程序性用语，如宣读法庭纪律，审判长告知当事人的诉讼权利义务等；另一类是法律条文，如民事诉讼庭审中会经常引用《中华人民共和国民法典》《中华人民共和国民事诉讼法》的条文，行政诉讼庭审中会经常引用《中华人民共和国行政诉讼法》《中华人民共和国行政处罚法》《中华人民共和国行政强制法》《中华人民共和国行政许可法》的条文，刑事诉讼庭审中会经常引用《中华人民共和国刑法》《中华人民共和国刑事诉讼法》的条文。同一诉讼类型的同一类案件中，使用相同句型的频次会更高。书记员应熟练掌握这些常见句型，这样才会提高庭审记录的效率与准确率。因此，有必要有针对性地加强这些常见句型的速录训练。在练习的过程中，尤其要注意多练习易错的词、句，直到正确为止，只有这样才能保证整个句子的连贯，从而使庭审记录速度和准确率得到整体提升。

【知识要点】

1. 阿拉伯数字的录入方法

阿拉伯数字标志键位图如图 2-0-1 所示。

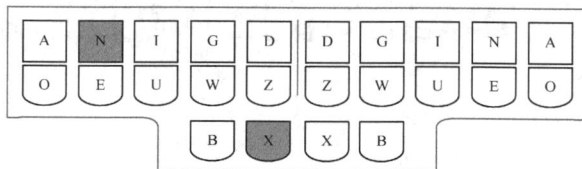

图 2-0-1　阿拉伯数字标志键位图

1）标志键：XN。
2）要点：
① 单独录入某一个阿拉伯数字时，左右手并击完成。
② 连续录入某几个阿拉伯数字时，左手可常按不起。
表 2-0-1 为阿拉伯数字键码表。

表 2-0-1　阿拉伯数字键码表

数字	1	2	3	4	5	6	7	8	9	0	.
键码	XN:D	XN:Z	XN:G	XN:W	XN:I	XN:U	XN:N	XN:E	XN:A	XN:O	XN:B

3）训练：
① 按正序将数字从 0 打到 100。
② 按倒序将数字从 100 打到 0。
每个数字之间用"."进行分割，计时 5 分钟完成。

2. 中文小写数字的录入方法

中文小写数字"零一三四五八九"键位图如图 2-0-2 所示。

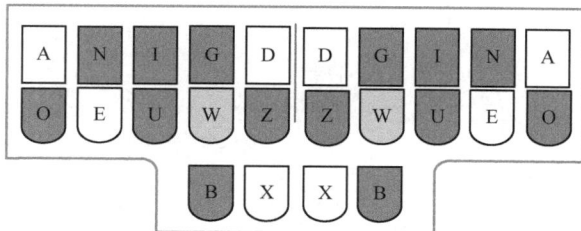

图 2-0-2　中文小写数字"零一三四五八九"键位图

中文小写数字"二六七十"键位图如图 2-0-3 所示。

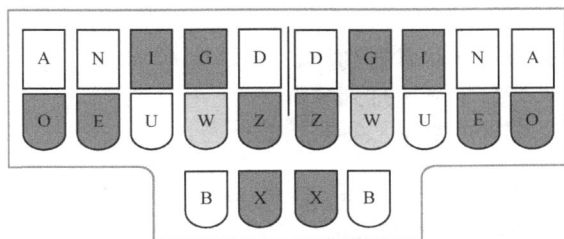

图 2-0-3　中文小写数字"二六七十"键位图

1）共用键：W。

2）要点：

① 单独录入某一个中文小写数字时，左手或右手均可单独完成。

② 连续录入两个中文小写数字时，左右手可同按同起。

表 2-0-2 为中文小写数字键码表。

表 2-0-2　中文小写数字键码表

数字	一	二	三	四	五	六	七	八	九	十	零
分解	I+W	XE+W	N+W	Z+W	U+W	EO+W	XGI+W	B+W	G+W	XZ+W	O+W
键码	WI	XWE	WN	ZW	WU	WEO	XGWI	BW	GW	XZW	WO

说明： 由于中文小写数字可以单手击打完成，因此可以采取左右手同时练习的方法进行练习。

3）训练：

① 按正序将中文小写数字从零打到十。

② 按倒序将中文小写数字从十打到零。

③ 按奇偶数完成中文小写数字从零到十的练习。

3．中文大写数字的录入方法

1）共有键：W:W。

2）要点：每个中文大写数字都须左右手并击完成，且同按同起。

表 2-0-3 为中文大写数字键码表。

表 2-0-3　中文大写数字键码表

数字	壹	贰	叁	肆	伍	陆	柒	捌	玖	拾
分解	W:一	W:二	W:三	W:四	W:五	W:六	W:七	W:八	W:九	W:十
键码	W:WI	W:XWE	W:WN	W:ZW	W:WU	W:WEO	W:XGWI	W:BW	W:GW	W:XZW

数字	零		佰		仟		百分之		千分之	
分解	W:零		W:W+爱		W:W+言		W+爱		W+言	
键码	W:WO		W:WIO		W:WINA		WIO		WINA	

3）训练：

① 按正序将中文大写数字从零打到拾。

② 按倒序将中文大写数字从拾打到零。

③ 按奇偶数完成中文大写数字从零到拾的练习。

4. 英文字母的录入方法

英文字母大小写标志键位图如图 2-0-4 所示。

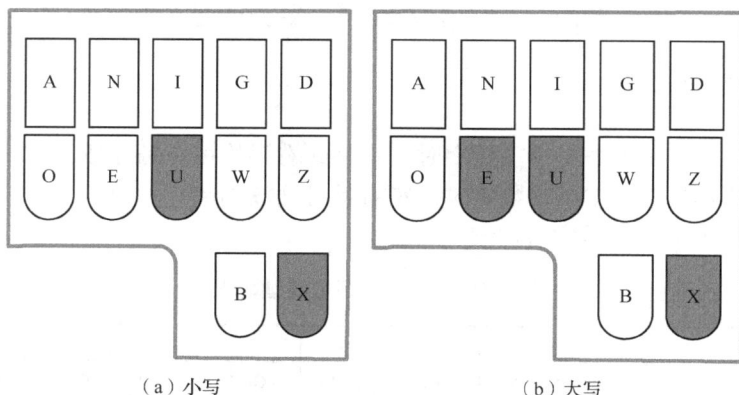

（a）小写　　　　　　　　　　　　（b）大写

图 2-0-4　英文字母大小写标志键位图

1）标志键：XU（大写）或 XUE（小写）。

2）要点：

① 单独录入某一个英文字母时，左右手并击完成。

② 连续录入某几个英文字母时，左手可常按不起。

表 2-0-4 为英文字母大小写的录入方法。

表 2-0-4　英文字母大小写的录入方法

录入对象	左手	右手
英文大写字母	XU	与英文相对应的拼音字母
英文小写字母	XUE	与英文相对应的拼音字母

表 2-0-5 为英文字母和汉语拼音键码表。

表 2-0-5　英文字母和汉语拼音键码表

字母	A a	B b	C c	D d	E e	F f	G g	H h	I i	J j	K k	L l	M m
拼音	a	bu	chi	de	e	fu	ge	he	i	ji	ke	le	mu
键位	A	B	BZ	D	E	XBU	G	XG	I	GI	XBG	XD	XB
字母	N n	O o	P p	Q q	R r	S s	T t	U u	V v	W w	X x	Y y	Z z
拼音	en	o	pi	qi	r	shi	te	u	v	w	xi	ya	zhi
键位	N	O	BGI	XGI	XBZ	XZ	BD	U	UE	W	XI	IA	Z

3）训练：

① 按正序将英文大写或小写字母从 A 或 a 打到 Z 或 z。

② 按倒序将英文大写或小写字母从 Z 或 z 打到 A 或 a。

5. 常用标点符号的录入方法

要点：左手或右手单独完成。

表 2-0-6 为常用标点符号键码表。

表 2-0-6　常用标点符号键码表

标点符号		键码	简记	标点符号		键码	简记
句号	。	DGI:	左 3	破折号	—	:DGIU	右 3+1
逗号	，	:DGI	右 3	左书名号	《	DZIU:	左 2+2
分号	；	DGIN:	左 4	右书名号	》	:DZIU	右 2+2
叹号	！	:DGIN	右 4	左双引号	"	DW:	左/
问号	？	ZG:	左\	右双引号	"	:DW	右\
顿号	、	:ZG	右/	冒号	：	XBDG:	上+2
省略号	……	DGIU:	左 3+1				

注：省略号和破折号都要占 2 个字的位置，都需要击打键位 2 次。

6. 常用功能键的录入方法

表 2-0-7 为常用功能键键码表。

表 2-0-7　常用功能键键码表

功能	键码	功能说明
回车键	XBW:	顶满格回车
	:XBW	空两格回车
删除键	W:W	见词消词、见字消字
	W:	删除光标前词组的第二个字 删除提示行上词组的倒数第二个字或第三个字 删除提示行上的单字
	:W	删除光标前的第一个字、删除提示行的倒数第一个字
上屏键、空格键	X:W	强制上屏
	W:X	强制上屏
	:X	强制上屏+空格（提示行有字） 空格（提示行无字）

任务 1 民事诉讼常见句型速录训练

训练目标

1. 熟练掌握民事诉讼常见句型的应用。
2. 熟练掌握民事诉讼常见句型的亚伟码录入技巧。
3. 能够快速准确地录入民事诉讼常见句型。

训练步骤

1. 学习民事诉讼常见句型中的亚伟码录入技巧。
2. 通过看打方式，熟练掌握民事诉讼常见句型的速录技巧。
3. 通过听打方式，熟练掌握民事诉讼常见句型的速录技巧。

训练内容

一、看打录入训练

本任务的常见句型看打练习共安排了 5 组，每组包含 5 个常见句型。每组练习开始前，把本组练习中需要用到的录入技巧整理在技巧分类表中，学生通过反复练习并熟练掌握之后，再进行常见句型的看打练习。每个句型下面会附有一个详细的技巧说明，学生可依照技巧说明进行强化练习。

看打练习方法如下。

1）练前测：教师领测或者学生自测，记录第一遍成绩（速度和准确率）。

2）自纠错：仔细比对练前测里出现的每一个错误，认真分析错误产生的原因，并对错误之处进行巩固练习。

3）知技巧：参照技巧说明，加强对技巧的记忆与应用。

4）分解练：将每个句子分解为若干个半句话进行反复练习。

5）自我测：反复看打练习，每次看打后都要参照第 2）步进行自纠错，在满足速度要求的同时，一次上屏准确率达到 95% 以上视为达标。

按照以上"五步骤"看打练习，最终达到：①看打练习时，对句中技巧能形成正确的条件反射，且能够快速准确地击出来；②看打练习时，对每句话的看打都能够做到快速准确且连贯顺畅，尽量不中断、不删除。

（一）看打训练一：常见句型 01～05

1. 录入技巧之一

常见句型 01～05 技巧分类表如表 2-1-1 所示。

表 2-1-1　常见句型 01～05 技巧分类表

技巧类别	技巧词语
特定单音字	与（W）、一（WI）、案（W）、于（X）、第（W）、无（X）、由（W）、周（X）
双音略码	现在（X）、责任（W）、决定（X）、普通（W）、有关（W）、规定（X）、根据（W）、组成（X）
三音略码	审判员
四音略码	人民法院、拒不到庭
多音略码	中华人民共和国、民事诉讼法
全码捆绑	郑州市、金水区、第一审、合议庭、书记员
重码选择	过失（2）、本案（3）、本院（4）、正当（2）
联词消字	市（尺）、张（本）、章（节）、李（恩）、郑（恩）、义（务）

2. 常见句型 01～05

J01. 郑州市金水区人民法院现在开庭。

F01. 郑州市（捆绑）（尺）金水区（捆绑）人民法院（四音）现在（X）开庭。

J02. 本庭现在审理的是：原告张前进与被告柳树林缔约过失责任纠纷一案。

F02. 本庭现在（X）审理的是：原告张（本）前进与（W）被告柳树林缔约过失（2）责任（W）纠纷一（WI）案（W）。

J03. 原告张前进因本案纠纷，于 2021 年 6 月 7 日向本院提起诉讼，本院于 2021 年 6 月 10 日决定受理本案。依照《中华人民共和国民事诉讼法》第十二章"第一审普通程序"的有关规定，本院依照第一审普通程序，公开开庭审理本案。

F03. 原告张（本）前进因本案（3）纠纷，于（X）2021 年 6 月 7 日向本院（4）提起诉讼，本院（4）于（X）2021 年 6 月 10 日决定（X）受理本案（3）。依照《中华人民共和国（多音）民事诉讼法（多音）》第（W）十二章（节）"第一审（捆绑）普通（W）程序"的有关（W）规定（X），本院（4）依照第一审（捆绑）普通（W）程序，公开开庭审理本案（3）。

J04. 被告柳树林经本院传票传唤，无正当理由拒不到庭，根据《中华人民共和国民事诉讼法》第一百四十七条的规定，本案缺席审理。

F04. 被告柳树林经本院（4）传票传唤，无（X）正当（2）理由拒不到庭（四音），根据（W）《中华人民共和国（多音）民事诉讼法（多音）》第（W）一百四十七条的规定（X），本案（3）缺席审理。

J05. 根据《中华人民共和国民事诉讼法》第四十条的规定，本院决定由审判员王公开担任审判长，与审判员周公平、李公正组成合议庭审理本案，郑义担任书记员。

F05. 根据（W）《中华人民共和国（多音）民事诉讼法（多音）》第（W）四十条的规定（X），本院（4）决定（X）由（W）审判员（三音）王公开担任审判长，与（W）审判员（三音）周（X）公平、李（恩）公正组成（X）合议庭（捆绑）审理本案（3），郑（恩）义（务）担任书记员（捆绑）。

（二）看打训练二：常见句型 06～10

1. 录入技巧之二

常见句型 06～10 技巧分类表如表 2-1-2 所示。

表 2-1-2　常见句型 06～10 技巧分类表

技巧类别	技巧词语
特定单音字	由（W）、请（X）、于（X）、时（W）、无（X）、均（X）
双音略码	现在（X）、进行（W）、决定（X）
三音略码	审判员、办公室
四音略码	法庭调查、人民法院
多音略码	中华人民共和国、民事诉讼法
全码捆绑	合议庭、当事人、金水区、裁定书、视为送达
重码选择	评议（2）、正当（2）、逾期（5）、不来（3）、一致（2）、举证（2）、质证（3）、休庭（2）、本案（3）
联词消字	予（以）

2. 常见句型 06～10

J06. 现在进行法庭调查。法庭调查由审判员王公开主持。

F06. 现在（X）进行（W）法庭调查（四音）。法庭调查（四音）由（W）审判员（三音）王公开主持。

J07. 合议庭评议决定准许原告撤回起诉。请当事人于 2021 年 7 月 17 日 5 时 30 分到金水区人民法院 305 办公室领取裁定书，无正当理由逾期不来领取的，视为送达。

F07. 合议庭（捆绑）评议（2）决定（X）准许原告撤回起诉。请（X）当事人（捆绑）于（X）2021 年 7 月 17 日 5 时（W）30 分到金水区（捆绑）人民法院（四音）305 办公室（三音）领取裁定书（捆绑），无（X）正当（2）理由逾期（5）不来（3）领取的，视为送达（捆绑）。

J08. 以上事实，各方当事人陈述一致或均予认可，足以认定。

F08. 以上事实，各方当事人（捆绑）陈述一致（2）或均（X）予（以）认可，足以认定。

J09. 以上经法庭认定的事实，无须当事人举证、质证。

F09. 以上经法庭认定的事实, 无须当事人（捆绑）举证（2）、质证（3）。

J10. 现在休庭, 由合议庭对本案的证据和事实进行评议。

F10. 现在（X）休庭（2）, 由（W）合议庭（捆绑）对本案（3）的证据和事实进行（W）评议（2）。

（三）看打训练三: 常见句型 11～15

1. 录入技巧之三

常见句型 11～15 技巧分类表如表 2-1-3 所示。

表 2-1-3 常见句型 11～15 技巧分类表

技巧类别	技巧词语
特定单音字	与（W）、再（W）、第（W）
双音略码	内容（W）、形式（X）、具有（W）、作为（W）、根据（W）、提出（W）、进行（W）、对于（W）、增加（X）、决定（X）、有关（W）
四音略码	拒不到庭、法庭辩论
全码捆绑	合议庭、协议书、当事人
重码选择	评议（2）、真实（2）、本案（3）、涉及（2）、认证（2）
联词消字	讼（累）、争（得）、待（业）、未（必）

2. 常见句型 11～15

J11. 经合议庭评议确认, 原告提供的《补充协议书》内容真实, 形式合法, 与本案具有关联性, 可以作为认定案件事实的根据。

F11. 经合议庭（捆绑）评议（2）确认, 原告提供的《补充协议书（捆绑）》内容（W）真实（2）, 形式（X）合法, 与（W）本案（3）具有（W）关联性, 可以作为（W）认定案件事实的根据（W）。

J12. 对各方当事人提供的证据以及证据所涉及的本案讼争事实, 待合议庭评议后再作认证和认定。

F12. 对各方当事人（捆绑）提供的证据以及证据所涉及（2）的本案（3）讼（累）争（得）事实, 待（业）合议庭（捆绑）评议（2）后再（W）作认证（2）和认定。

J13. 因被告拒不到庭且未提出答辩, 本案不进行法庭辩论。

F13. 因被告拒不到庭（四音）且未（必）提出（W）答辩, 本案（3）不进行（W）法庭辩论（四音）。

J14. 对于原告增加的诉讼请求, 法庭决定与本案合并审理。

F14. 对于（W）原告增加（X）的诉讼请求, 法庭决定（X）与（W）本案（3）合并审理。

J15. 对于第三人提出的与本案有关的诉讼请求, 法庭决定与本案合并审理。

F15. 对于（W）第（W）三人提出（W）的与（W）本案（3）有关（W）的诉讼请求，法庭决定（X）与（W）本案（3）合并审理。

（四）看打训练四：常见句型16～20

1. 录入技巧之四

常见句型16～20技巧分类表如表2-1-4所示。

表2-1-4　常见句型16～20技巧分类表

技巧类别	技巧词语
特定单音字	与（W）、时（W）、并（X）、现（X）
双音略码	对于（W）、提出（W）、决定（X）、权利（X）、进行（W）、时间（X）、现在（X）、经过（W）、已经（X）
全码捆绑	合议庭
重码选择	本案（3）、另行（3）、中止（4）、庭审（2）、将于（3）、闭庭（2）、评议（2）、做出（2）、通知（3）
联词消字	予（以）
四音略码	法庭辩论、法庭调查
其他	活动（后置/XGWUEO）

2. 常见句型16～20

J16. 对于被告提出的反诉，法庭决定不与本案合并审理，被告可以另行起诉主张权利。本案法庭审理继续进行。

F16. 对于（W）被告提出（W）的反诉，法庭决定（X）不与（W）本案（3）合并审理，被告可以另行（3）起诉主张权利（X）。本案（3）法庭审理继续进行（W）。

J17. 中止法庭辩论，恢复法庭调查。

F17. 中止（4）法庭辩论（四音），恢复法庭调查（四音）。

J18. 恢复法庭辩论。庭审活动恢复到中止时的阶段。

F18. 恢复法庭辩论（四音）。庭审（2）活动（后置/XGWUEO）恢复到中止（4）时（W）的阶段。

J19. 合议庭将于闭庭后对本案进行评议，并依法作出裁判，宣判时间另行通知，庭审结束，现在宣布闭庭。

F19. 合议庭（捆绑）将于（3）闭庭（2）后对本案（3）进行（W）评议（2），并（X）依法做出（2）裁判，宣判时间（X）另行（3）通知（3），庭审（2）结束，现在（X）宣布闭庭（2）。

J20. 经过合议庭评议，评议结论已经作出。现予宣布：

F20. 经过（W）合议庭（捆绑）评议（2），评议（2）结论已经（X）作出。现（X）予（以）宣布：

（五）看打训练五：常见句型 21～25

1. 录入技巧之五

常见句型 21～25 技巧分类表如表 2-1-5 所示。

表 2-1-5　常见句型 21～25 技巧分类表

技巧类别	技巧词语
特定单音字	即（XW）、由（W）
双音略码	根据（W）、或者（W）、履行（X）、目的（X）
三音略码	判决书
四音略码	民事诉讼、诉讼权利、人民法院、适用法律、航空运输
全码捆绑	当事人、裁定书
重码选择	地址（4）、邮寄（5）、邮件（2）、回执（3）、注明（3）、收到（2）、行使（4）、始发（2）
其他	之日（分开击打）

2. 常见句型 21～25

J21. 法庭将根据当事人确认的地址邮寄送达判决书（裁定书），邮件回执上注明的收到或者退回之日即为送达之日。

F21. 法庭将根据（W）当事人（捆绑）确认的地址（4）邮寄（5）送达判决书（三音）（裁定书）（捆绑），邮件（2）回执（3）上注明（3）的收到（2）或者（W）退回之日（分开击打）即（XW）为送达之日。

J22. 民事诉讼当事人有平等的诉讼权利。人民法院审理民事案件，应当保障和便利当事人行使诉讼权利，对当事人在适用法律上一律平等。

F22. 民事诉讼（四音）当事人（捆绑）有平等的诉讼权利（四音）。人民法院（四音）审理民事案件，应当保障和便利当事人（捆绑）行使（4）诉讼权利（四音），对当事人（捆绑）在适用法律（四音）上一律平等。

J23. 因合同纠纷提起的诉讼，由被告住所地或者合同履行地人民法院管辖。

F23. 因合同纠纷提起的诉讼，由（W）被告住所地或者（W）合同履行（X）地人民法院（四音）管辖。

J24. 因公司设立、确认股东资格、分配利润、解散等纠纷提起的诉讼，由公司住所地人民法院管辖。

F24. 因公司设立、确认股东资格、分配利润、解散等纠纷提起的诉讼，由（W）公司住所地人民法院（四音）管辖。

J25. 因铁路、公路、水上、航空运输和联合运输合同纠纷提起的诉讼，由运输始发地、目的地或者被告住所地人民法院管辖。

F25. 因铁路、公路、水上、航空运输（四音）和联合运输合同纠纷提起的诉讼，由（W）运输始发（2）地、目的（X）地或者（W）被告住所地人民法院（四音）管辖。

二、听打录入训练

本任务的常见句型听打练习同样安排了 5 组，每组包含 5 个常见句型。每组练习开始前，把本组练习中需要用到的录入技巧整理在技巧分类表中，学生可以通过反复练习并熟练掌握之后，再进行常见句型的听打练习。

听打练习方法如下。

1）练前测：教师领测或者学生自测，记录第一遍成绩（速度和准确率）。

2）自纠错：仔细比对练前测里出现的每一个错误，认真分析错误产生的原因，并对错误之处进行巩固练习。

3）知技巧：参照技巧说明，加强对技巧的记忆与应用。

4）反复听：每次听打练习后都要重复进行第 2）步。

5）达标测：满足速度要求的同时，一次上屏准确率达到 95% 以上视为达标。

按照以上"五步骤"听打练习，最终达到：①听打练习时，对句中技巧能形成正确的条件反射，且能够快速准确地击打出来；②听打练习时，尽可能一次性同步准确记录每一个字词，少回改、少多打。

（一）听打训练一：常见句型 26～30

1. 录入技巧之一

常见句型 26～30 技巧分类表如表 2-1-6 所示。

表 2-1-6　常见句型 26～30 技巧分类表

技巧类别	技巧词语
双音略码	权利（X）、其他（W）、或者（W）、从事（W）、原则（X）、按照（X）、自己（W）、确定（X）
四音略码	合法权益、违反法律、公序良俗
多音略码	受法律保护、民事法律关系
全码捆绑	民事主体
重码选择	自愿（2）、终止（3）、诚信（3）、诚实（2）
其他	活动（后置/XGWUEO）

2. 常见句型 26～30

J26. 民事主体的人身权利、财产权利以及其他合法权益受法律保护，任何组织或者个人不得侵犯。

F26. 民事主体（捆绑）的人身权利（X）、财产权利（X）以及其他（W）合法权益（四音）受法律保护（多音），任何组织或者（W）个人不得侵犯。

J27. 第五条 民事主体从事民事活动，应当遵循自愿原则，按照自己的意思设立、变更、终止民事法律关系。

F27. 第五条 民事主体（捆绑）从事（W）民事活动（后置/XGWUEO），应当遵循自愿（2）原则（X），按照（X）自己（W）的意思设立、变更、终止（3）民事法律关系（多音）。

J28. 民事主体从事民事活动，应当遵循公平原则，合理确定各方的权利和义务。

F28. 民事主体（捆绑）从事（W）民事活动（后置/XGWUEO），应当遵循公平原则（X），合理确定（X）各方的权利（X）和义务。

J29. 民事主体从事民事活动，应当遵循诚信原则，秉持诚实，恪守承诺。

F29. 民事主体（捆绑）从事（W）民事活动（后置/XGWUEO），应当遵循诚信（3）原则（X），秉持诚实（2），恪守承诺。

J30. 民事主体从事民事活动，不得违反法律，不得违背公序良俗。

F30. 民事主体（捆绑）从事（W）民事活动（后置/XGWUEO），不得违反法律（四音），不得违背公序良俗（四音）。

（二）听打训练二：常见句型 31～35

1. 录入技巧之二

常见句型 31～35 技巧分类表如表 2-1-7 所示。

表 2-1-7 常见句型 31～35 技巧分类表

技巧类别	技巧词语
特定单音字	时（W）、死（W）、自（X）、无（X）、由（W）
双音略码	从事（W）、没有（W）、规定（X）、但是（X）、具有（W）、权利（X）、能力（X）、存在（X）、或者（W）、独立（X）
四音略码	民事纠纷、公序良俗、法律行为
多音略码	保护生态环境、民事行为能力
全码捆绑	民事主体、有利于、未成年人、相适应
重码选择	适用（2）、涉及（2）、视为（4）、娩出（2）、实施（2）、同意（3）、智力（3）
联词消字	始（终）、纯（朴）、获（得）
其他	活动（后置/XGWUEO）、经其（分开击打）

2. 常见句型 31～35

K31. 民事主体从事民事活动，应当有利于节约资源、保护生态环境。

F31. 民事主体（捆绑）从事（W）民事活动（后置/XGWUEO），应当有利于（捆绑）节约资源、保护生态环境（多音）。

J32. 处理民事纠纷，应当依照法律；法律没有规定的，可以适用习惯，但是不得违背公序良俗。

F32. 处理民事纠纷（四音），应当依照法律；法律没有（W）规定（X）的，可以适用（2）习惯，但是（X）不得违背公序良俗（四音）。

J33. 涉及遗产继承、接受赠与等胎儿利益保护的，胎儿视为具有民事权利能力。但是，胎儿娩出时为死体的，其民事权利能力自始不存在。

F33. 涉及（2）遗产继承、接受赠与等胎儿利益保护的，胎儿视为（4）具有（W）民事权利（X）能力（X）。但是（X），胎儿娩出（2）时（W）为死（W）体的，其民事权利（X）能力（X）自（X）始（终）不存在（X）。

J34. 不满八周岁的未成年人为无民事行为能力人，由其法定代理人代理实施民事法律行为。

F34. 不满八周岁的未成年人（捆绑）为无（X）民事行为能力（多音）人，由（W）其法定代理人代理实施（2）民事法律行为（四音）。

J35. 八周岁以上的未成年人为限制民事行为能力人，实施民事法律行为由其法定代理人代理或者经其法定代理人同意、追认；但是，可以独立实施纯获利益的民事法律行为或者与其年龄、智力相适应的民事法律行为。

F35. 八周岁以上的未成年人（捆绑）为限制民事行为能力（多音）人，实施（2）民事法律行为（四音）由（W）其法定代理人代理或者（W）经其（分开击打）法定代理人同意（3）、追认；但是（X），可以独立（X）实施纯（朴）获（得）利益的民事法律行为（四音）或者（W）与其年龄、智力（3）相适应（捆绑）的民事法律行为（四音）。

（三）听打训练三：常见句型 36～40

1. 录入技巧之三

常见句型 36～40 技巧分类表如表 2-1-8 所示。

表 2-1-8　常见句型 36～40 技巧分类表

技巧类别	技巧词语
特定单音字	以（X）、由（W）、为（X）
双音略码	自己（W）、从事（W）、产生（W）、管理（W）、或者（W）、责任（W）、规定（X）、自然（X）、需要（X）、安全（W）、买卖（X）、没有（W）、损失（X）、进行（W）
四音略码	民事责任、连带责任
多音略码	受法律保护
全码捆绑	未成立、受益人
重码选择	支出（2）
其他	活动（后置/XWUEO）、另有（分开击打）

2. 常见句型 36～40

J36. 分支机构以自己的名义从事民事活动，产生的民事责任由法人承担；也可以先以该分支机构管理的财产承担，不足以承担的，由法人承担。

F36. 分支机构以（X）自己（W）的名义从事（W）民事活动（后置/XWUEO），产生（W）的民事责任（四音）由（W）法人承担；也可以先以（X）该分支机构管理（W）的财产承担，不足以承担的，由（W）法人承担。

J37. 设立人为设立法人从事的民事活动，其法律后果由法人承受；法人未成立的，其法律后果由设立人承受，设立人为二人以上的，享有连带债权，承担连带责任。

F37. 设立人为（X）设立法人从事（W）的民事活动（后置/XWUEO），其法律后果由（W）法人承受；法人未成立（捆绑）的，其法律后果由（W）设立人承受，设立人为二人以上的，享有连带债权，承担连带责任（四音）。

J38. 非法人组织的财产不足以清偿债务的，其出资人或者设立人承担无限责任。法律另有规定的，依照其规定。

F38. 非法人组织的财产不足以清偿债务的，其出资人或者（W）设立人承担无限责任（W）。法律另有（分开击打）规定（X）的，依照其规定（X）。

J39. 自然人的个人信息受法律保护。任何组织或者个人需要获取他人个人信息的，应当依法取得并确保信息安全，不得非法收集、使用、加工、传输他人个人信息，不得非法买卖、提供或者公开他人个人信息。

F39. 自然（X）人的个人信息受法律保护（多音）。任何组织或者（W）个人需要（X）获取他人个人信息的，应当依法取得并确保信息安全（W），不得非法收集、使用、加工、传输他人个人信息，不得非法买卖（X）、提供或者（W）公开他人个人信息。

J40. 没有法定的或者约定的义务，为避免他人利益受损失而进行管理的人，有权请求受益人偿还由此支出的必要费用。

F40. 没有（W）法定的或者（W）约定的义务，为避免他人利益受损失（X）而进行（W）管理（W）的人，有权请求受益人（捆绑）偿还由此支出（2）的必要费用。

（四）听打训练四：常见句型 41～45

1. 录入技巧之四

常见句型 41～45 技巧分类表如表 2-1-9 所示。

表 2-1-9　常见句型 41～45 技巧分类表

技巧类别	技巧词语
特定单音字	其（X）、自（X）、以（X）、使（X）
双音略码	没有（W）、根据（W）、损失（X）、或者（W）、其他（W）、表示（X）、权利（X）、情况（W）
四音略码	法律行为、健康状况、人民法院
多音略码	民事行为能力

技巧类别	技巧词语
全码捆绑	相适应
重码选择	实施（2）、智力（3）、同意（3）、收到（2）、通知（3）、未作（2）、视为（4）、真实（2）
联词消字	纯（朴）、获（得）、催（逼）、告（诉/X）、起（来/X）、方（面/X）
其他	之日（分开击打）、一（WI）方（同时击打）

2. 常见句型 41～45

J41. 因他人没有法律根据，取得不当利益，受损失的人有权请求其返还不当利益。

F41. 因他人没有（W）法律根据（W），取得不当利益，受损失（X）的人有权请求其（X）返还不当利益。

J42. 限制民事行为能力人实施的纯获利益的民事法律行为或者与其年龄、智力、精神健康状况相适应的民事法律行为有效；实施的其他民事法律行为经法定代理人同意或者追认后有效。

F42. 限制民事行为能力（多音）人实施（2）的纯（朴）获（得）利益的民事法律行为（四音）或者（W）与其年龄、智力（3）、精神健康状况（四音）相适应（捆绑）的民事法律行为（四音）有效；实施（2）的其他（W）民事法律行为（四音）经法定代理人同意（3）或者（W）追认后有效。

J43. 相对人可以催告法定代理人自收到通知之日起三十日内予以追认。法定代理人未作表示的，视为拒绝追认。民事法律行为被追认前，善意相对人有撤销的权利。撤销应当以通知的方式作出。

F43. 相对人可以催（逼）告（诉/X）法定代理人自（X）收到（2）通知（3）之日（分开击打）起（来/X）三十日内予以追认。法定代理人未作（2）表示（X）的，视为（4）拒绝追认。民事法律行为（四音）被追认前，善意相对人有撤销的权利（X）。撤销应当以（X）通知（3）的方式作出。

J44. 基于重大误解实施的民事法律行为，行为人有权请求人民法院或者仲裁机构予以撤销。

F44. 基于重大误解实施（2）的民事法律行为（四音），行为人有权请求人民法院（四音）或者（W）仲裁机构予以撤销。

J45. 一方以欺诈手段，使对方在违背真实意思的情况下实施的民事法律行为，受欺诈方有权请求人民法院或者仲裁机构予以撤销。

F45. 一（WI）方（同时击打）以（X）欺诈手段，使（X）对方在违背真实（2）意思的情况（W）下实施（2）的民事法律行为（四音），受欺诈方（面/X）有权请求人民法院（四音）或者（W）仲裁机构予以撤销。

（五）训练五：常见句型 46～50

1. 录入技巧之五

常见句型 46～50 技巧分类表如表 2-1-10 所示。

表 2-1-10　常见句型 46～50 技巧分类表

技巧类别	技巧词语
特定单音字	使（X）、权（W）、自（X）、以（X）
双音略码	情况（W）、知道（X）、或者（W）、确定（X）、不能（X）、没有（W）、受到（X）、损失（X）、责任（W）、规定（X）、履行（X）、完全（W）、造成（W）、损害（W）、仍然（X）、反对（W）、表示（X）、权利（X）
四音略码	法律行为、人民法院、民事责任、合法权益、连带责任
重码选择	实施（2）、真实（2）、串通（2）、未作（2）、终止（3）、未经（2）、收到（2）、通知（3）、视为（4）
联词消字	方（面/X）、催（逼）、告（诉/X）、起（来/X）
其他技巧	一（WI）方（同时击打）、另有（分开击打）、之日（分开击打）

2. 常见句型 46～50

J46. 第三人实施欺诈行为，使一方在违背真实意思的情况下实施的民事法律行为，对方知道或者应当知道该欺诈行为的，受欺诈方有权请求人民法院或者仲裁机构予以撤销。

F46. 第三人实施（2）欺诈行为，使（X）一（WI）方（同时击打）在违背真实（2）意思的情况（W）下实施（2）的民事法律行为（四音），对方知道（X）或者（W）应当知道（X）该欺诈行为的，受欺诈方（面/X）有权请求人民法院（四音）或者（W）仲裁机构予以撤销。

J47. 民事法律行为无效、被撤销或者确定不发生效力后，行为人因该行为取得的财产，应当予以返还；不能返还或者没有必要返还的，应当折价补偿。有过错的一方应当赔偿对方由此所受到的损失；各方都有过错的，应当各自承担相应的责任。法律另有规定的，依照其规定。

F47. 民事法律行为（四音）无效、被撤销或者（W）确定（X）不发生效力后，行为人因该行为取得的财产，应当予以返还；不能（X）返还或者（W）没有（W）必要返还的，应当折价补偿。有过错的一（WI）方（同时击打）应当赔偿对方由此所受到（X）的损失（X）；各方都有过错的，应当各自承担相应的责任（W）。法律另有（分开击打）规定（X）的，依照其规定（X）。

J48. 代理人不履行或者不完全履行职责，造成被代理人损害的，应当承担民事责任。代理人和相对人恶意串通，损害被代理人合法权益的，代理人和相对人应当承担连带责任。

F48. 代理人不履行（X）或者（W）不完全（W）履行（X）职责，造成（W）被代理人损害（W）的，应当承担民事责任（四音）。代理人和相对人恶意串通（2），损害（W）被代理人合法权益（四音）的，代理人和相对人应当承担连带责任（四音）。

J49. 代理人知道或者应当知道代理事项违法仍然实施代理行为，或者被代理人知道或者应当知道代理人的代理行为违法未作反对表示的，被代理人和代理人应当承担连带责任。

F49. 代理人知道（X）或者（W）应当知道（X）代理事项违法仍然（X）实施（2）代理行为，或者（W）被代理人知道（X）或者（W）应当知道（X）代理人的代理行为违法未作（2）反对（W）表示（X）的，被代理人和代理人应当承担连带责任（四音）。

J50. 行为人没有代理权、超越代理权或者代理权终止后，仍然实施代理行为，未经被代理人追认的，对被代理人不发生效力。相对人可以催告被代理人自收到通知之日起三十日内予以追认。被代理人未作表示的，视为拒绝追认。行为人实施的行为被追认前，善意相对人有撤销的权利。撤销应当以通知的方式作出。

F50. 行为人没有（W）代理权（W）、超越代理权（W）或者（W）代理权（W）终止（3）后，仍然（X）实施（2）代理行为，未经（2）被代理人追认的，对被代理人不发生效力。相对人可以催（逼）告（诉/X）被代理人自（X）收到（2）通知（3）之日（分开击打）起（来/X）三十日内予以追认。被代理人未作（2）表示（X）的，视为（4）拒绝追认。行为人实施（2）的行为被追认前，善意相对人有撤销的权利（X）。撤销应当以（X）通知（3）的方式作出。

任务 2　行政诉讼常见句型速录训练

训练目标

1. 熟练掌握行政诉讼常见句型的应用。
2. 熟练掌握行政诉讼常见句型的亚伟码录入技巧。
3. 能够快速准确地录入行政诉讼常见句型。

训练步骤

1. 学习行政诉讼常见句型中的亚伟码录入技巧。
2. 通过看打方式，熟练掌握行政诉讼常见句型的速录技巧。
3. 通过听打方式，熟练掌握行政诉讼常见句型的速录技巧。

训练内容

一、看打录入训练

本任务的常见句型看打练习共安排了 5 组，每组包含 5 个常见句型。每组练习开始前，把本组练习中需要用到的录入技巧整理在技巧分类表中，学生可以通过反复练习并熟练掌握之后，再进行常见句型的看打练习。每个句型下面会附有一个详细的技巧说明，学生可依照技巧说明进行强化练习。

看打练习方法如下。

1）练前测：教师领测或者学生自测，记录第一遍成绩（速度和准确率）。

2）自纠错：仔细比对练前测里出现的每一个错误，认真分析错误产生的原因，并对错误之处进行巩固练习。

3）知技巧：参照技巧说明，加强对技巧的记忆与应用。

4）分解练：将每个句子分解为若干个半句话进行反复练习。

5）自我测：反复看打练习，每次看打后都要参照第 2）步进行自纠错，在满足速度要求的同时，一次上屏准确率达到 95% 以上视为达标。

按照以上"五步骤"看打练习，最终达到：①看打练习时，对句中技巧能形成正确的条件反射，且能够快速准确地击打出来；②看打练习时，对每句话的看打都能够做到快速准确且连贯顺畅，尽量不中断、不删除。

（一）看打训练一：常见句型 01～05

1. 录入技巧之一

常见句型 01～05 技巧分类表如表 2-2-1 所示。

表 2-2-1　常见句型 01～05 技巧分类表

技巧类别	技巧词语
特定单音字	请（X）、及（X）、称（X）、县（XW）、权（W）、由（W）
双音略码	或者（W）、根据（W）、有关（W）、规定（X）、进行（W）、最后（W）、权利（X）、双方（W）、遵守（W）、履行（X）、判决（W）、责任（W）、包括（W）、过程（W）、经过（W）、管理（W）、现在（X）、充分（W）、方面（X）
三音略码	诉讼法、所有权
四音略码	诉讼权利、法律效力、法庭调查、法庭辩论
多音略码	中华人民共和国、具体行政行为
全码捆绑	起诉状、当事人、依法行使、行政争议、合议庭、平原县、第三人、有无异议
重码选择	质证（3）、被诉（3）、举证（2）、告知（2）、攻击（2）、本案（3）、颁发（2）、证书（3）、争议（2）、登记（2）
联词消字	负（责/W）、诉（诸）
其他	辩称（chen）

2. 常见句型 01～05

J01. 请原告宣读起诉状或者简要陈述诉讼请求及所依据的事实和理由。

F01. 请（X）原告宣读起诉状（捆绑）或者（W）简要陈述诉讼请求及（X）所依据的事实和理由。

J02. 根据《中华人民共和国行政诉讼法》的有关规定，当事人在行政诉讼中地位平等，享有申请回避、提供证据并质证、进行辩论和最后陈述的权利，双方都有依法行使诉讼权利、遵守诉讼秩序、自觉履行发生法律效力的判决、裁定的义务。行政机关对被诉具体行政行为的合法性负有举证责任。当事人对告知的诉讼权利义务是否听清楚？

F02. 根据（W）《中华人民共和国（多音）行政诉讼法（三音）》的有关（W）规定（X），当事人（捆绑）在行政诉讼中地位平等，享有申请回避、提供证据并质证（3）、进行（W）辩论和最后（W）陈述的权利（X），双方（W）都有依法行使（捆绑）诉讼权利（四音）、遵守（W）诉讼秩序、自觉履行（X）发生法律效力（四音）的判决（W）、裁定的义务。行政机关对被诉（3）具体行政行为（多音）的合法性负（责/W）有举证（2）责任（W）。当事人（捆绑）对告知（2）的诉讼权利（四音）义务是否听清楚？

J03. 法庭审理的程序包括陈述行政争议、法庭调查、法庭辩论、当事人最后陈述、裁判等几个阶段。在审理过程中，诉讼参与人发言要经过法庭的允许。在陈述案件事实，发表质证意见、辩论意见时，语言要文明，不得使用侮辱性语言攻击对方。双方是否听清？

F03. 法庭审理的程序包括（W）陈述行政争议（捆绑）、法庭调查（四音）、法庭辩论（四音）、当事人（捆绑）最后（W）陈述、裁判等几个阶段。在审理过程（W）中，诉讼参与人发言要经过（W）法庭的允许。在陈述案件事实，发表质证（3）意见、辩论意见时，语言要文明，不得使用侮辱性语言攻击（2）对方。双方（W）是否听清？

J04. 根据上述原告的诉称、被告的辩称，合议庭归纳本案的焦点是：被告平原县房产管理中心给第三人颁发房屋所有权证书及共有权证书的具体行政行为是否合法。各方当事人对本庭归纳的争议焦点有无异议和补充？

F04. 根据（W）上述原告的诉（诸）称（X）、被告的辩称（chen），合议庭（捆绑）归纳本案（3）的焦点是：被告平原县（捆绑或县/XW）房产管理（W）中心给第三人（捆绑）颁发（2）房屋所有权（三音）证书（3）及共有权（W）证书（3）的具体行政行为（多音）是否合法。各方当事人（捆绑）对本庭归纳的争议（2）焦点有无异议（捆绑）和补充？

J05. 现在对被诉具体行政行为认定事实的证据是否确凿、充分，登记程序是否合法进行审查。由被告向法庭一同提交被诉具体行政行为认定事实和登记程序方面所依据的证据。

F05. 现在（X）对被诉（3）具体行政行为（多音）认定事实的证据是否确凿、充分（W），登记（2）程序是否合法进行（W）审查。由（W）被告向法庭一同提交被诉（3）具体行政行为（多音）认定事实和登记（2）程序方面（X）所依据的证据。

（二）看打训练二：常见句型 06～10

1. 录入技巧之二

常见句型 06～10 技巧分类表如表 2-2-2 所示。

表 2-2-2   常见句型 06～10 技巧分类表

技巧类别	技巧词语
特定单音字	由（W）、有（X）、再（W）、做（W）、在（X）、已（W）
双音略码	现在（X）、正确（X）、进行（W）、说明（X）、属于（W）、办法（W）、规定（X）、类型（X）、办理（X）、根据（W）、若干（W）、问题（X）、权利（X）、作为（W）、判决（W）、决定（X）、方面（X）、充分（W）、最后（W）、内容（W）、要求（W）
四音略码	证据证明、法庭调查、法庭辩论、适用法律
多音略码	具体行政行为、行政诉讼证据
全码捆绑	无异议、有异议、合议庭、第一轮、到此结束、当事人、有何意见
重码选择	被诉（3）、适用（2）、本案（3）、权属（6）、登记（2）、评议（2）、争议（2）、攻击（2）
联词消字	待（业）

2. 常见句型 06～10

J06. 现在对被告作出的被诉具体行政行为适用的法律、法规是否正确进行审查。由被告代理人说明本案被诉的房屋权属登记行为属于《房屋登记办法》所规定的哪种类型的登记及办理登记依据的法律、法规或规章。

F06. 现在（X）对被告作出的被诉（3）具体行政行为（多音）适用（2）的法律、法规是否正确（X）进行（W）审查。由（W）被告代理人说明（X）本案（3）被诉（3）的房屋权属（6）登记（2）行为属于（W）《房屋登记办法（W）》所规定（X）的哪种类型（X）的登记（2）及办理（X）登记（2）依据的法律、法规或规章。

J07. 原告，根据《行政诉讼证据若干问题的规定》，你方享有向法庭提交证据证明被诉行为违法的权利，你是否有证据提交？

F07. 原告，根据（W）《行政诉讼证据（多音）若干（W）问题（X）的规定（X）》，你方享有向法庭提交证据证明（四音）被诉（3）行为违法的权利（X），你是否有（X）证据提交？

J08. 法庭调查中当事人各方提交的证据无异议的可作为定案的证据和判决的依据，有异议的待合议庭评议后再做决定。

F08. 法庭调查（四音）中当事人各方提交的证据无异议（捆绑）的可作为（W）定案的证据和判决（W）的依据，有异议（捆绑）的待（业）合议庭（捆绑）评议（2）后再（W）做（W）决定（X）。

J09. 法庭调查结束，现在进行法庭辩论，诉讼各方应当围绕着本案的争议焦点对被诉具体行政行为所认定事实、适用法律、行政程序等方面发表辩论意见。在辩论中不允许使用侮辱、诽谤、攻击性的语言。先由原告发表第一轮辩论意见。

F09. 法庭调查（四音）结束，现在（X）进行（W）法庭辩论（四音），诉讼各方应当围绕着本案（3）的争议（2）焦点对被诉（3）具体行政行为（多音）所认定事实、适用法律（四音）、行政程序等方面（X）发表辩论意见。在（X）辩论中不允许使用侮辱、诽谤、攻击（2）性的语言。先由（W）原告发表第一轮（捆绑）辩论意见。

J10. 各方的辩论意见本庭已充分注意，并已记录在案，法庭辩论到此结束，现在由当事人作最后陈述，陈述的内容是对本案的处理有何意见和要求。

F10. 各方的辩论意见本庭已（W）充分（W）注意，并已（W）记录在案，法庭辩论（四音）到此结束（捆绑），现在（X）由（W）当事人（捆绑）作最后（W）陈述，陈述的内容（W）是对本案（3）的处理有何意见（捆绑）和要求（W）。

（三）看打训练三：常见句型 11～15

1. 录入技巧之三

常见句型 11～15 技巧分类表如表 2-2-3 所示。

表 2-2-3　常见句型 11～15 技巧分类表

技巧类别	技巧词语
特定单音字	以（X）、权（W）
双音略码	进行（W）、现在（X）、原则（X）、必须（W）、程度（W）、或者（W）、其他（W）、受到（X）、损害（W）、提出（W）、要求（W）、造成（W）、构成（W）、追究（W）、责任（W）
四音略码	违法行为、民事责任
全码捆绑	到此结束、当事人、合议庭、行政处罚、和实施、行政复议、刑事处罚
重码选择	休庭（2）、如有（2）、笔录（3）、评议（2）、实施（2）、申辩（2）、刑事（3）、两次（3）
联词消字	阅（读）、择（吉）
其他	社会（后置/XZWUE）

2. 常见句型 11～15

J11. 今天开庭到此结束。当事人在休庭后，阅看法庭记录，如有遗漏或差错，可以申请补正，确认无误后，应在笔录上签名。本合议庭进行评议后，择日宣判。现在休庭。

F11. 今天开庭到此结束（捆绑）。当事人（捆绑）在休庭（2）后，阅（读）看法庭记录，如有（2）遗漏或差错，可以申请补正，确认无误后，应在笔录（3）上签名。本合议庭（捆绑）进行（W）评议（2）后，择（吉）日宣判。现在（X）休庭（2）。

J12. 行政处罚遵循公正、公开的原则。设定和实施行政处罚必须以事实为依据，与违法行为的事实、性质、情节以及社会危害程度相当。

F12. 行政处罚（捆绑）遵循公正、公开的原则（X）。设定和实施（捆绑或实施/2）行政处罚（捆绑）必须（W）以（X）事实为依据，与违法行为（四音）的事实、性质、情节以及社会（后置/XZWUE）危害程度（W）相当。

J13. 公民、法人或者其他组织对行政机关所给予的行政处罚，享有陈述权、申辩权；对行政处罚不服的，有权依法申请行政复议或者提起行政诉讼。公民、法人或者其他组织因行政机关违法给予行政处罚受到损害的，有权依法提出赔偿要求。

F13. 公民、法人或者（W）其他（W）组织对行政机关所给予的行政处罚（捆绑），享有陈述权（W）、申辩（2）权（W）；对行政处罚不服的，有权依法申请行政复议（捆绑）或者（W）提起行政诉讼。公民、法人或者（W）其他（W）组织因行政机关违法给予行政处罚（捆绑）受到（X）损害（W）的，有权依法提出（W）赔偿要求（W）。

J14. 公民、法人或者其他组织因违法受到行政处罚，其违法行为对他人造成损害的，应当依法承担民事责任。违法行为构成犯罪，应当依法追究刑事责任，不得以行政处罚代替刑事处罚。

F14. 公民、法人或者（W）其他（W）组织因违法受到（X）行政处罚（捆绑），其违法行为（四音）对他人造成（W）损害（W）的，应当依法承担民事责任（四音）。违法行为（四音）构成（W）犯罪，应当依法追究（W）刑事（3）责任（W），不得以（X）行政处罚代替刑事处罚（捆绑）。

J15. 对当事人的同一个违法行为，不得给予两次以上罚款的行政处罚。

F15. 对当事人（捆绑）的同一个违法行为（四音），不得给予两次（3）以上罚款的行政处罚（捆绑）。

（四）看打训练四：常见句型 16～20

1. 录入技巧之四

常见句型 16～20 技巧分类表如表 2-2-4 所示。

表 2-2-4　常见句型 16～20 技巧分类表

技巧类别	技巧词语
特定单音字	时（W）、除（W）
双音略码	病人（W）、不能（X）、或者（W）、控制（W）、自己（W）、其他（W）、必须（W）、决定（X）、规定（X）、按照（X）、国家（X）、有关（W）
四音略码	违法行为、行政管理
全码捆绑	行政处罚、间歇性、当事人、行政复议
重码选择	不予（2）、财物（2）
其他	另有（分开击打）

2. 常见句型 16～20

J16. 精神病人在不能辨认或者不能控制自己行为时有违法行为的，不予行政处罚，但应当责令其监护人严加看管和治疗。间歇性精神病人在精神正常时有违法行为的，应当给予行政处罚。

F16. 精神病人（W）在不能（X）辨认或者（W）不能（X）控制（W）自己（W）行为时（W）有违法行为（四音）的，不予（2）行政处罚（捆绑），但应当责令其监护人严加看管和治疗。间歇性（捆绑）精神病人（W）在精神正常时（W）有违法行为（四音）的，应当给予行政处罚（捆绑）。

J17. 公民、法人或者其他组织违反行政管理秩序的行为，依法应当给予行政处罚的，行政机关必须查明事实；违法事实不清的，不得给予行政处罚。

F17. 公民、法人或者（W）其他（W）组织违反行政管理（四音）秩序的行为，依法应当给予行政处罚（捆绑）的，行政机关必须（W）查明事实；违法事实不清的，不得给予行政处罚（捆绑）。

J18. 当事人对当场作出的行政处罚决定不服的，可以依法申请行政复议或者提起行政诉讼。

F18. 当事人（捆绑）对当场作出的行政处罚（捆绑）决定（X）不服的，可以依法申请行政复议（捆绑）或者（W）提起行政诉讼。

J19. 当事人对行政处罚决定不服申请行政复议或者提起行政诉讼的，行政处罚不停止执行，法律另有规定的除外。

F19. 当事人对行政处罚（捆绑）决定（X）不服申请行政复议（捆绑）或者（W）提起行政诉讼的，行政处罚不停止执行，法律另有（分开击打）规定（X）的除外。

J20. 除依法应当予以销毁的物品外，依法没收的非法财物必须按照国家规定公开拍卖或者按照国家有关规定处理。

F20. 除（W）依法应当予以销毁的物品外，依法没收的非法财物（2）必须（W）按照（X）国家（X）规定（X）公开拍卖或者（W）按照（X）国家（X）有关（W）规定（X）处理。

（五）看打训练五：常见句型 21～25

1. 录入技巧之五

常见句型 21～25 技巧分类表如表 2-2-5 所示。

表 2-2-5　常见句型 21～25 技巧分类表

技巧类别	技巧词语
特定单音字	自（X）、无（X）、代（W）、由（W）
双音略码	履行（X）、原则（X）、正确（X）、或者（W）、其他（W）、决定（X）、规定（X）、但是（X）、知道（X）、提出（W）、超过（W）、权利（X）、地方（X）、工作（W）、选择（X）

技巧类别	技巧词语
三音略码	诉讼法
四音略码	人民法院、合法权益、人民政府、主管部门
多音略码	具体行政行为、民事行为能力
全码捆绑	行政复议、近亲属、上一级
重码选择	实施（2）、终止（3）、县级（4）、本级（3）
联词消字	必（须/W）、纠（葛）、起（来/X）
其他	之日（分开击打）

2. 常见句型 21～25

J21. 行政复议机关履行行政复议职责，应当遵循合法、公正、公开、及时、便民的原则，坚持有错必纠，保障法律、法规的正确实施。

F21. 行政复议（捆绑）机关履行（X）行政复议（捆绑）职责，应当遵循合法、公正、公开、及时、便民的原则（X），坚持有错必（须/W）纠（葛），保障法律、法规的正确（X）实施（2）。

J22. 公民、法人或者其他组织对行政复议决定不服的，可以依照行政诉讼法的规定向人民法院提起行政诉讼，但是法律规定行政复议决定为最终裁决的除外。

F22. 公民、法人或者（W）其他（W）组织对行政复议（捆绑）决定（X）不服的，可以依照行政诉讼法（三音）的规定（X）向人民法院（四音）提起行政诉讼，但是（X）法律规定（X）行政复议（捆绑）决定（X）为最终裁决的除外。

J23. 公民、法人或者其他组织认为具体行政行为侵犯其合法权益的，可以自知道该具体行政行为之日起六十日内提出行政复议申请；但是法律规定的申请期限超过六十日的除外。

F23. 公民、法人或者（W）其他（W）组织认为具体行政行为（多音）侵犯其合法权益（四音）的，可以自（X）知道（X）该具体行政行为（多音）之日（分开击打）起（来/X）六十日内提出（W）行政复议（捆绑）申请；但是（X）法律规定（X）的申请期限超过（W）六十日的除外。

J24. 有权申请行政复议的公民死亡的，其近亲属可以申请行政复议。有权申请行政复议的公民为无民事行为能力人或者限制民事行为能力人的，其法定代理人可以代为申请行政复议。有权申请行政复议的法人或者其他组织终止的，承受其权利的法人或者其他组织可以申请行政复议。

F24. 有权申请行政复议（捆绑）的公民死亡的，其近亲属（捆绑）可以申请行政复议（捆绑）。有权申请行政复议（捆绑）的公民为无（X）民事行为能力（多音）人或者（W）限制民事行为能力（多音）人的，其法定代理人可以代（W）为申请行政复议

（捆绑）。有权申请行政复议（捆绑）的法人或者（W）其他（W）组织终止（3）的，承受其权利（X）的法人或者（W）其他（W）组织可以申请行政复议（捆绑）。

J25. 对县级以上地方各级人民政府工作部门的具体行政行为不服的，由申请人选择，可以向该部门的本级人民政府申请行政复议，也可以向上一级主管部门申请行政复议。

F25. 对县级（4）以上地方（X）各级人民政府（四音）工作（W）部门的具体行政行为（多音）不服的，由（W）申请人选择（X），可以向该部门的本级（3）人民政府（四音）申请行政复议（捆绑），也可以向上一级（捆绑）主管部门（四音）申请行政复议（捆绑）。

二、听打录入训练

本任务的常见句型听打练习同样安排了 5 组，每组包含 5 个常见句型。每组练习开始前，把本组练习中需要用到的录入技巧整理在技巧分类表中，学生通过反复练习并熟练掌握之后，再进行常见句型的听打练习。

听打练习方法如下。

1）练前测：教师领测或者学生自测，记录第一遍成绩（速度和准确率）。

2）自纠错：仔细比对练前测里出现的每一个错误，认真分析错误产生的原因，并对错误之处进行巩固练习。

3）知技巧：参照技巧说明，加强对技巧的记忆与应用。

4）反复听：每次听打练习后都要重复进行第 2）步。

5）达标测：在满足速度要求的同时，一次上屏准确率达到 95% 以上视为达标。

按照以上"五步骤"听打练习，最终达到：①听打练习时，对句中技巧能形成正确的条件反射，且能够快速准确地击打出来；②听打练习时，尽可能一次性同步准确记录每一个字词，少回改、少多打。

（一）听打训练一：常见句型 26～30

1. 录入技巧之一

常见句型 26～30 技巧分类表如表 2-2-6 所示。

表 2-2-6　常用句型 26～30 技巧分类表

技巧类别	技巧词语
特定单音字	省（XW）、再（W）、无（X）、时（W）
双音略码	领导（X）、国家（X）、安全（W）、地方（X）、或者（W）、其他（W）、已经（X）、规定（X）、决定（X）、提出（W）

技巧类别	技巧词语
四音略码	外汇管理、主管部门、人民政府、派出机关、人民法院
多音略码	具体行政行为
全码捆绑	上一级、行政复议、自治区、决定书
重码选择	县级（4）、不予（2）、正当（2）
联词消字	起（来/X）
其他	先向（分开击打）、之日（分开击打）

2. 常见句型 26～30

J26. 对海关、金融、国税、外汇管理等实行垂直领导的行政机关和国家安全机关的具体行政行为不服的，向上一级主管部门申请行政复议。

F26. 对海关、金融、国税、外汇管理（四音）等实行垂直领导（X）的行政机关和国家（X）安全（W）机关的具体行政行为（多音）不服的，向上一级（捆绑）主管部门（四音）申请行政复议（捆绑）。

J27. 对地方各级人民政府的具体行政行为不服的，向上一级地方人民政府申请行政复议。对省、自治区人民政府依法设立的派出机关所属的县级地方人民政府的具体行政行为不服的，向该派出机关申请行政复议。

F27. 对地方（X）各级人民政府（四音）的具体行政行为（多音）不服的，向上一级地方（X）人民政府（四音）申请行政复议（捆绑）。对省（XW）、自治区（捆绑）人民政府（四音）依法设立的派出机关（四音）所属的县级（4）地方（X）人民政府（四音）的具体行政行为（多音）不服的，向该派出机关（四音）申请行政复议（捆绑）。

J28. 公民、法人或者其他组织申请行政复议，行政复议机关已经依法受理的，或者法律、法规规定应当先向行政复议机关申请行政复议、对行政复议决定不服再向人民法院提起行政诉讼的，在法定行政复议期限内不得向人民法院提起行政诉讼。

F28. 公民、法人或者（W）其他（W）组织申请行政复议（捆绑），行政复议（捆绑）机关已经（X）依法受理的，或者（W）法律、法规规定（X）应当先向（分开击打）行政复议（捆绑）机关申请行政复议（捆绑）、对行政复议（捆绑）决定（X）不服再（W）向人民法院（四音）提起行政诉讼的，在法定行政复议（捆绑）期限内不得向人民法院（四音）提起行政诉讼。

J29. 法律、法规规定应当先向行政复议机关申请行政复议、对行政复议决定不服再向人民法院提起行政诉讼的，行政复议机关决定不予受理或者受理后超过行政复议期限不作答复的，公民、法人或者其他组织可以自收到不予受理决定书之日起或者行政复议期满之日起十五日内，依法向人民法院提起行政诉讼。

F29. 法律、法规规定（X）应当先向（分开击打）行政复议（捆绑）机关申请行政复议（捆绑）、对行政复议（捆绑）决定（X）不服再（W）向人民法院（四音）提起行政诉讼的,行政复议(捆绑)机关决定(X)不予(2)受理或者(W)受理后超过行政复议(捆绑)期限不作答复的,公民、法人或者其他组织可以自收到不予受理决定书(捆绑)之日(分开击打)起(来/X)或者(W)行政复议(捆绑)期满之日(分开击打)起(来/X)十五日内,依法向人民法院(四音)提起行政诉讼。

J30. 公民、法人或者其他组织依法提出行政复议申请,行政复议机关无正当理由不予受理的,上级行政机关应当责令其受理;必要时,上级行政机关也可以直接受理。

F30. 公民、法人或者(W)其他(W)组织依法提出(W)行政复议(捆绑)申请,行政复议(捆绑)机关无(X)正当(2)理由不予(2)受理的,上级行政机关应当责令其受理;必要时(W),上级行政机关也可以直接受理。

(二)听打训练二:常见句型 31~35

1. 录入技巧之二

常见句型 31~35 技巧分类表如表 2-2-7 所示。

表 2-2-7 常见句型 31~35 技巧分类表

技巧类别	技巧词语
特定单音字	时(W)、又(XW)、由(W)
双音略码	决定(X)、或者(W)、重新(X)、主要(X)、错误(W)、明显(X)、提出(W)、国家(X)、有关(W)、规定(X)、没有(W)、措施(X)、履行(X)、按照(X)、工作(W)、其他(W)、严重(W)、构成(W)、追究(W)、责任(W)
四音略码	法定程序、行政赔偿、人民法院、徇私舞弊、行政处分
多音略码	具体行政行为
全码捆绑	行政复议、记大过
重码选择	适用(2)、财物(2)、解除(2)、价款(2)、逾期(5)、渎职(5)、失职(5)、刑事(3)
其他	"("(U:XN)、")"(E:XN)、活动(后置/XGWUEO)

2. 常见句型 31~35

J31. 具体行政行为有下列情形之一的,决定撤销、变更或者确认该具体行政行为违法;决定撤销或者确认该具体行政行为违法的,可以责令被申请人在一定期限内重新作出具体行政行为:1. 主要事实不清、证据不足的;2. 适用依据错误的;3. 违反法定程序的;4. 超越或者滥用职权的;5. 具体行政行为明显不当的。

F31. 具体行政行为(多音)有下列情形之一的,决定(X)撤销、变更或者(W)确认该具体行政行为(多音)违法;决定(X)撤销或者(W)确认该具体行政行为(多音)违法的,可以责令被申请人在一定期限内重新(X)作出具体行政行为(多音):1. 主要(X)事实不清、证据不足的;2. 适用(2)依据错误(W)的;3. 违反法定程序(四音)的;4. 超越或者(W)滥用职权的;5. 具体行政行为(多音)明显(X)不当的。

J32. 申请人在申请行政复议时可以一并提出行政赔偿请求，行政复议机关对符合国家赔偿法的有关规定应当给予赔偿的，在决定撤销、变更具体行政行为或者确认具体行政行为违法时，应当同时决定被申请人依法给予赔偿。

F32. 申请人在申请行政复议（捆绑）时（W）可以一并提出（W）行政赔偿（四音）请求，行政复议（捆绑）机关对符合国家（X）赔偿法的有关（W）规定（X）应当给予赔偿的，在决定（X）撤销、变更具体行政行为（多音）或者（W）确认具体行政行为（多音）违法时（W），应当同时决定（X）被申请人依法给予赔偿。

J33. 申请人在申请行政复议时没有提出行政赔偿请求的，行政复议机关在依法决定撤销或者变更罚款，撤销违法集资、没收财物、征收财物、摊派费用以及对财产的查封、扣押、冻结等具体行政行为时，应当同时责令被申请人返还财产，解除对财产的查封、扣押、冻结措施，或者赔偿相应的价款。

F33. 申请人在申请行政复议（捆绑）时没有（W）提出（W）行政赔偿（四音）请求的，行政复议（捆绑）机关在依法决定（X）撤销或者（W）变更罚款，撤销违法集资、没收财物（2）、征收财物（2）、摊派费用以及对财产的查封、扣押、冻结等具体行政行为（多音）时（W），应当同时责令被申请人返还财产，解除（2）对财产的查封、扣押、冻结措施（X），或者（W）赔偿相应的价款（2）。

J34. 申请人逾期不起诉又不履行行政复议决定的，或者不履行最终裁决的行政复议决定的，按照下列规定分别处理：（一）维持具体行政行为的行政复议决定，由作出具体行政行为的行政机关依法强制执行，或者申请人民法院强制执行；（二）变更具体行政行为的行政复议决定，由行政复议机关依法强制执行，或者申请人民法院强制执行。

F34. 申请人逾期（5）不起诉又（XW）不履行（X）行政复议（捆绑）决定（X）的，或者（W）不履行（X）最终裁决的行政复议（捆绑）决定（X）的，按照（X）下列规定（X）分别处理：（一）维持具体行政行为（多音）的行政复议（捆绑）决定（X），由（W）作出具体行政行为（多音）的行政机关依法强制执行，或者（W）申请人民法院（四音）强制执行；（二）变更具体行政行为（多音）的行政复议（捆绑）决定（X），由行政复议（捆绑）机关依法强制执行，或者（W）申请人民法院（四音）强制执行。

J35. 行政复议机关工作人员在行政复议活动中，徇私舞弊或者有其他渎职、失职行为的，依法给予警告、记过、记大过的行政处分；情节严重的，依法给予降级、撤职、开除的行政处分；构成犯罪的，依法追究刑事责任。

F35. 行政复议（捆绑）机关工作（W）人员在行政复议（捆绑）活动（后置/XGWUEO）中，徇私舞弊（四音）或者（W）有其他（W）渎职（5）、失职（5）行为的，依法给予警告、记过、记大过（捆绑）的行政处分（四音）；情节严重（W）的，依法给予降级、撤职、开除的行政处分（四音）；构成（W）犯罪的，依法追究（W）刑事（3）责任（W）。

（三）听打训练三：常见句型 36～40

1. 录入技巧之三

常见句型 36～40 技巧分类表如表 2-2-8 所示。

表 2-2-8　常见句型 36～40 技巧分类表

技巧类别	技巧词语
特定单音字	称（X）
双音略码	或者（W）、其他（W）、工作（W）、包括（W）、进行（W）、权利（X）
四音略码	合法权益、人民法院、法律法规、行政拘留、人身自由、强制措施
多音略码	行政强制执行
全码捆绑	许可证、行政处罚
重码选择	干预（2）、财物（2）
联词消字	款（式）

2. 常见句型 36～40

J36. 公民、法人或者其他组织认为行政机关和行政机关工作人员的行政行为侵犯其合法权益，有权依照本法向人民法院提起诉讼。前款所称行政行为，包括法律、法规、规章授权的组织作出的行政行为。

F36. 公民、法人或者（W）其他（W）组织认为行政机关和行政机关工作（W）人员的行政行为侵犯其合法权益（四音），有权依照本法向人民法院（四音）提起诉讼。前款（式）所称（X）行政行为，包括（W）法律、法规（法律法规四音）、规章授权的组织作出的行政行为。

J37. 人民法院审理行政案件，对行政行为是否合法进行审查。

F37. 人民法院（四音）审理行政案件，对行政行为是否合法进行（W）审查。

J38. 人民法院应当保障公民、法人和其他组织的起诉权利，对应当受理的行政案件依法受理。行政机关及其工作人员不得干预、阻碍人民法院受理行政案件。

F38. 人民法院（四音）应当保障公民、法人和其他（W）组织的起诉权利（X），对应当受理的行政案件依法受理。行政机关及其工作（W）人员不得干预（2）、阻碍人民法院（四音）受理行政案件。

J39. 公民、法人或者其他组织对行政拘留、暂扣或者吊销许可证和执照、责令停产停业、没收违法所得、没收非法财物、罚款、警告等行政处罚不服的，可以提起行政诉讼。

F39. 公民、法人或者（W）其他（W）组织对行政拘留（四音）、暂扣或者（W）吊销许可证（捆绑）和执照、责令停产停业、没收违法所得、没收非法财物（2）、罚款、警告等行政处罚（捆绑）不服的，可以提起行政诉讼。

J40. 公民、法人或者其他组织对限制人身自由或者对财产的查封、扣押、冻结等行政强制措施和行政强制执行不服的，可以提起行政诉讼。

F40. 公民、法人或者（W）其他（W）组织对限制人身自由（四音）或者（W）对财产的查封、扣押、冻结等行政强制措施（四音）和行政强制执行（多音）不服的，可以提起行政诉讼。

（四）听打训练四：常见句型 41～45

1. 录入技巧之四

常见句型 41～45 技巧分类表如表 2-2-9 所示。

表 2-2-9　常见句型 41～45 技巧分类表

技巧类别	技巧词语
双音略码	或者（W）、其他（W）、有关（W）、决定（X）、土地（W）、森林（X）、自然（X）、履行（X）、农村（W）
三音略码	所有权
四音略码	合法权益
多音略码	经营自主权
全码捆绑	使用权、人身权、财产权、经营权
重码选择	不予（2）、荒地（2）、滩涂（3）

2. 常见句型 41～45

J41. 公民、法人或者其他组织申请行政许可，行政机关拒绝或者在法定期限内不予答复，或者对行政机关作出的有关行政许可的其他决定不服的，可以提起行政诉讼。

F41. 公民、法人或者（W）其他（W）组织申请行政许可，行政机关拒绝或者（W）在法定期限内不予（2）答复，或者（W）对行政机关作出的有关（W）行政许可的其他（W）决定（X）不服的，可以提起行政诉讼。

J42. 公民、法人或者其他组织对行政机关作出的关于确认土地、矿藏、水流、森林、山岭、草原、荒地、滩涂、海域等自然资源的所有权或者使用权的决定不服的，可以提起行政诉讼。

F42. 公民、法人或者（W）其他（W）组织对行政机关作出的关于确认土地（W）、矿藏、水流、森林（X）、山岭、草原、荒地（2）、滩涂（3）、海域等自然（X）资源的所有权（三音）或者（W）使用权（捆绑）的决定（X）不服的，可以提起行政诉讼。

J43. 公民、法人或者其他组织对征收、征用决定及其补偿决定不服的，可以提起行政诉讼。

F43. 公民、法人或者（W）其他（W）组织对征收、征用决定（X）及其补偿决定（X）不服的，可以提起行政诉讼。

J44. 公民、法人或者其他组织申请行政机关履行保护人身权、财产权等合法权益的法定职责，行政机关拒绝履行或者不予答复的，可以提起行政诉讼。

F44. 公民、法人或者（W）其他（W）组织申请行政机关履行（X）保护人身权（捆绑）、财产权（捆绑）等合法权益（四音）的法定职责，行政机关拒绝履行（X）或者（W）不予（2）答复的，可以提起行政诉讼。

J45. 公民、法人或者其他组织认为行政机关侵犯其经营自主权或者农村土地承包经营权、农村土地经营权的，可以提起行政诉讼。

F45. 公民、法人或者（W）其他（W）组织认为行政机关侵犯其经营自主权（多音）或者（W）农村（W）土地（W）承包经营权（捆绑）、农村（W）土地（W）经营权（捆绑）的，可以提起行政诉讼。

（五）听打训练五：常见句型46～50

1. 录入技巧之五

常见句型46～50技巧分类表如表2-2-10所示。

表2-2-10　常见句型46～50技巧分类表

技巧类别	技巧词语
特定单音字	由（W）
双音略码	或者（W）、其他（W）、排除（W）、要求（W）、履行（X）、没有（W）、按照（X）、政府（W）、土地（W）、外交（X）、国家（X）、具有（W）、普遍（X）、决定（X）、工作（W）、规定（X）
四音略码	社会保险、人民法院、行政法规
多音略码	最低生活保障
全码捆绑	抚恤金、约束力
重码选择	权力（2）、解除（2）、制定（2）
联词消字	未（必）
其他	"（"（U:XN）、"）"（E:XN）

2. 常见句型46～50

J46. 公民、法人或者其他组织认为行政机关滥用行政权力排除或者限制竞争的，可以提起行政诉讼。

F46. 公民、法人或者（W）其他（W）组织认为行政机关滥用行政权力（2）排除（W）或者（W）限制竞争的，可以提起行政诉讼。

J47. 公民、法人或者其他组织认为行政机关违法集资、摊派费用或者违法要求履行其他义务的，可以提起行政诉讼。

F47. 公民、法人或者（W）其他（W）组织认为行政机关违法集资、摊派费用或者（W）违法要求（W）履行（X）其他（W）义务的，可以提起行政诉讼。

J48. 公民、法人或者其他组织认为行政机关没有依法支付抚恤金、最低生活保障待遇或者社会保险待遇的，可以提起行政诉讼。

F48. 公民、法人或者（W）其他（W）组织认为行政机关没有（W）依法支付抚恤金（捆绑）、最低生活保障（多音）待遇或者（W）社会保险（四音）待遇的，可以提起行政诉讼。

J49. 公民、法人或者其他组织认为行政机关不依法履行、未按照约定履行或者违法变更、解除政府特许经营协议、土地房屋征收补偿协议等协议的，可以提起行政诉讼。

F49. 公民、法人或者（W）其他（W）组织认为行政机关不依法履行（X）、未（必）按照（X）约定履行（X）或者（W）违法变更、解除（2）政府（W）特许经营协议、土地（W）房屋征收补偿协议等协议的，可以提起行政诉讼。

J50. 人民法院不受理公民、法人或者其他组织对下列事项提起的诉讼：（一）国防、外交等国家行为；（二）行政法规、规章或者行政机关制定、发布的具有普遍约束力的决定、命令；（三）行政机关对行政机关工作人员的奖惩、任免等决定；（四）法律规定由行政机关最终裁决的行政行为。

F50. 人民法院（四音）不受理公民、法人或者（W）其他（W）组织对下列事项提起的诉讼：（一）国防、外交（X）等国家（X）行为；（二）行政法规（四音）、规章或者（W）行政机关制定（2）、发布的具有（W）普遍（X）约束力（捆绑）的决定（X）、命令；（三）行政机关对行政机关工作（W）人员的奖惩、任免等决定（X）；（四）法律规定（X）由（W）行政机关最终裁决的行政行为。

任务 3　刑事诉讼常见句型速录训练

训练目标

1. 熟练掌握刑事诉讼常见句型的应用。
2. 熟练掌握刑事诉讼常见句型的亚伟码录入技巧。
3. 能够快速准确地录入刑事诉讼常见句型。

训练步骤

1. 学习刑事诉讼常见句型中的亚伟码录入技巧。
2. 通过看打方式，熟练掌握刑事诉讼常见句型的速录技巧。
3. 通过听打方式，熟练掌握刑事诉讼常见句型的速录技巧。

⚙ 训练内容

一、看打录入训练

本任务的常见句型看打练习共安排了 5 组，每组包含 5 个常见句型。每组练习开始前，把本组练习中需要用到的录入技巧整理在技巧分类表中，学生可以通过反复练习并熟练掌握之后，再进行常见句型的看打练习。每个句型下面会附有一个详细的技巧说明，学生可依照技巧说明进行强化练习。

看打练习方法如下。

1）练前测：教师领测或者学生自测，记录第一遍成绩（速度和准确率）。

2）自纠错：仔细比对练前测里出现的每一个错误，认真分析错误产生的原因，并对错误之处进行巩固练习。

3）知技巧：参照技巧说明，加强对技巧的记忆与应用。

4）分解练：将每个句子分解为若干个半句话进行反复练习。

5）自我测：反复看打练习，每次看打后都要参照第 2）步进行自纠错，在满足速度要求的同时，一次上屏准确率达到 95% 以上视为达标。

按照以上"五步骤"看打练习，最终达到：①看打练习时，对句中技巧能形成正确的条件反射，且能够快速准确地击打出来；②看打练习时，对每句话的看打都能够做到快速准确且连贯顺畅，尽量不中断、不删除。

（一）看打训练一：常见句型 01～05

1. 录入技巧之一

常见句型 01～05 技巧分类表如表 2-3-1 所示。

表 2-3-1　常见句型 01～05 技巧分类表

技巧类别	技巧词语
特定单音字	做（W）、第（W）、由（W）、案（W）、与（W）
双音略码	人民（W）、根据（W）、规定（X）、组成（X）、权利（X）、如果（W）、可能（X）、影响（W）
三音略码	辩护人、被告人、审判员
四音略码	提起公诉、人民法院、也就是说、利害关系
多音略码	中华人民共和国、刑事诉讼法、刑事审判庭
全码捆绑	检察院、起诉书、有异议、审判长、合议庭、书记员、当事人
重码选择	收到（2）、副本（3）、何时（2）、何种（2）、本院（4）、检察员（3）、本案（3）
联词消字	员（额）
其他	一（WI）、"（"（U:XN）、"）"（E:XN）、×（I:XN）

2. 常见句型 01～05

J01. 被告是否收到人民检察院起诉书副本？何时收到？

F01. 被告是否收到（2）人民（W）检察院（捆绑）起诉书（捆绑）副本（3）？何时（2）收到（2）？

J02. 辩护人对起诉书指控的罪名与事实是否有异议？做何种辩护？

F02. 辩护人（三音）对起诉书指控的罪名与事实是否有异议（捆绑）？做（W）何种（2）辩护？

J03. 今天，本庭根据《中华人民共和国刑事诉讼法》第一百八十八条的规定，在本院刑事审判庭依法公开（不公开）审理由人民检察院提起公诉的被告人一案。

F03. 今天，本庭根据（W）《中华人民共和国（多音）刑事诉讼法（多音）》第（W）一（WI）百八十八条的规定（X），在本院（4）刑事审判庭（多音）依法公开（不公开）审理由（W）人民（W）检察院（捆绑）提起公诉（四音）的被告人（三音）一（WI）案（W）。

J04. 由人民法院刑事审判庭审判员×××担任审判长，与审判员×××、×××组成合议庭，书记员×××担任法庭记录，人民检察院检察员×××、×××出庭支持公诉。

F04. 由（W）人民法院（四音）刑事审判庭（多音）审判员（三音）×××担任审判长（捆绑），与（W）审判员（三音）×××、×××组成（X）合议庭（捆绑），书记员（捆绑）×××担任法庭记录，人民（W）检察院（捆绑）检察员［重码选 3 或者员（额）］×××、×××出庭支持公诉。

J05. 根据《中华人民共和国刑事诉讼法》第一百九十条的规定，当事人及其法定代理人有申请回避的权利。也就是说，如果认为合议庭的组成人员、书记员、公诉人与本案有利害关系，可能影响本案公正审理的有权申请上述人员回避。被告人，对上诉人员申请回避吗？

F05. 根据（W）《中华人民共和国（多音）刑事诉讼法（多音）》第（W）一（WI）百九十条的规定（X），当事人（捆绑）及其法定代理人有申请回避的权利（X）。也就是说（四音），如果（W）认为合议庭（捆绑）的组成（X）人员、书记员（捆绑）、公诉人与本案（3）有利害关系（四音），可能（X）影响（W）本案（3）公正审理的有权申请上述人员回避。被告人（三音），对上诉人员申请回避吗？

（二）看打训练二：常见句型 06～10

1. 录入技巧之二

常见句型 06～10 技巧分类表如表 2-3-2 所示。

表 2-3-2　常见句型 06～10 技巧分类表

技巧类别	技巧词语
特定单音字	第（W）、除（W）、须（W）

续表

技巧类别	技巧词语
双音略码	根据（W）、规定（X）、权利（X）、自己（W）、重新（X）、什么（X）、要求（X）、最后（W）、现在（X）、进行（W）、双方（W）、应该（X）、遵守（W）、提出（W）、具有（W）、问题（X）、损害（W）、如果（W）、你们（X）
三音略码	被告人、辩护人
四音略码	法庭辩论、法庭调查
多音略码	中华人民共和国、刑事诉讼法
全码捆绑	当事人、诱导性、起诉书
重码选择	通知（3）、发问（2）、举证（2）、收到（2）、一致（2）
其他	有做（分开击打）、与你（分开击打）

2. 常见句型 06～10

J06. 根据《中华人民共和国刑事诉讼法》第十一条的规定，被告人享有辩护的权利。除你所委托的辩护人有权为你辩护外，被告人也有权自己辩护。被告人听清楚了吗？

F06. 根据（W）《中华人民共和国（多音）刑事诉讼法（多音）》第（W）十一条的规定（X），被告人（三音）享有辩护的权利（X）。除（W）你所委托的辩护人（三音）有权为你辩护外，被告人（三音）也有权自己（W）辩护。被告人（三音）听清楚了吗？

J07. 根据《中华人民共和国刑事诉讼法》第一百九十七条的规定，当事人和辩护人、诉讼代理人有权申请通知新的证人到庭，调取新的物证，申请重新鉴定或者勘验。以上权利听清楚了吗？

F07. 根据（W）《中华人民共和国（多音）刑事诉讼法（多音）》第（W）一百九十七条的规定（X），当事人（捆绑）和辩护人（三音）、诉讼代理人有权申请通知（3）新的证人到庭，调取新的物证，申请重新（X）鉴定或者勘验。以上权利（X）听清楚了吗？

J08. 根据《中华人民共和国刑事诉讼法》第一百九十八条的规定，被告人在法庭辩论结束后，对案件有什么意见和要求，有做最后陈述的权利，被告人听清楚了吗？

F08. 根据（W）《中华人民共和国（多音）刑事诉讼法（多音）》第一百九十八条的规定（X），被告人（三音）在法庭辩论（四音）结束后，对案件有什么（X）意见和要求（X），有做（分开击打）最后（W）陈述的权利（X），被告人（三音）听清楚了吗？

J09. 现在进行法庭调查。在法庭调查阶段，控辩双方应该遵守以下规则。

（一）发问、询问、陈述及举证须向法庭提出申请。

（二）举证应围绕起诉指控的事实、情节进行。

（三）禁止提出具有提示性、诱导性倾向的问题。

（四）不得威胁证人，不得损害证人的人格尊严。

（五）如果违反上诉规定，控辩双方均可申请制止。

F09. 现在（X）进行（W）法庭调查（四音）。在法庭调查（四音）阶段，控辩双方（W）应该（X）遵守（W）以下规则。

（一）发问（2）、询问、陈述及举证（2）须（W）向法庭提出（W）申请。

（二）举证（2）应围绕起诉指控的事实、情节进行（W）。

（三）禁止提出（W）具有（W）提示性、诱导性（捆绑）倾向的问题（X）。

（四）不得威胁证人，不得损害（W）证人的人格尊严。

（五）如果（W）违反上诉规定（X），控辩双方（W）均可申请制止。

J10. 公诉人宣读的起诉书，你们听清楚了吗？与你收到的起诉书是否一致？你对起诉书指控的事实有什么意见吗？

F10. 公诉人宣读的起诉书（捆绑），你们（X）听清楚了吗？与你（分开击打）收到（2）的起诉书（捆绑）是否一致（2）？你对起诉书（捆绑）指控的事实有什么（X）意见吗？

（三）看打训练三：常见句型 11～15

1. 录入技巧之三

常见句型 11～15 技巧分类表如表 2-3-3 所示。

表 2-3-3 常见句型 11～15 技巧分类表

技巧类别	技巧词语
特定单音字	做（W）、由（W）
双音略码	经过（W）、重新（X）、首先（W）、规定（X）、独立（X）、人民（W）、团体（W）、进行（W）、必须（W）、群众（W）、对于（W）、一切（X）、面前（W）
三音略码	被告人、辩护人
四音略码	法庭调查、法庭辩论、人民法院、公安机关、刑事诉讼、适用法律
多音略码	以事实为根据、以法律为准绳
全码捆绑	审判权、检察院、检察权
重码选择	通知（3）、行使（4）、不受（2）
其他	要将（分开击打）、社会（后置/XZWUE）

2. 常见句型 11～15

J11. 被告人，你是否要将对起诉书指控的事实经过向法庭做简要的陈述。是否认罪？

F11. 被告人（三音），你是否要将（分开击打）对起诉书指控的事实经过（W）向法庭做（W）简要的陈述。是否认罪？

J12. 被告人、辩护人是否要申请通知新的证人到庭，调取新的证据，申请重新鉴定或勘验、检查的？

F12. 被告人（三音）、辩护人（三音）是否要申请通知（3）新的证人到庭，调取新的证据，申请重新（X）鉴定或勘验、检查的？

J13. 法庭调查结束，进入法庭辩论，首先由公诉人发表公诉意见。

F13. 法庭调查（四音）结束，进入法庭辩论（四音），首先（W）由（W）公诉人发表公诉意见。

J14. 人民法院依照法律规定独立行使审判权，人民检察院依照法律规定独立行使检察权，不受行政机关、社会团体和个人的干涉。

F14. 人民法院（四音）依照法律规定（X）独立（X）行使（4）审判权（捆绑），人民（W）检察院（捆绑）依照法律规定（X）独立（X）行使（4）检察权（捆绑），不受（2）行政机关、社会（后置/XZWUE）团体（W）和个人的干涉。

J15. 人民法院、人民检察院和公安机关进行刑事诉讼，必须依靠群众，必须以事实为根据，以法律为准绳。对于一切公民，在适用法律上一律平等，在法律面前，不允许有任何特权。

F15. 人民法院（四音）、人民（W）检察院（捆绑）和公安机关（四音）进行（W）刑事诉讼（四音），必须（W）依靠群众（W），必须（W）以事实为根据（多音），以法律为准绳（多音）。对于（W）一切（X）公民，在适用法律（四音）上一律平等，在法律面前（W），不允许有任何特权。

（四）看打训练四：常见句型 16～20

1. 录入技巧之四

常见句型 16～20 技巧分类表如表 2-3-4 所示。

表 2-3-4　常见句型 16～20 技巧分类表

技巧类别	技巧词语
特定单音字	书（W）、第（W）、以（X）
双音略码	人民（W）、或者（W）、提出（W）、权利（X）、规定（X）、其他（W）、需要（X）、情况（W）、要求（W）、可能（X）、存在（X）、方法（W）、说明（X）
三音略码	辩护人
四音略码	刑事诉讼、法律监督、公安机关
多音略码	犯罪嫌疑人
全码捆绑	检察院、被害人
重码选择	讯问（2）、告知（2）、涉嫌（4）、适用（2）、处罚（2）、自愿（2）、同意（3）、量刑（4）、必需（2）
其他	"（"（U:XN）、"）"（E:XN）

2. 常见句型 16～20

J16. 人民检察院依法对刑事诉讼实行法律监督。

F16. 人民（W）检察院（捆绑）依法对刑事诉讼（四音）实行法律监督（四音）。

J17. 人民检察院审查案件，应当讯问犯罪嫌疑人，听取辩护人或者值班律师、被害人及其诉讼代理人的意见，并记录在案。辩护人或者值班律师、被害人及其诉讼代理人提出书面意见的，应当附卷。

F17. 人民（W）检察院（捆绑）审查案件，应当讯问（2）犯罪嫌疑人（多音），听取辩护人（三音）或者（W）值班律师、被害人（捆绑）及其诉讼代理人的意见，并记录在案。辩护人（三音）或者（W）值班律师、被害人（捆绑）及其诉讼代理人提出（W）书面意见的，应当附卷。

J18. 犯罪嫌疑人认罪认罚的，人民检察院应当告知其享有的诉讼权利和认罪认罚的法律规定，听取犯罪嫌疑人、辩护人或者值班律师、被害人及其诉讼代理人对下列事项的意见，并记录在案：（一）涉嫌的犯罪事实、罪名及适用的法律规定；（二）从轻、减轻或者免除处罚等从宽处罚的建议；（三）认罪认罚后案件审理适用的程序；（四）其他需要听取意见的事项。

F18. 犯罪嫌疑人（多音）认罪认罚的，人民（W）检察院（捆绑）应当告知（2）其享有的诉讼权利（X）和认罪认罚的法律规定（X），听取犯罪嫌疑人（多音）、辩护人（三音）或者（W）值班律师、被害人（捆绑）及其诉讼代理人对下列事项的意见，并记录在案：（一）涉嫌（4）的犯罪事实、罪名及适用（2）的法律规定（X）；（二）从轻、减轻或者（W）免除处罚（2）等从宽处罚（2）的建议；（三）认罪认罚后案件审理适用（2）的程序；（四）其他（W）需要（X）听取意见的事项。

J19. 犯罪嫌疑人自愿认罪，同意量刑建议和程序适用的，应当在辩护人或者值班律师在场的情况下签署认罪认罚具结书。

F19. 犯罪嫌疑人（多音）自愿（2）认罪，同意（3）量刑（4）建议和程序适用（2）的，应当在辩护人（三音）或者（W）值班律师在场的情况（W）下签署认罪认罚具结书（W）。

J20. 人民检察院审查案件，可以要求公安机关提供法庭审判所必需的证据材料；认为可能存在本法第五十六条规定的以非法方法收集证据情形的，可以要求其对证据收集的合法性作出说明。

F20. 人民（W）检察院（捆绑）审查案件，可以要求（W）公安机关（四音）提供法庭审判所必需（2）的证据材料；认为可能（X）存在（X）本法第（W）五十六条规定（X）的以（X）非法方法（W）收集证据情形的，可以要求（W）其对证据收集的合法性作出说明（X）。

（五）看打训练五：常见句型 21～25

1. 录入技巧之五

常见句型 21～25 技巧分类表如表 2-3-5 所示。

表 2-3-5　常见句型 21～25 技巧分类表

技巧类别	技巧词语
特定单音字	以（X）、为（X）、案（W）、书（W）、由（W）

技巧类别	技巧词语
双音略码	人民（W）、对于（W）、需要（X）、重新（X）、仍然（X）、条件（W）、决定（X）、已经（X）、充分（W）、追究（W）、责任（W）、按照（X）、规定（X）、提出（W）、权利（X）、内容（W）、或者（W）、组成（X）、进行（W）、但是（X）
三音略码	被告人、审判员
四音略码	公安机关、人民法院、简易程序
多音略码	犯罪嫌疑人、基层人民法院、中级人民法院、人民陪审员
全码捆绑	检察院、附加刑、审判长、自愿性、真实性、第一审、合议庭
重码选择	刑事（3）、主刑（2）、适用（2）、缓刑（2）、量刑（4）、告知（2）
联词消字	限（制）、随（着/W）、速（度/W）、裁（夺）

2. 常见句型 21～25

J21. 人民检察院审查案件，对于需要补充侦查的，可以退回公安机关补充侦查，也可以自行侦查。对于补充侦查的案件，应当在一个月以内补充侦查完毕。补充侦查以二次为限。补充侦查完毕移送人民检察院后，人民检察院重新计算审查起诉期限。对于二次补充侦查的案件，人民检察院仍然认为证据不足，不符合起诉条件的，应当作出不起诉的决定。

F21. 人民（W）检察院（捆绑）审查案件，对于（W）需要（X）补充侦查的，可以退回公安机关（四音）补充侦查，也可以自行侦查。对于（W）补充侦查的案件，应当在一个月以内补充侦查完毕。补充侦查以（X）二次为（X）限（制）。补充侦查完毕移送人民（W）检察院（捆绑）后，人民（W）检察院（捆绑）重新（X）计算审查起诉期限。对于（W）二次补充侦查的案件，人民（W）检察院（捆绑）仍然（X）认为证据不足，不符合起诉条件（W）的，应当作出不起诉的决定（X）。

J22. 人民检察院认为犯罪嫌疑人的犯罪事实已经查清，证据确实、充分，依法应当追究刑事责任的，应当作出起诉决定，按照审判管辖的规定，向人民法院提起公诉，并将案卷材料、证据移送人民法院。

F22. 人民（W）检察院（捆绑）认为犯罪嫌疑人（多音）的犯罪事实已经（X）查清，证据确实、充分（W），依法应当追究（W）刑事（3）责任（W）的，应当作出起诉决定（X），按照（X）审判管辖的规定（X），向人民法院（四音）提起公诉，并将案卷材料、证据移送人民法院（四音）。

J23. 犯罪嫌疑人认罪认罚的，人民检察院应当就主刑、附加刑、是否适用缓刑等提出量刑建议，并随案移送认罪认罚具结书等材料。

F23. 犯罪嫌疑人（多音）认罪认罚的，人民（W）检察院（捆绑）应当就主刑（2）、附加刑（捆绑）、是否适用（2）缓刑（2）等提出（W）量刑（4）建议，并随（着/W）案（W）移送认罪认罚具结书（W）等材料。

J24. 被告人认罪认罚的，审判长应当告知被告人享有的诉讼权利和认罪认罚的法律规定，审查认罪认罚的自愿性和认罪认罚具结书内容的真实性、合法性。

F24. 被告人（三音）认罪认罚的，审判长（捆绑）应当告知（2）被告人（三音）享有的诉讼权利（X）和认罪认罚的法律规定（X），审查认罪认罚的自愿性（捆绑）和认罪认罚具结书（W）内容（W）的真实性（捆绑）、合法性。

J25. 基层人民法院、中级人民法院审判第一审案件，应当由审判员三人或者由审判员和人民陪审员共三人或者七人组成合议庭进行，但是基层人民法院适用简易程序、速裁程序的案件可以由审判员一人独任审判。

F25. 基层人民法院（多音）、中级人民法院（多音）审判第一审（捆绑）案件，应当由（W）审判员（三音）三人或者（W）由（W）审判员（三音）和人民陪审员（多音）共三人或者（W）七人组成（X）合议庭（捆绑）进行（W），但是（X）基层人民法院（多音）适用（2）简易程序（四音）、速（度/W）裁（夺）程序的案件可以由（W）审判员（三音）一人独任审判。

二、听打录入训练

本任务的常见句型听打练习同样安排了 5 组，每组包含 5 个常见句型。每组练习开始前，把本组练习中需要用到的录入技巧整理在技巧分类表中，学生可以通过反复练习并熟练掌握之后，再进行常见句型的听打练习。

听打练习方法如下。

1）练前测：教师领测或者学生自测，记录第一遍成绩（速度和准确率）。

2）自纠错：仔细比对练前测里出现的每一个错误，认真分析错误产生的原因，并对错误之处进行巩固练习。

3）知技巧：参照技巧说明，加强对技巧的记忆与应用。

4）反复听：每次听打练习后都要重复进行第 2）步。

5）达标测：满足速度要求的同时，一次上屏准确率达到 95%以上视为达标。

按照以上"五步骤"听打练习，最终达到：①听打练习时，对句中技巧能形成正确的条件反射，且能够快速准确地击打出来；②听打练习时，尽可能一次性同步准确记录每一个字词，少回改、少多打。

（一）听打训练一：常见句型 26～30

1. 录入技巧之一

常见句型 26～30 技巧分类表如表 2-3-6 所示。

表 2-3-6　常见句型 26～30 技巧分类表

技巧类别	技巧词语
双音略码	规定（X）、没有（W）、责任（W）、自己（W）、结果（W）、并且（X）、希望（W）、或者（W）、可能（X）、因为（W）、已经（X）、能够（W）
三音略码	相适应
四音略码	适用法律、犯罪分子、构成犯罪
全码捆绑	疏忽大意
重码选择	处刑（2）、刑罚（2）、刑事（3）、轻信（2）、以致（5）、过失（2）
联词消字	犯（禁）、负（责/W）
其他	社会（后置/XZWUE）

2. 常见句型 26～30

J26. 法律明文规定为犯罪行为的，依照法律定罪处刑；法律没有明文规定为犯罪行为的，不得定罪处刑。

F26. 法律明文规定（X）为犯罪行为的，依照法律定罪处刑（2）；法律没有（W）明文规定（X）为犯罪行为的，不得定罪处刑（2）。

J27. 对任何人犯罪，在适用法律上一律平等。不允许任何人有超越法律的特权。

F27. 对任何人犯罪，在适用法律（四音）上一律平等。不允许任何人有超越法律的特权。

J28. 刑罚的轻重，应当与犯罪分子所犯罪行和承担的刑事责任相适应。

F28. 刑罚（2）的轻重，应当与犯罪分子（四音）所犯（禁）罪行和承担的刑事（3）责任（W）相适应（三音）。

J29. 明知自己的行为会发生危害社会的结果，并且希望或者放任这种结果发生，因而构成犯罪的，是故意犯罪。故意犯罪，应当负刑事责任。

F29. 明知自己（W）的行为会发生危害社会（后置/XZWUE）的结果（W），并且（X）希望（W）或者（W）放任这种结果（W）发生，因而构成犯罪（四音）的，是故意犯罪。故意犯罪，应当负（责/W）刑事（3）责任（W）。

J30. 应当预见自己的行为可能发生危害社会的结果，因为疏忽大意而没有预见，或者已经预见而轻信能够避免，以致发生这种结果的，是过失犯罪。过失犯罪，法律有规定的才负刑事责任。

F30. 应当预见自己（W）的行为可能（X）发生危害社会（后置/XZWUE）的结果（W），因为（W）疏忽大意（捆绑）而没有（W）预见，或者（W）已经（X）预见而轻信（2）能够（W）避免，以致（5）发生这种结果（W）的，是过失（2）犯罪。过失（2）犯罪，法律有规定（X）的才负（责/W）刑事（3）责任（W）。

（二）听打训练二：常见句型 31～35

1. 录入技巧之二

常见句型 31～35 技巧分类表如表 2-3-7 所示。

表 2-3-7　常见句型 31～35 技巧分类表

技巧类别	技巧词语
特定单音字	已（W）、以（X）
双音略码	客观（W）、虽然（X）、造成（W）、损害（W）、结果（W）、但是（X）、或者（W）、由于（X）、不能（X）、责任（W）、特别（W）、严重（W）、规定（X）、追究（W）
多音略码	最高人民检察院
全码捆绑	故意伤害罪、减轻处罚
重码选择	出于（2）、过失（2）、刑事（3）、伤害（2）
联词消字	负（责/W）、犯（禁）、致（畸）、罪（恶）、款（式）

2. 常见句型 31～35

J31. 行为在客观上虽然造成了损害结果，但是不是出于故意或者过失，而是由于不能抗拒或者不能预见的原因所引起的，不是犯罪。

F31. 行为在客观（W）上虽然（X）造成（W）了损害（W）结果（W），但是（X）不是出于（2）故意或者（W）过失（2），而是由于（X）不能（X）抗拒或者（W）不能（X）预见的原因所引起的，不是犯罪。

J32. 已满十六周岁的人犯罪，应当负刑事责任。

F32. 已（W）满十六周岁的人犯罪，应当负（责/W）刑事（3）责任（W）。

J33. 已满十四周岁不满十六周岁的人，犯故意杀人、故意伤害致人重伤或者死亡、强奸、抢劫、贩卖毒品、放火、爆炸、投放危险物质罪的，应当负刑事责任。

F33. 已（W）满十四周岁不满十六周岁的人，犯（禁）故意杀人、故意伤害（2）致（畸）人重伤或者（W）死亡、强奸、抢劫、贩卖毒品、放火、爆炸、投放危险物质罪（恶）的，应当负（责/W）刑事（3）责任（W）。

J34. 已满十二周岁不满十四周岁的人，犯故意杀人、故意伤害罪，致人死亡或者以特别残忍手段致人重伤造成严重残疾，情节恶劣，经最高人民检察院核准追诉的，应当负刑事责任。

F34. 已（W）满十二周岁不满十四周岁的人，犯（禁）故意杀人、故意伤害罪（捆绑），致（畸）人死亡或者（W）以（X）特别（W）残忍手段致（畸）人重伤造成（W）

严重（W）残疾，情节恶劣，经最高人民检察院（多音）核准追诉的，应当负（责/W）刑事（3）责任（W）。

J35. 对依照前三款规定追究刑事责任的不满十八周岁的人，应当从轻或者减轻处罚。

F35. 对依照前三款（式）规定（X）追究（W）刑事（3）责任（W）的不满十八周岁的人，应当从轻或者（W）减轻处罚（捆绑）。

（三）听打训练三：常见句型 36～40

1. 录入技巧之三

常见句型 36～40 技巧分类表如表 2-3-8 所示。

表 2-3-8　常见句型 36～40 技巧分类表

技巧类别	技巧词语
特定单音字	已（W）、由（W）
双音略码	或者（W）、其他（W）、时候（W）、进行（W）、专门（X）、病人（W）、不能（X）、控制（W）、自己（W）、造成（W）、结果（W）、经过（W）、责任（W）、但是（X）、政府（W）、完全（W）、丧失（X）、能力（X）
四音略码	法定程序
全码捆绑	刑事处罚、减轻处罚、间歇性
重码选择	不予（2）、矫治（4）、过失（2）、刑事（3）、他的（2）
联词消字	负（责/W）

2. 常见句型 36～40

J36. 因不满十六周岁不予刑事处罚的，责令其父母或者其他监护人加以管教；在必要的时候，依法进行专门矫治教育。

F36. 因不满十六周岁不予（2）刑事处罚（捆绑）的，责令其父母或者（W）其他（W）监护人加以管教；在必要的时候（W），依法进行（W）专门（X）矫治（4）教育。

J37. 已满七十五周岁的人故意犯罪的，可以从轻或者减轻处罚；过失犯罪的，应当从轻或减轻处罚。

F37. 已（W）满七十五周岁的人故意犯罪的，可以从轻或者（W）减轻处罚（捆绑）；过失（2）犯罪的，应当从轻或减轻处罚（捆绑）。

J38. 精神病人在不能辨认或者不能控制自己行为的时候造成危害结果，经过法定程序鉴定确认的，不负刑事责任，但是应当责令他的家属或者监护人严加看管和医疗；在必要的时候，由政府强制医疗。

F38. 精神病人（W）在不能（X）辨认或者（W）不能（X）控制（W）自己（W）行为的时候（W）造成（W）危害结果（W），经过（W）法定程序（四音）鉴定确认的，不负（责/W）刑事（3）责任（W），但是（X）应当责令他的（2）家属或者（W）监护人严加看管和医疗；在必要的时候（W），由（W）政府（W）强制医疗。

J39. 间歇性的精神病人在精神正常的时候犯罪，应当负刑事责任。

F39. 间歇性（捆绑）的精神病人（W）在精神正常的时候（W）犯罪，应当负（责/W）刑事（3）责任（W）。

J40. 尚未完全丧失辨认或者控制自己行为能力的精神病人犯罪的，应当负刑事责任，但是可以从轻或者减轻处罚。

F40. 尚未完全（W）丧失（X）辨认或者（W）控制（W）自己（W）行为能力（X）的精神病人（W）犯罪的，应当负（责/W）刑事（3）责任（W），但是（X）可以从轻或者（W）减轻处罚（捆绑）。

（四）听打训练四：常见句型 41～45

1. 录入技巧之四

常见句型 41～45 技巧分类表如表 2-3-9 所示。

表 2-3-9　常见句型 41～45 技巧分类表

技巧类别	技巧词语
特定单音字	又（XW）、使（X）
双音略码	责任（W）、或者（W）、为了（X）、国家（X）、其他（X）、权利（X）、进行（W）、造成（W）、损害（W）、属于（W）、明显（X）、超过（W）、损失（X）、但是（X）、严重（W）、安全（W）
全码捆绑	正当防卫
重码选择	刑事（3）、处罚（2）、不法（2）、危及（4）、防卫（2）
联词消字	负（责/W）、聋（儿）、哑（语）

2. 常见句型 41～45

J41. 醉酒的人犯罪，应当负刑事责任。

F41. 醉酒的人犯罪，应当负（责/W）刑事（3）责任（W）。

J42. 又聋又哑的人或者盲人犯罪，可以从轻、减轻或者免除处罚。

F42. 又（XW）聋（儿）又（XW）哑（语）的人或者（W）盲人犯罪，可以从轻、减轻或者（W）免除处罚（2）。

J43. 为了使国家、公共利益、本人或者他人的人身、财产和其他权利免受正在进行的不法侵害，而采取的制止不法侵害的行为，对不法侵害人造成损害的，属于正当防卫，不负刑事责任。

F43. 为了（X）使（X）国家（X）、公共利益、本人或者（W）他人的人身、财产和其他（W）权利（X）免受正在进行（W）的不法（2）侵害，而采取的制止不法（2）侵害的行为，对不法（2）侵害人造成（W）损害（W）的，属于（W）正当防卫（捆绑），不负（责/W）刑事（3）责任（W）。

J44. 正当防卫明显超过必要限度造成重大损失，应当负刑事责任，但是应当减轻或者免除处罚。

F44. 正当防卫（捆绑）明显（X）超过（W）必要限度造成（W）重大损失（X），应当负（责/W）刑事（3）责任（W），但是（X）应当减轻或者（W）免除处罚（2）。

J45. 对正在进行行凶、杀人、抢劫、强奸、绑架以及其他严重危及人身安全的暴力犯罪，采取防卫行为，造成不法侵害人伤亡的，不属于防卫过当，不负刑事责任。

F45. 对正在进行（W）行凶、杀人、抢劫、强奸、绑架以及其他（W）严重（W）危及（4）人身安全（W）的暴力犯罪，采取防卫（2）行为，造成（W）不法（2）侵害人伤亡的，不属于（W）防卫（2）过当，不负（负责/W）刑事（3）责任（W）。

（五）听打训练十：常见句型46～50

1. 录入技巧之五

常见句型46～50技巧分类表如表2-3-10所示。

表2-3-10 常见句型46～50技巧分类表

技巧类别	技巧词语
特定单音字	使（X）、于（X）
双音略码	为了（X）、国家（X）、或者（W）、其他（W）、权利（X）、造成（W）、损害（W）、责任（W）、超过（W）、但是（X）、规定（X）、准备（X）、条件（W）、对于（W）、已经（X）、由于（X）
四音略码	紧急避险、犯罪预备、犯罪分子
全码捆绑	不得已、不适用、减轻处罚、犯罪未遂
重码选择	刑事（3）、处罚（2）、职务（3）、意志（3）
联词消字	负（责/W）、犯（禁）、既（是）、遂（人）、未（必）

2. 常见句型46～50

J46. 为了使国家、公共利益、本人或者他人的人身、财产和其他权利免受正在发生的危险，不得已采取的紧急避险行为，造成损害的，不负刑事责任。紧急避险超过必要限度造成不应有的损害的，应当负刑事责任，但是应当减轻或者免除处罚。

F46. 为了（X）使（X）国家（X）、公共利益、本人或者（W）他人的人身、财产和其他（W）权利（X）免受正在发生的危险，不得已（捆绑）采取的紧急避险（四音）行为，造成（W）损害（W）的，不负（负责/W）刑事（3）责任（W）。紧急避险（四音）超过（W）必要限度造成（W）不应有的损害（W）的，应当负（责/W）刑事（3）责任（W），但是（X）应当减轻或者（W）免除处罚（2）。

J47. 关于避免本人危险的规定，不适用于职务上、业务上负有特定责任的人。

F47. 关于避免本人危险的规定（X），不适用（捆绑）于（X）职务（3）上、业务上负（责/W）有特定责任（W）的人。

J48. 为了犯罪，准备工具、制造条件的，是犯罪预备。

F48. 为了（X）犯罪，准备（X）工具、制造条件（W）的，是犯罪预备（四音）。

J49. 对于预备犯，可以比照既遂犯从轻、减轻处罚或者免除处罚。

F49. 对于（W）预备犯（禁），可以比照既（是）遂（人）犯（禁）从轻、减轻处罚（捆绑）或者（W）免除处罚（2）。

J50. 已经着手实施犯罪，由于犯罪分子意志以外的原因而未得逞的，是犯罪未遂。

F50. 已经（X）着手实施犯罪，由于（X）犯罪分子（四音）意志（3）以外的原因而未（必）得逞的，是犯罪未遂（捆绑）。

考核要求

1. 通过反复练习，民事诉讼句型可以达到 120 字/分且准确率在 95%以上。
2. 通过反复练习，行政诉讼句型可以达到 120 字/分且准确率在 95%以上。
3. 通过反复练习，刑事诉讼句型可以达到 120 字/分且准确率在 95%以上。

学习评价

请教师根据学生对民事诉讼、行政诉讼、刑事诉讼句型的看打、听打的训练情况进行测评，如下表所示。

民事诉讼、行政诉讼、刑事诉讼句型看打、听打测评

看打测评				听打测评			
测评内容	准确率	速度	教师点评	测评内容	准确率	速度	教师点评
民事诉讼句型				民事诉讼句型			
行政诉讼句型				行政诉讼句型			
刑事诉讼句型				刑事诉讼句型			

知识拓展

亚伟速录八大技巧

1. 字词捆绑法

亚伟速录系统采用了先进的字词捆绑技术，多数词语可由软件识别，无须选择。例如，"世纪末"击打"XZ:GI"，提示行显示"实际"，继续击打"XBO"，则捆绑为"世纪末"。

2. 汉字特定法

汉字特定法是指采用汉字特定码将文章中出现的单音字词进行特定，使其不参与捆绑，从而提高准确率。例如，"有证据"的"有"需用"X:IOE"进行特定，否则会被捆绑为"邮政局"。

3. 以词定字法

以词定字法是亚伟速录技术特有的方法，即将要特定的汉字组成一个双音词通过删除其中一个字，而留下另一个字的方法来实现特定。例如，"布"没有特定码，又需要准确击打时，则可先击打"布置"一词，删除"置"（右手 W）而留下"布"。

4. 以字定词法

以字定词法是用双音词中的某个字再组词来特定双音词的方法。例如，"市集"这个词，在重码提示行的第二页，选择起来不方便，就可以用"市"组一个词"市场"来确定"市集"。

规则如下：

双音词中用作组词的那个字的音节码用"GWU"或"GWE"代替。

如果使用双音词中的第一个字组词，用"GWU"代替。

如果使用双音词中的第二个字组词，用"GWE"代替。

例如，"市集"的录入方法如下：

1）击打"XZ:GI"（"市集"的音节码）。

2）击打"GWU:BZNO"（组词为"市场"，由于"市"是"市集"的第一个字，所以用"GWU"代替"市"的编码。）

屏幕上即显示"市集"。

5. 使用略码

由于略码是唯一的、确定的，出现频率高，没有重码，并且击打简单，所以合理地使用略码可以大幅提高录入的准确性。

6. 拆打法

速录机最大的优势就是并击，但是由于软件的自动捆绑，会把一些由单音词构成的词语捆绑成双音词，在个别情况下需要进行拆打处理。

拆打法是指将两个字分别单打，左右手均可，但是一般按照并击的方法，左手打第一个字，右手打第二个字。例如，"人的"如果并击则为"认得"；由于"人"和"的"都是高频词，拆开单打即可准确显示为"人的"。

7. 在提示行中选择

有时一些常用词语不在提示行中的第一位，但是在前十位，又没有略码，均可直接选择（对部分词语甚至应该记住它在提示行中的位置）。

频繁地在重码提示行进行选择会严重影响记录的速度，且容易丢失内容，使记录不完整、不准确，因此应尽量先使用其他技巧对同音字词进行处理。

实际上，书记员在正常工作中使用在提示行中选择的方法并不多，即使使用，也是记住了常用词语的位置直接进行"选择"操作，根本不看提示行或是遇到人名、地名、专业术语中非常不好处理的字词时才看一下提示行（进行选择），有时就直接留给后期校对时再处理。

8. 后期校对

这里的"后期"不是指记录完毕后，而是在记录的同时，利用讲话人发言的空隙，迅速调用"同音字词查找替换窗口"进行校对。

一般情况下，需要首先迅速移动光标，然后进行替换，需要利用两个空隙（第一个空隙时移动光标，第二个空隙时进行替换）。

项目 3　庭审笔录看打录入训练

在熟练掌握庭审中常见词汇和句型速录的基础上,就可以对完整的庭审笔录进行速录训练了。根据速录的练习规律,先进行看打训练,再进行听打训练,这样既有利于提高速度,又有利于提高准确率。第一阶段,应先以准确率为前提,暂不考虑录入速度;第二阶段,经过一段时间的训练,在保证准确率的前提下,反复练习,在规定时间内完成整篇笔录的录入,努力做到既准又快。

庭审笔录作为一种重要的法律文书,规范性是其重要特征之一,而其规范性的一个重要要求就是格式规范。所以,我们在进行庭审笔录看打训练的过程中,还需要"一心二用",注意学习民事诉讼、行政诉讼、刑事诉讼庭审笔录的格式,认真研究庭审笔录的主要内容、简称、规范用语、签名、补正、字体、字号、行距、字距、页面设置等,努力使庭审笔录结构清晰、内容完整,确保其通用性、美观性、严肃性。2016 年,最高人民法院印发的《民事诉讼文书样式》为各级人民法院制作民事庭审笔录提供了样本,也可以作为我们学习庭审笔录的重要参考。

【知识要点】

亚伟速录机除了可以实现快速高效的文字录入外，还科学设定了一系列的快捷操作键，如对文件的快捷操作（新建、打开、保存等）、对光标的快捷操作（用速录机移动光标、快速移至行首行末和篇首篇尾等）以及对内容的快捷操作（同音字词替换、造词、自定义等）。同时，在看打过程中，针对一些知字不知音的汉字或难消之字，还可以通过形码功能来实现汉字的录入。

1. XNA 系列编辑键（亚伟速录机编辑键盘）

XNA 系列编辑键（亚伟速录机编辑键盘），如图 3-0-1 所示。

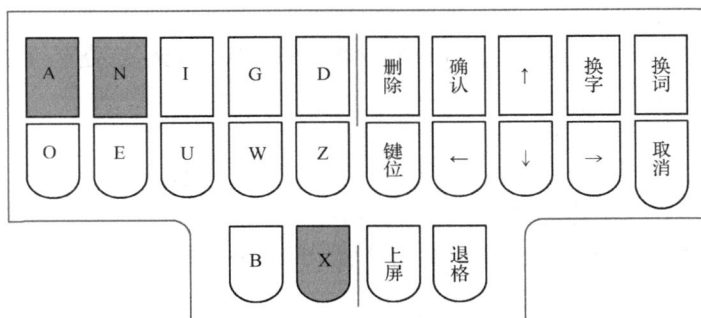

图 3-0-1　XNA 系列编辑键（亚伟速录机编辑键盘）

1）标志键：XNA。
2）功能：删除、确认、光标移动、同音字词替换、键位查询、取消、上屏、退格。
3）要点：
① 独立操作某一编辑键时，左右手均可同按同起。
② 连续操作任一编辑键时，左右手均可常按不起。
4）拓展：在亚伟速录软件中，不仅可以通过速录机来操作各类快捷键，也可以通过标准键盘来操作。

速录机与标准键盘之间有关快捷键相互切换的对应关系及功能（XNA 系列），如表 3-0-1 所示。

表 3-0-1　速录机与标准键盘之间有关快捷键相互切换的对应关系及功能（XNA 系列）

序号	速录机快捷键	功能	功能说明	标准键盘快捷键
1	XNA:D	删除	可连续删除光标后面的汉字，即左右手可常按不起	Del
2	XNA:Z	键位	查询光标前五个字+光标处+光标后五个字的汉字键位码	Ctrl+K
3	XNA:G	确认	对弹出框进行确认；顶行回车	Enter
4	XNA:I	↑	向上移动光标	↑
5	XNA:U	↓	向下移动光标	↓
6	XNA:W	←	向左移动光标	←

序号	速录机快捷键	功能	功能说明	标准键盘快捷键
7	XNA:E	→	向右移动光标	→
8	XNA:N	换字	同音字替换，对同音字进行快捷替换	Ctrl+U
9	XNA:A	换词	同音词替换，对同音词进行快捷替换	Ctrl+W
10	XNA:O	取消	撤销/取消操作	Esc
11	XNA:X	上屏	强制上屏（等同于 X:W 或 W:X 的作用）	Space
12	XNA:B	退格	可连续删除光标前面的汉字，即左右手可常按不起	Backspace

2. XU 系列常用快捷键的操作方法

1）标志键：XU。

2）功能：英文大写字母的录入、插入/添加的转换、光标定位至行首或行末、特殊符号的录入。

3）要点：

① 独立操作某一快捷键的时候，左右手均可同按同起。

② 连续操作任一快捷键的时候，左手均可常按不起。

速录机与标准键盘之间有关快捷键相互切换的对应关系及功能（XU 系列），如表 3-0-2 所示。

表 3-0-2　速录机与标准键盘之间有关快捷键相互切换的对应关系及功能（XU 系列）

序号	速录机快捷键	功能	功能说明（速录系统）	标准键盘快捷键
1	XU:	英文字母	大写英文字母（小写 XUE:）	Caps Lock
2	XU:BZA	插入添加	插入与添加的切换	无
3	XU:XZEO	行首	光标快速移动到所在行行首	Home
4	XU:XBO	行末	光标快速移动到所在行行末	End

速录机快捷键及符号（XU 系列），如表 3-0-3 所示。

表 3-0-3　速录机快捷键及符号（XU 系列）

序号	速录机快捷键	符号	序号	速录机快捷键	符号	序号	速录机快捷键	符号
1	XU:AO（奥）	@	8	XU:GINE（井）	#	15	XU:XGIU（曲）	~
2	XU:ZNE（正）	/	9	XU:GIAO（角）	^	16	XU:INE（英）	£
3	XU:XBUNA（反）	\	10	XU:XINE（星）	*	17	XU:BIU（法）	α
4	XU:XBUNO（方）	[	11	XU:NA（按）	&	18	XU:BDA（塔）	β
5	XU:XBUN（分）	]	12	XU:XBIU（美）	$	19	XU:XBA（马）	Σ
6	XU:DA（大）	{	13	XU:XGN（很）	_	20	XU:BGIO（派）	π
7	XU:DIA（哆）	}	14	XU:XZU（竖）	|	21	XU:XIEO（修）	μ

注：这里的符号"~"，须按照亚伟原始码 XU:XGIU 进行录入，而不能按照兼容码 XU:XWIU 进行录入，而符号"α"则相反，须按照亚伟兼容码 XU:BIU 进行录入，而不能按照亚伟原始码 XU:XBUA 进行录入。

3. 形码

1）标志键：XN:XN。

2）功能：对知字不知音的汉字或难消之字，可通过对汉字偏旁部首的拆解进行录入，同时通过亚伟码查询可以获取该汉字的汉语读音。

3）要点：须独立操作，左右手同按同起，开始或结束形码输入。

4. 人民法院审判程序简述

依照我国民事诉讼法、行政诉讼法和刑事诉讼法，人民法院审理案件原则上实行二审终审制，即除非法律另有规定，一个案件经过两级人民法院审理即告终结。其内容是：如果当事人对地方各级人民法院审理的第一审案件所作出的判决和裁定不服，可以依法向上一级人民法院提起上诉，要求上一级人民法院对案件进行第二次审判；经第二审人民法院对案件进行审理，所作出的判决和裁定是终审判决和裁定，当事人即使不服，也不得再提起上诉。

在民事诉讼和行政诉讼中，一审程序又分为普通程序和简易程序。其中，普通程序是人民法院审理和裁判第一审民事案件、行政案件时所通常适用的程序，是诉讼程序中最基本、最核心的一种程序，具有审判程序通则的功能，具有程序的完整性、独立性和广泛的适用性等特征；简易程序是人民法院（民事诉讼中必须是基层人民法院及其派出法庭，行政诉讼则无此限制）在审理事实清楚，权利、义务关系明确，争议不大的简单民事案件、行政案件时所适用的一种独立的第一审诉讼程序。与普通程序相比，简易程序中的起诉方式、受理案件的程序、传唤方式、开庭审理的程序都很简便，审理实行独任制，举证期限、答辩期限和审结案件的期限都较短，裁判文书还可以适当简化。

在刑事诉讼中，一审程序分为普通程序、简易程序和速裁程序。其中，简易程序适用于由基层人民法院管辖的事实清楚、证据充分，被告人承认自己所犯罪行，对指控的犯罪事实没有异议，并且被告人对适用简易程序没有异议的案件。适用简易程序审理刑事案件，经审判人员许可，被告人及其辩护人可以同公诉人、自诉人及其诉讼代理人互相辩论，并且不受普通程序中关于送达期限、讯问被告人、询问证人、鉴定人、出示证据、法庭辩论程序规定的限制。刑事诉讼中的速裁程序，则适用于基层人民法院管辖的可能判处三年有期徒刑以下刑罚，案件事实清楚，证据确实、充分，被告人认罪认罚并同意适用速裁程序的案件。适用速裁程序，由审判员一人独任审判，不受普通程序规定的送达期限的限制，一般不进行法庭调查、法庭辩论，但在判决宣告前应当听取辩护人的意见和被告人的最后陈述意见。此外，适用速裁程序审理案件，应当当庭宣判。

任务 1　民事诉讼笔录看打录入训练

训练目标

1. 了解民事诉讼典型案件庭审过程。
2. 熟练掌握民事诉讼典型案件庭审笔录中的亚伟码录入技巧。
3. 能够在民事庭审中准确完整地记录庭审过程。

训练步骤

1. 学习民事诉讼典型案件庭审笔录中的亚伟码录入技巧。
2. 通过看打方式，熟练掌握民事诉讼典型案件庭审笔录的看打录入技巧。

训练内容

一、保管合同纠纷（一审简易程序）庭审笔录实例

（一）看打练习一

3-1-1　民事看打技巧文

1. 录入技巧

保管合同纠纷（一审简易程序）庭审笔录实例录入技巧（1），如表 3-1-1 所示。

表 3-1-1　保管合同纠纷（一审简易程序）庭审笔录实例录入技巧（1）

技巧类别	技巧词语
特定单音字	号（W）、时（W）、海（W）、由（W）、第（W）、现（X）、请（X）、区（W）、者（W）、离（W）
双音略码	时间（X）、工作（W）、进行（W）、根据（W）、规定（X）、其他（W）、要求（W）、提出（W）、对于（W）、严重（W）、追究（W）
三音略码	审判员
四音略码	未经许可、构成犯罪
多音略码	中华人民共和国、民事诉讼法、责令退出法庭
全码捆绑	书记员、第一款、当事人、刑事责任、旁听席

续表

技巧类别	技巧词语
重码选择	民初（2）、本院（4）、均应（2）、提问（2）、鼓掌（2）、手机（0）、休庭（2）、训诫（2）、同意（3）、方可（3）、无故（2）、如有（2）、通知（3）、就座（2）
联词消字	市（尺）、豫（章）、室（内）、庭（荫）、刘（恩）、李（恩）、值（得）、事（儿）
其他	需经（分开击打）、活动（后置/XGWUEO）、如对（分开击打）、不听（分开击打）

2. 看打练习

保管合同纠纷（一审简易程序）庭审笔录

〔2019〕豫××民初×号

案由：保管合同纠纷

时间：2019 年 6 月 21 日 10 时 00 分

开庭地点：本院 504 室

审判员：海某

书记员：王某某

一、庭前工作（由书记员庭下进行）

1. 根据《中华人民共和国民事诉讼法》第一百三十七条第一款之规定，现查明当事人和其他诉讼参与人是否到庭。

（开庭审理前，书记员应当查明当事人和其他诉讼参与人是否到庭，宣布法庭纪律。）

书记员：原告是否到庭？

原告委托代理人刘某到庭。

书记员：被告是否到庭？

被告李某某及其委托代理人陈某到庭。

2. 根据《中华人民共和国民事诉讼法》第一百三十七条第一款之规定，宣布法庭纪律：

（1）诉讼参与人和旁听人员均应服从审判员指挥；

（2）诉讼参与人在开庭审理期间要求发言、提问、陈述、辩论，需经审判员许可；

（3）开庭期间，不准随便走动、吸烟和随地吐痰，不准鼓掌、喧哗和妨碍审判活动的正常进行；

（4）未经许可，不准录音、录像，请到庭人员和旁听人员关闭手机等通信工具；

（5）旁听人员不准进入审判区，不准发言、提问；如对审判活动有意见，可在休庭后书面向法庭提出；

（6）对违反法庭纪律，不听审判员、值庭法警制止者，审判长有权根据不同情节予以训诫、责令退出法庭，对于情节严重的，法院有权予以罚款、拘留，构成犯罪的，依法追究刑事责任；

（7）法庭审理期间，因事需暂时离庭的诉讼参与人应报告审判员同意方可离庭；擅自离庭者按无故中途退庭处理。旁听席上如有证人，请退出法庭，等候通知出庭作证。

3. 书记员："全体起立，请审判员入庭就座。报告审判员，原告委托代理人刘某到庭，被告李某某及其委托代理人陈某到庭。"

审判员："可以开庭，请坐下。"

（二）看打练习二

1. 录入技巧

保管合同纠纷（一审简易程序）庭审笔录实例录入技巧（2），如表 3-1-2 所示。

表 3-1-2　保管合同纠纷（一审简易程序）庭审笔录实例录入技巧（2）[①]

技巧类别	技巧词语
特定单音字	案（W）、无（X）、均（X）、重（W）
双音略码	现在（X）、代表（W）、特别（W）、双方（W）、参加（X）、说明（X）、内容（W）、作为（W）、单位（W）
四音略码	人民法院、民事审判、有限公司、简易程序、诉讼权利
多音略码	公司总经理、律师事务所
全码捆绑	第二款、原被告、有无异议、无异议、不同意、已收到、通知书、告知书、起诉状、答辩状、代码证
重码选择	一案（9）、适用（2）、本案（3）、举证（2）、收到（2）、不再（2）、有无（4）、详见（7）
联词消字	曹（娥）、吴（恩）、速（度/W）、裁（夺）、述（说）、未（必）、记（忆）、一句（法）
其他	附卷（上屏）

2. 看打练习

二、开庭审理

审判员：根据《中华人民共和国民事诉讼法》第一百三十四条第一款之规定，××市××区人民法院民事审判庭公开开庭审理原告××光电有限公司与被告李某某保管合同纠纷一案，现在宣布开庭。

[①] 编者注：庭审笔录实例录入技巧表格中对于前面已经列出的速录技巧码不再重复列出，读者可以参看前面表格中相应速录技巧码。下同。

审判员：根据《中华人民共和国民事诉讼法》第一百三十七条第二款之规定，现在核对当事人。

原告：××光电有限公司（略）。

法定代表人：曹某某，该公司总经理。

委托代理人：吴某某、刘某，××律师事务所律师，特别授权。

被告：李某某（略）。

委托代理人：陈某，××律师事务所律师，特别授权。

审判员：原被告双方对对方出庭人员有无异议？

原告：无异议。

被告：无异议。

审判员：双方是否同意适用小额速裁程序？

原告：不同意。

被告：不同意。

审判员：经本庭核对，原被告出庭人员符合法律规定，可以参加本案诉讼活动。依据《中华人民共和国民事诉讼法》第三十九条第一款、第四十四条、第四十五条、第一百三十七条第二款之规定，本案由审判员海某适用简易程序独任审理，书记员王某某担任法庭记录。对上述审判人员及书记员，当事人有权申请回避，但申请回避应当说明理由。

审判员：原被告是否申请回避？

原告：不申请。

被告：不申请。

审判员：原被告是否已收到本院送达的举证通知书及诉讼权利、义务及风险告知书，小额诉讼告知书？

原告：收到。

被告：收到。

审判员：开庭前原被告已收到本院送达的书面诉讼权利、义务及风险告知书，庭审不再重述。

审判员：原告宣读起诉状。

原告：宣读起诉状（附卷略记）。

审判员：有无补充内容？

原告：无。

审判员：被告答辩。

被告：详见答辩状。另，第三点补充一句，作为单位起诉，应有机构代码证，诉状中均未有。

（三）看打练习三

1. 录入技巧

保管合同纠纷（一审简易程序）庭审笔录实例录入技巧（3），如表3-1-3所示。

表3-1-3 保管合同纠纷（一审简易程序）庭审笔录实例录入技巧（3）

技巧类别	技巧词语
特定单音字	及（X）、元（W）、提（W）、做（W）、想（W）、书（W）、假（W）、称（X）、须（W）、处（XW）、已（W）、收（W）、拿（W）、块（W）、台（W）、份（W）、举（W）
双音略码	首先（W）、所谓（X）、为了（X）、东西（X）、发展（X）、目的（X）、需要（X）、已经（X）、由于（X）、当时（W）、造成（W）、经济（X）、损失（W）、宣传（W）、农村（W）、关系（X）、不能（X）、具有（W）、通过（W）、权利（X）、就是（X）、明确（W）、所有（W）、明显（X）、来源（W）、经过（W）、设备（W）、能够（W）、电话（W）、希望（W）、得到（X）、负责（W）、问题（X）、部分（W）、构成（W）、建设（X）、因此（X）、下面（X）、重要（X）、责任（X）、保证（X）、你们（X）、后来（X）、固定（X）、按照（X）、产生（W）、没有（W）、或者（W）、最后（W）、影响（W）、判决（W）
三音略码	真实性、所有权
四音略码	合作项目、总的来说、适用法律、明确规定、民事诉讼、刑事法律、法庭调查、法庭辩论
多音略码	仲裁委员会
全码捆绑	原告方、被告方、逆变器、无任何、未找到、了一批、第三项、第一项、合同书、裁决书、第三方、有异议、予以证实、代理商、代理费、截止到、裁定书、安装费、无证据
重码选择	主体（2）、质证（3）、光伏（2）、组件（3）、配送（3）、手中（4）、用意（2）、质疑（7）、并未（2）、也无（4）、出具（5）、未经（2）、邮寄（5）、视频（2）、不予（2）、提及（2）、垫资（6）、发包（2）、发问（2）、见过（4）、如实（2）、签收（4）、适格（5）、证实（3）、均为（5）、调解（2）、再行（2）、笔录（3）
联词消字	诉（诸）、实（际）、至（于）、函（大）、指（出）、仅（仅）、偷（袭）、录（制）、盗（墓）、股（本）、取（得）、词（义）、举（行/X）、交（换/X）、予（以）
其他	及被（分开击打）、而此（分开击打）、板及（分开击打）、板和（分开击打）

2. 看打练习

审判员：根据原告的诉讼请求及被告答辩意见，本庭归纳以下争议焦点：1. 原告是否具备诉讼的主体资格；2. 原告的诉请有无事实及法律依据。

审判员：原被告对所归纳的审理焦点有无异议和补充？

原告：无。

被告：无。

审判员：原被告双方围绕审理焦点进行举证、质证，首先由原告举证。

原告：详见证据目录。

审判员：被告质证。

被告：对于第一组证据，与原告方无关，原告不具备主体资格，同时也证明了光电公司与被告李某某是合作伙伴，其所谓的保管协议是一份内部协议，是为了内部光伏组件的配送及保管，并不是所签订的保管协议，此协议也不符合法律规定。法律规定，保管他人委托保管的东西应当予以返还，而此协议内容实为被告方将配件配送至农户，也是为了合作项目发展的需要。现在原告在诉状中所诉求的光伏板及逆变器，已经根据光电公司及 K 公司的要求配送至农户，现被告手中无任何光伏板及逆变器。由于当时 K 公司与光电公司收取了各位农户每户 3 000 元，被告已经全部返还。被告多次去找以上公司，均未找到，给被告造成了严重经济损失。当时为了宣传及推广才签订的保管协议，并送了一批到农村。合作协议中第三项下的第一项，可以证明光电公司与 K 公司及被告是合作关系，光电公司与原告签署转让协议不符合法律规定，侵犯了其他合作人的权益，是无效的。

对于第二组证据中的证据 3，不能证明光电公司转让给原告具有合法性，通过合同书证明光电公司与 K 公司是共同发展此项目的，原告方提此证据的用意是 K 公司给光电公司做工程，想用来证明其转让权利的合法性。作为两公司来讲，本来就是合作关系。证据 4，更能证明原告所主张的请求不能成立。在仲裁裁决书中明确裁决了光伏板归 K 公司所有，光电公司转让给原告，明显不符合法律规定。我方保留对××市仲裁委员会裁决书合法性的质疑，因我方也是合作人，但并未通知我方。证据 5，与光电公司无关，都是 K 公司的。证据 6，不清楚来源，也无盖章，且名单不全。总的来说，第二组证据不能证明原告具有主体资格。

对于第三组证据，与本案无关。K 公司与光电公司购买他人的东西是否用于本案，无法证明。

对于第四组证据，证据 11 不具备法律效益，侵犯了第三方的权益，并未经过其他合作人的同意，是违法的。且双方达成的协议第一项也分别说明了向本案被告要求返还设备，原告方的证据能够证明被告是合作人，光电公司出具的转让书是不符合法律规定的。证据 12，其催促不符合法律规定，另被告多次去找光电公司及 K 公司，一直未找到，打了催促函上的电话也是假的，其转让也是无效的，未经其他人同意。希望原告可以解释下是如何得到这个函的。函是 5 月 16 日收到的，17 日到邮寄地找到邮寄人，称是其他人写好邮寄的。我方多次要求光电公司的负责人出面，其均不出面。

审判员：原告有无补充？

原告：无。

审判员：被告举证。

被告：详见证据目录。

审判员：原告质证。

原告：对于被告第一组证据的真实性无异议，对证明目的有异议。被告提交的第一组证据是指在整个项目当中，我公司与安装户之间的纠纷，与本案无关，在上述案件中的主体问题，也仅是证据不足导致的。

对于第二组证据，对光盘的来源有异议。该视频明显是偷录盗录的，对于该视频的来源，公司不予认可。其次，对于视频中被告提及的两部分内容：1. 关于 K 公司的股权架构，与本案无关。股权架构仅是 K 公司的成立构成，而非在项目当中的占股比例。2. 关于项目的垫资问题。《最高人民法院关于审理建设工程施工合同纠纷案件适用法律问题的解释》明确规定，垫资行为发生在建设工程施工行为当中，明确证明了 K 公司与光电公司之间是承包与发包关系，该关系也由我公司提交的裁决书予以证实，因此 K 公司不是本案项目当中的所有权人，我公司进行权利转让符合法律规定，对被告依法发生效力。

审判员：原被告双方有无问题发问？

原告：无。

被告：在你方举证中的光电公司向被告邮寄的通知书，是如何得到的？在何处给的？是否见过原告的法人？

原告：是光电公司给的，与本案无关。

审判员：下面由法庭进行提问。当事人陈述是民事诉讼中的重要证据，虚假陈述构成伪造证据，同时构成妨碍民事诉讼，须承担相应的民事、刑事法律责任，当事人需保证如实陈述，是否听清？

审判员：被告诉状中称，发给你们的光伏组件是否收到？设备现在何处？安装是否收取费用？

原告：记不清楚了，已经安装在用户处了。收取费用了，都已交给光电公司了，当时有手续，但后来被收走了。

审判员：现在宣布法庭调查结束，进行法庭辩论。

审判员：首先由原告发表辩论意见。

原告：1. 关于我公司与代理商之间的关系。光电公司与代理商是代理开发的关系，代理商从被告推广项目中拿取固定的代理费，双方对于项目的所有权是明确的，就是由公司取得所有权，代理商无权取得。对于合同的权利转让，《中华人民共和国合同法》第七十九条、第八十条进行了明确规定，原告也按照法律规定提交了权利转让的通知，被告方也予以签收，权利转让依法对被告产生效应，因此我公司是适格主体。

2. 在质证环节中，被告明确承认其安装的电站均是通过 K 公司进行的，而我公司在证据 5、证据 6 中提交的数据也是 K 公司认可的，截止到现在，被告还占有 470 块光伏板和 30 台逆变器没有安装。对于被告非法占有的该部分设备，应当向我公司进行返还或者折价赔偿（庭后提交书面代理词）。

审判员：被告发表辩论意见。

被告：1. 根据我方所举证据能够证实原告方不具备主体资格。在我方所举的 12 份裁定书中，能够证实原告方和光电公司权利转让是不成立的，K 公司和光电公司及本案被告均为合作人，在我方所举的诉状和原告方的裁定书中能够证实这点，这也就证明了转让行为不成立。原告方在辩论中称，被告已签收就对被告产生效力是不能成立的，是违反法律规定的，因此原告方不具备主体资格。

2. 原告方称，被告方承认是通过 K 公司安装就是认可的，也是不能成立的。我方已经将安装费交予光电公司，且已经将光伏板安装到农户。原告方称我方仍有光伏板及逆变器，在本案中无证据。

审判员：现在宣布法庭辩论结束，原被告进行最后陈述。

原告：坚持诉讼请求。

被告：驳回原告诉请。

审判员：原被告是否同意调解？

原告：庭后调解。

被告：不同意。

审判员：本案不再主持庭上调解，但不影响庭下再行调解，调解不成时依法判决。现在宣布休庭，双方看笔录无误后签字。

二、民间借贷纠纷（一审普通程序）庭审笔录实例

（一）看打练习一

3-1-2　民事看打技巧文

1. 录入技巧

民间借贷纠纷（一审普通程序）庭审笔录实例录入技巧（1），如表 3-1-4 所示。

表 3-1-4　民间借贷纠纷（一审普通程序）庭审笔录实例录入技巧（1）

技巧类别	技巧词语
特定单音字	号（W）、时（W）、省（XW）、区（W）、男（W）、周（X）、无（X）、第（W）、蓝（X）、请（X）、者（W）、离（W）、由（W）、均（X）
双音略码	时间（X）、组成（X）、情况（W）、按照（X）、规定（X）、根据（W）、要求（W）、进行（W）、提出（W）、双方（W）、现在（X）
三音略码	审判员
四音略码	未经许可
多音略码	人民陪审员、公民身份号码、律师事务所、双方当事人、中华人民共和国、民事诉讼法、责令退出法庭
全码捆绑	书记员、当事人、证人室、传呼机、旁听席、有无异议、无异议、第一款、合议庭、原被告、通知书、告知书
重码选择	民初（2）、借贷（2）、本院（4）、有无（4）、庭审（2）、如有（2）、请到（5）、均应（2）、提问（2）、鼓掌（2）、手机（0）、如对（2）、休庭（2）、训诫（2）、同意（3）、方可（3）、无故（2）、通知（3）、一案（9）、正当（2）、本案（3）、收到（2）、举证（2）
联词消字	豫（章）、李（恩）、赵（恩）、徐（恩）、杨（得）、市（尺）、乡（镇）、附（耳）、张（恩）、郑（恩）、董（卓）、刘（恩）、雷（德）、值（得）、庭（荫）、事（儿）、未（必）
其他	活动（后置/XGWUEO）、需经（分开击打）、可在（分开击打）、不听（分开击打）

2. 看打练习

民间借贷纠纷（一审普通程序）庭审笔录

〔2020〕豫××民初×号

案由：民间借贷纠纷

时间：2020 年 7 月 15 日 15 时 40 分

开庭地点：本院 505 法庭

组成人员：审　判　长　　李某某

　　　　　人民陪审员　　王某某

　　　　　人民陪审员　　赵某某

　　　　　书　记　员　　徐某某

当事人（书记员查明当事人情况）

原告：杨某，女，1946 年××月××日出生，汉族，住××省××市××区××乡××村 111 号附 2 号，公民身份号码（略）。

委托代理人：张某某，××律师事务所律师。

被告：郑某某，男，1963 年××月××日出生，汉族，住××省××市××区××乡××村 15 号，公民身份号码（略）。

被告：周某某，男，1975 年××月××日出生，汉族，住××省××市××区××乡××村 17 号，公民身份号码（略）。

被告：牛某某，男，1986 年××月××日出生，汉族，住××省××市××区××乡××村 122 号，公民身份号码（略）。

被告：董某某，女，1981 年××月××日出生，汉族，住××省××市××区××乡××村 111 号，公民身份号码（略）。

被告：刘某某，男，1982 年××月××日出生，汉族，住××省××市××区××乡××村 160 号，公民身份号码（略）。

五被告共同委托代理人：雷某某、杨某某，××律师事务所律师。

被告：蓝某某，女，1958 年××月××日出生，汉族，住××省××市××区××乡××村 168 号，公民身份号码（略）。

书记员：双方当事人有无证人出庭？按照法律规定，证人不得旁听庭审活动，如有证人，请到证人室等候法庭传唤时出庭作证。

原告：有。

五被告：无。

一、根据《中华人民共和国民事诉讼法》第一百三十七条之规定，宣布法庭纪律：

（1）诉讼参与人和旁听人员均应服从审判长指挥；

（2）诉讼参与人在开庭审理期间要求发言、提问、陈述、辩论，需经审判长许可；

（3）开庭期间，不准随便走动、吸烟和随地吐痰，不准鼓掌、喧哗和妨碍审判活动的正常进行；

（4）未经许可，不准录音、录像，请到庭人员和旁听人员关掉传呼机、手机等通信工具；

（5）旁听人员不准进入审判区，不准发言、提问；如对审判活动有意见，可在休庭后书面向法庭提出；

（6）对违反法庭纪律，不听审判员、值庭法警制止者，审判长有权根据不同情节予以训诫或责令退出法庭；

（7）法庭审理期间，因事需暂时离庭的诉讼参与人应报告审判员同意方可离庭；擅自离庭者按无故中途退庭处理。旁听席上如有证人，请退出法庭，等候通知出庭作证。

二、审判长核对出庭人员

原告杨某及其委托代理人张某某，被告郑某某、周某某、牛某某、董某某、刘某某共同委托代理人雷某某、杨某某，被告郑某某、周某某、刘某某到庭，被告蓝某某未到庭。

审判长：双方对各方出庭人员有无异议？

原告：无异议。

五被告：无异议。

审判长：根据《中华人民共和国民事诉讼法》第三十九条第一款、第四十一条、第一百三十四条第一款之规定，本院今天在这里公开开庭审理原告杨某与被告郑某某、周某某、牛某某、董某某、刘某某民间借贷纠纷一案，被告蓝某某经本院合法传唤，无正当理由未到庭，本院依法缺席审理。现在开庭。本案由审判员李某某担任审判长，由人民陪审员王某某、赵某某依法组成合议庭，书记员徐某某担任本庭记录，对合议庭组成人员及书记员是否申请回避？

原告：不申请。

五被告：均不申请。

审判长：原被告是否收到本院的举证通知书及诉讼权利、义务及风险告知书？

原告：收到。

五被告：均收到。

（二）看打练习二

1. 录入技巧

民间借贷纠纷（一审普通程序）庭审笔录实例录入技巧（2），如表3-1-5所示。

表3-1-5　民间借贷纠纷（一审普通程序）庭审笔录实例录入技巧（2）

技巧类别	技巧词语
特定单音字	除（W）、元（W）、再（W）、又（XW）、现（X）、号（W）、发（W）、她（W）、以（X）、着（X）、帮（X）、卖（W）、没（X）、完（X）、只（W）、做（W）、称（X）
双音略码	已经（X）、其他（W）、下面（W）、首先（W）、明确（W）、责任（W）、当时（W）、没有（W）、办理（X）、因为（W）、属于（W）、如下（X）、存在（X）、部分（W）、确定（X）、内容（X）、目的（X）、自己（W）、为了（X）、朋友（W）、说明（X）、关系（X）、联系（X）、时候（W）、文化（W）、多少（X）、买卖（X）、后来（X）、知道（X）、经济（X）、往来（X）、通过（W）、问题（X）、电话（W）
三音略码	真实性
四音略码	诉讼权利、法庭调查、他项权证、银行贷款
全码捆绑	将不再、起诉状、答辩状、打借条、至今未、不要钱、有异议、身份证、给我打、我要钱、见证人、没看到、了一份
重码选择	告知（2）、详见（7）、抵押（2）、登记（2）、争议（2）、所述（2）、质证（3）、借条（3）、月息（4）、出具（5）、事后（2）、借钱（3）、并未（2）、显示（2）、共计（4）、万元（2）、而后（2）、如实（2）、现金（2）、急需（2）、出于（2）、分期（2）、发问（2）、何时（2）、见过（4）、借钱（3）
联词消字	钱（德）、填（补）、砍（杀）、息（鼓）、签（字）、至（于）、款（式）、待（制）、传（播/X）、何（不）、事（儿）、取（得）、欠（我）、未（必）、急（促）、记（忆）、借（以）、价（格）
其他	我与（分开击打）、我有（分开击打）、要过（分开击打）、上的（分开击打）、我向（分开击打）、之日（分开击打）、我将（分开击打）、向你（分开击打）、不还（分开击打）、还上（分开击打）、车有（分开击打）、卡里（分开击打）、就与（分开击打）

2. 看打练习

审判长：开庭前已经书面告知当事人诉讼权利义务，本庭将不再告知当事人其他的诉讼权利义务。根据《中华人民共和国民事诉讼法》第一百三十八条之规定，下面进行法庭调查。首先由原告宣读起诉状，讲明具体诉讼请求、事实和理由。

原告：详见起诉状。

审判长：有无补充？

原告：有，明确一下，要求被告郑某某、周某某、牛某某、董某某、刘某某对被告郑某某的债务承担连带清偿责任。

审判长：被告答辩。

被告郑某某：详见书面答辩状。另，我与杨某本人不认识，钱是我亲戚用的，杨某让我打借条，不让我亲戚打借条。另，当时没有约定利息。我有房子，当时是抵押给杨某的，三套房屋均办理了抵押登记。原告持有三套房屋的他项权证，且原告至今未找我要过钱，我认为是原告不要钱了，因为我的房子抵押了，利息是后续填上的。原告也没说抵押的事实。

被告周某某、牛某某、董某某、刘某某：详见书面答辩状。

审判长：根据原告的起诉及被告的答辩，本院归纳争议焦点如下：1. 本案民间借贷行为是否有效，原告是否属于职业放贷人，是否约定有利息；2. 原告是否存在"砍头息"以及被告牛某某是否偿还过部分款项；3. 担保人是否应当承担担保责任。

审判长：原被告对上述争议焦点有无异议？

原告：无异议。

五被告：均无异议。

审判长：各方对本庭归纳总结的争议焦点均无异议，对以上争议焦点本庭予以确定。下面由各方当事人围绕上述争议焦点，进行举证、质证。

审判长：请原告举证。

原告：详见证据目录。

审判长：被告质证。

五被告：对于证据 1 中的签字，确实是被告所签，但借条中所列的月息 3 分并非在出具借条之日书写，利息部分，借款人以及除牛某某外的担保人并不认可，该部分利息为被告牛某某事后添加上的，其他担保人在出具借条时，该借条并未写明利息内容，所以其余被告不应对利息承担责任。

对于证据 2 的真实性无异议，证明目的有异议。该流水能显示在 6 月 13 日当天，杨某个人银行账户余额共计 914 052.85 元，再结合郑某某的银行流水来看，有 10 万元为杨某转至郑某某账户后，郑某某取款交给杨某，杨某再次存入其账户，而后又向郑某某转款。郑某某实际收到借款为 90 万元。

对于证据 3，待证人出庭后，予以质证。

原告：我方现申请证人陈某某出庭。

审判长：传证人陈某某到庭。

审判长：证人陈某某，介绍下自己。

证人陈：我叫陈某某，身份证号（略），是原告的朋友。

审判长：证人，现本庭向你说明证人如实作证及出庭规则（略记），是否听清？

证人陈：听清。

审判长：证人到庭是为了证明何事？

证人陈：我到庭是为了证明证人证言是我本人所出具的。2019 年 5 月 10 日，我取了 50 万元现金，打算发工人工资，但第二天原告给我打电话找我要钱（之前我欠她钱），说是要买车，2019年7月10日我将50万元送给原告。其次是车的事儿。2019年5月10日晚上，牛某某找我说急需用钱50万元，说是银行贷款到期，急需周转，用一个月，并愿意和杨某签车辆买卖协议，若到期不还，愿意将车辆以50万元卖给杨某，并协助过户；若一个月内还上了，50万元按照月息3分支付利息，买车协议撕毁，车辆开走。出于朋友关系，看急着用钱，我就给杨某说了让她帮帮牛某某。一个月后，钱未还上，当时杨某联系我当个见证人，协助牛某某将车辆卖了。当时卖车的时候是在文化路北段一个车行，当时协商的是车为83万元，因为车有分期，按揭没还完，车行只同意给50万元，45万元转至杨某卡里，5万元转至牛某某卡里。当时因为车贷没还完，车行只愿意给50万元，若牛某某后期协助过户了，车行愿意将后续的钱给杨某。

审判长：被告有无问题向证人发问？

五被告：有，证人陈某某，你所陈述的欠杨某的钱，一共欠多少？何时欠的？有无凭证？

证人陈：2019年12月，我向杨某借了10万元、20万元，2020年4月7日，我向杨某借了19.6万元和4000元的现金。

五被告：除上述陈述，还有无其他借款？

证人陈：拒绝回答。

五被告：50万元款项如何给的牛某某？当时有谁在场？你是否看见杨某给了牛某某50万元？

证人陈：不是我给的，我不清楚。我不在场，没看到。

五被告：依据你的陈述，牛某某为何将车卖给杨某？

证人陈：银行周转借款。

五被告：你是否见过车辆买卖协议？

证人陈：第一个买卖协议我不清楚，后来在车行签了一份。

五被告：你是否知道车辆价值，是否知道还有多少贷款未还？

证人陈：当时车行给的价是83万元，贷款情况不清楚。

被告郑某某：杨某之前就与牛某某认识，之前还有经济往来，为何还要找你做中间人来借款？

证人陈：牛某某是通过我认识的杨某，我是介绍人。

审判长：法庭询问证人，你所称的牛某某找你借钱50万元，意思是让你做中间人，找杨某借钱？

证人陈：是。

审判长：原告有无问题向证人发问？

原告：无。

审判长：证人退庭，被告对证人所述发表质证意见。

（三）看打练习三

1. 录入技巧

民间借贷纠纷（一审普通程序）庭审笔录实例录入技巧（3），如表 3-1-6 所示。

表 3-1-6　民间借贷纠纷（一审普通程序）庭审笔录实例录入技巧（3）

技巧类别	技巧词语
特定单音字	与（W）、向（X）、采（W）、信（W）、是（XZI）、以（X）、原（X）、页（W）
双音略码	过程（W）、所有（W）、不能（X）、准备（X）、作为（W）、客观（W）、因此（X）、能够（W）、并且（X）、无论（W）、还是（X）、超过（W）、投资（X）、造成（W）、形式（X）、都是（X）、对象（X）、工作（W）
四音略码	利害关系、有利可图、非亲非故、相互印证
全码捆绑	不真实、不一致、证人证言、购车款、误认为、担保物、仅限于
重码选择	证言（5）、拒不（2）、真实（2）、事件（3）、套现（3）、赎回（3）、取出（3）、即使（2）、知情（2）、路虎（2）、印证（2）、写到（3）、笔录（3）、知识（2）
联词消字	终（于）、予（以）、微（细）、指（出）
其他	为其（分开击打）、该车（分开击打）、该组（分开击打）、写上（分开击打）、矛盾（后置/XBWN）

2. 看打练习

五被告：证人与杨某之间有利害关系，所述不真实。证人当庭陈述时，拿着打印好的证言直接宣读，属于无效证言。证人的证言，与杨某本人在〔2018〕豫 01 民终×号案件庭审过程中，杨某关于车辆的陈述不一致，杨某在×号案件中陈述车辆为其与牛某某之间的买卖，并非借款，而证人在本次庭审中称，该车辆系因为牛某某向杨某借款而做的抵押。其次，证人所有的陈述均不能证明杨某实际向牛某某交付了 50 万元款项，杨某与证人之间存在多次经济往来，在庭审过程中，被告代理人向证人询问时，证人拒不回答，是有意躲避该事实，且证人在庭审发言过程中出现反复。证人的当庭陈述，在回答我方问题时，与其提前准备好的证言所证明的事实有很大出入。另外，证人与本案原告存在重大的经济往来，其证人证言不能作为本案定案的有效证据，该证言不应被采信。

审判长：原告对证人证言质证。

原告：证人证言客观真实，依法应予采信，且证人在车辆买卖事件中既是杨某的朋友，也是牛某某的朋友，且是受牛某某委托，因牛某某急需用钱，周转银行贷款，把车辆短暂压给杨某，套现 50 万元，车辆是按揭车辆，且最终实际售价为 78 万元，符合日常经验法则。杨某出钱 50 万元购买车辆的最终目的是购买该车有利可图，且车辆买卖手续合法、完整。牛某某收到 50 万元购车款后，出具的有收条，牛某某在规定的时间内没有把车赎回，因此车辆买卖与本案借款无关。证人证言客观真实，应予采信。

审判长：被告举证。

五被告：详见证据目录。

审判长：原告质证。

原告：对于第一组证据的真实性无异议，对证明目的有异议，该证据不能证明郑某某取出现金 10 万元后交给杨某，也不能证明杨某收取了"砍头息"。该组证据能够证明杨某已经把 100 万元足额支付给郑某某，并且该组证据也证明，无论是借款人还是担保人，均明知该借款约定的月息是 3 分，且原告杨某与郑某某非亲非故，借款约定利息才是符合常理的。因此，即使利息是后添加的，借款人和担保人均是知情的，也是认可的。

对于第二组证据的真实性无异议，对证明目的有异议。李某把卖车款支付给杨某，恰好与购车协议以及牛某某的 50 万元购车款的收据相互印证，足以说明路虎车辆已经以 50 万元卖给了杨某，超过 50 万元的部分，是杨某投资合法所得，与本案借款无关。证据 7 的微信聊天记录再次印证该车辆是买卖关系，与借款无关。

对于第三组证据的真实性无异议，对证明目的有异议。因原告本人不懂法，导致误认为抵押担保在诉讼请求中已经体现，造成了提供担保的担保物没有在诉讼中以诉讼请求的形式予以明确，因此要求担保人继续承担担保责任。

对于第四组证据的真实性无异议，证明目的有异议。月息 3 分是牛某某写上的，因借条上没有写月息 3 分，与原约定不一致，因此原告要求把月息 3 分写到借条上，该约定借款人和担保人都是明知的。

对于第五组证据的真实性无异议，证明目的有异议。原告向他人借款，借款的对象仅限于亲戚朋友，并没有多次向不特定人发放借款，因此原告不属于职业放贷人。

对于第六组证据的真实性无异议，证明目的有异议。首先庭审笔录第 5 页杨某的陈述部分也说明与牛某某之间是车辆买卖关系；另外，提到了本人没有法律知识，不懂法，起诉的时候忽略了抵押担保物，因此不属于恶意隐瞒事实。笔录第 7 页杨某的陈述与证人的陈述并无矛盾，杨某所称的证人在卖车的时候全程参与，是指牛某某卖车是通过郑某某做杨某的工作，最终杨某同意以 50 万元来买车。另外，在卖车的时候，签订买卖协议以及卖车的价款等情况，郑某某均知道，因此双方的说法并不存在矛盾。

（四）看打练习四

1. 录入技巧

民间借贷纠纷（一审普通程序）庭审笔录实例录入技巧（4），如表 3-1-7 所示。

表 3-1-7　民间借贷纠纷（一审普通程序）庭审笔录实例录入技巧（4）

技巧类别	技巧词语
特定单音字	份（W）、新（X）、期（W）、我（X）
双音略码	方面（X）、产生（W）、虽然（X）、达到（W）、而且（X）、可能（X）、我们（X）、农村（W）、重新（X）、后来（X）、如果（W）
三音略码	第一次
多音略码	后来才知道
全码捆绑	机动车、被告方、庭审中
重码选择	不予（2）、高息（2）、低价（5）、有事（3）、两笔（2）、大姐（2）、钥匙（2）

续表

技巧类别	技巧词语
联词消字	替（补）、仅（仅）、输（出）
其他	将其（分开击打）、二审（XE:XZN）、要的（分开击打）、找个（分开击打）、转的（分开击打）、过长（分开击打）、还了（分开击打）

2. 看打练习

审判长：双方还有无证据提交以及对事实及证据方面有无补充？

原告：补充提交证据一组，机动车买卖合同一份、牛某某出具的收条一份、牛某某和李某共同出具的说明一份，该组证据证明被告方所称的已经支付过 78 万元，该款项是原告与牛某某之间的因机动车买卖产生的款项，与本案的借贷无关。

审判长：被告质证。

五被告：该组证据我方不予认可。虽然收条系牛某某书写，但双方之间并不存在车辆买卖关系，因本案借款到期日为 2019 年 5 月 10 日，借款到期后无法偿还借款，牛某某应杨某要求将其车辆进行抵押，杨某为达到其获取高息的目的，与牛某某签订车辆买卖合同，且其提交的证据中，收条与 8 月 8 日牛某某写的收条存在冲突，而且原告称车辆系买卖，不符合社会常理，本案被告牛某某的车辆价值 83 万元，不可能以 50 万元的低价出售给杨某，而且车辆也并未交付给杨某，不符合车辆买卖的方式，同时杨某并无证据能够证明其已经向牛某某支付了 50 万元，所以该份证据不予认可。

审判长：被告是否有新证据提交？

五被告：无新证据提交。说明一点，我们提交的证据中的证人，当时在二审的庭审中到庭了，但当时没让出庭，今天也因为证人有事没到庭。

审判长：各方当事人就事实部分有无问题向对方发问？

原告：被告郑某某，你对借条中约定的月息 3 分的利息是否认可？你方称的取 10 万元给杨某，这个 10 万元是什么钱？

被告郑某某：不认可，不知道。当时先转的 70 万元，当时说的是钱不够，我取 10 万元给的原告，原告存进去后，又分两笔 5 万元共计 10 万元转给我，第二天又转了 20 万元。我是替亲戚借钱，当时要是利息高，我是不同意借的。这 10 万元是她要的利息，我是后来才知道是"砍头息"。我是替亲戚借钱，我有房屋抵押。

被告郑某某：杨某，你是否认识我？

原告：借款之前我不认识被告郑某某，借款是牛某某要借钱，我认为当时牛某某没有资产，又是大额借款，我让牛某某找个有资产的，牛某某找的郑某某。

五被告：原告，2020 年 6 月 13 日，你的账户余额仅有 914 052.85 元，你是如何向郑某某转款 100 万元的？存钱时你大姐是否在场？你 13 号向郑某某转钱的时间及地点？转钱时谁在场？

原告：钱是我的大姐在 6 月 13 日下午还的我 10 万元，我存到了银行。存钱时，我大姐并未在场。13 号转钱是 13 号下午在××乡的农村信用社门口转的，因时间过长，具体时间记不清楚了。第一次转钱的时候，郑某某、牛某某、蓝某某都在场，因当时输错卡号，导致第一次转钱没成功，之后对卡号重新转的时候已经分开了。

五被告：车辆价值当时你是否清楚？为何后来卖了 83 万？为何当时不直接把车卖了？

原告：我清楚，当时车是抵押车，车行说，若是牛某某不配合的话，最多只值 40 多万，牛某某当时给我说的是还有三期分期没还（9 万多左右）。因为后来牛某某配合把分期钱还了，当时说值 40 多万的时候，车还在我这儿，钥匙也在这儿。我认为车辆是买卖，我们俩之前签有协议，当时如果钱不还，车就是我的（借 50 万元的事儿）。

五被告：你所称的 50 万元是如何给的牛某某？

原告：在××社区院内现金给的牛某某。

五被告：当时牛某某的 100 万元没偿还，为何又借他 50 万元？

原告：100 万元有三套房抵押，50 万元有牛某某的车辆抵押，有车辆买卖协议。

（五）看打练习五

1. 录入技巧

民间借贷纠纷（一审普通程序）庭审笔录实例录入技巧（5），如表 3-1-8 所示。

表 3-1-8   民间借贷纠纷（一审普通程序）庭审笔录实例录入技巧（5）

技巧类别	技巧词语
特定单音字	办（W）、查（W）、打（W）、的（X）、个（W）、笔（W）
双音略码	什么（X）、每年（X）、月份（W）、东西（X）、告诉（X）、就是（X）、生活（W）、经过（W）、他们（X）、最后（W）
四音略码	资金来源、陆陆续续、日常生活、法庭辩论
全码捆绑	做生意、美容店、几万元、不值钱、发工资、我有房、帮帮忙、帮个忙
重码选择	借据（4）、此事（2）、剩余（2）、积蓄（3）、干过（3）、说过（3）、太高（2）、就去（3）、没了（2）、签条（3）、庭后（2）、鉴于（2）、调解（2）、不再（2）
联词消字	油（污）、费（德）、租（住）、低（涡）、北（京/X）、环（境/X）、催（逼）、账（篷）、词（义）、诉（诸）、齐（心）、议（庭）、择（吉）
其他	写的（分开击打）、和他（分开击打）、的我（分开击打）、归我（分开击打）、我才（分开击打）、去还（分开击打）、还的（分开击打）、开的（分开击打）、企业（后置/XGWIE）、找的（分开击打）、开有（分开击打）、口人（分开击打）、一方（上屏）

2. 看打练习

审判长：下面进行法庭询问。

审判长：原告，你的职业是什么？

原告：我是做生意的，给工地上送油的，同时我自己还开有美容店。

审判长：原告，涉案 100 万元的资金来源？

原告：我们家的房屋拆迁款 40 万元左右、过渡费 80 万元左右（每年 8 万元左右，按人口给的，每人每年 1.2 万元，我们家里 6 口人）、租地款每年几万元及日常生活积蓄。

审判长：原告，郑某某在答辩中称的取 10 万元给你，你是否认可？

原告：我并未收到该 10 万元。

审判长：原告，借据上的利息约定的 3 分，是否是郑某某写的？

原告：是牛某某手写的，郑某某知道此事，当时去办抵押的时候，郑某某还说这利息低。

审判长：原告，你与牛某某之间的车辆，陈述下过程。

原告：7 月份的时候，牛某某和他母亲提着东西去找的我，说是银行借款周转，告诉我有车可以抵押，因当时车辆有贷款（当时称有三期分期未还），车不值钱，我没同意。后来牛某某又找到郑某某作为中间人来说借钱的事儿，当时说是钱不还我，车归我，我才同意车按照 50 万元来借。后来钱没还，我们去北环找二手车行卖车的时候，当天车行只愿意给 50 万元，车行当时查了查，还有两期分期没还完，无法过户，在当天给了 50 万元，其中 45 万元转给我，5 万元给的牛某某，让他去还剩余车辆贷款，后来车行催牛某某去办理手续后，车行又给我转了剩余的钱 33 万元，我总共收到车行 78 万元。

审判长：原告，你称的 50 万元借款的资金来源？

原告：是郑某某还给我的，他之前找我借的钱，他取的现金是为了给工人发工资，但后来没给工人，直接还给我了，还的就是现金。

审判长：原告，你借给郑某某的资金来源？

原告：我的爱人自己在工地开的自己的铲车以及日常的生活积蓄。我借给郑某某的钱是有银行转账流水的（当庭提交）。

审判长：被告郑某某，你陈述下经过。

被告郑某某：我和牛某某的母亲认识，以前都在乡（镇）企业里干过，借款是牛某某找我来借的（我以前也借给过他们），当时说是我有房，用来抵押给他们帮帮忙，但当时说的是，我抵押的房子，借条得我来出。当时我出具的借条，没有利息。我与担保人有些也不认识，当时第一次打款 20 万元没有转过来，我是在杨某打钱给我后，6 月 13 日当天我在柜台取的 10 万元给的原告，当时还有我的司机。

审判长：原告是否认可？

原告：不认可，当时他没有司机，我见到的时候是牛某某开车带着他过来的。

审判长：被告郑某某，按照你的说法，90 万元你转给了谁？

被告郑某某：我后续陆陆续续支付给了牛某某。

审判长：牛某某是否给你说过支付利息的事儿？

被告郑某某：牛某某给我说过利息 3 分，我给他说的是利息太高，你还不起，但我不认可利息的事儿，我签条的时候没有利息。

审判长：被告刘某某、周某某对原被告所述有无异议？

被告刘某某、周某某：我们对卖车的事儿不清楚，我们签担保的时候也是没有写利息的。

审判长：被告刘某某、周某某，陈述下担保过程。

被告刘某某、周某某：当时是牛某某找的我们，说是帮个忙提供个担保，就去了，当时没有利息。

审判长：原告杨某，你对外借款有多少笔？

原告：除了借给郑某某、牛某某的，还有个刘某某的40多万元，其余没了。

审判长：法庭调查结束，现在进行法庭辩论。

原告：庭后提交书面代理词。

五被告：庭后提交书面代理词。

审判长：根据法律规定，现在进行最后陈述，各方进行最后陈述。

原告：坚持诉请和质证意见。

五被告：同答辩意见及质证意见。

审判长：鉴于一方当事人未到齐，本庭不再组织庭上调解。现在宣布休庭，本案待合议庭合议后择日宣判。原被告各方看笔录无误后签字。

三、追索劳动报酬案件庭审笔录实例

（一）看打练习一

1. 录入技巧

3-1-3　民事看打技巧文

追索劳动报酬案件庭审笔录实例录入技巧（1），如表3-1-9所示。

表3-1-9　追索劳动报酬案件庭审笔录实例录入技巧（1）

技巧类别	技巧词语
特定单音字	请（X）、由（W）、讲（W）、汉（X）、省（XW）、区（W）、号（W）、是（XZI）、第（W）、字（W）、周（X）、案（W）
双音略码	现在（X）、首先（W）、你们（X）、包括（W）、民族（X）、工作（W）、单位（W）、特别（W）、下面（W）、代表（W）、天津（W）、没有（W）、规定（X）、判决（W）、进行（W）、组成（X）、必须（W）、口头（W）、或者（W）、其他（W）、关系（X）、可能（X）、影响（W）、提出（W）、有关（W）、办法（W）、遵守（W）、履行（X）、对于（W）、内容（W）
三音略码	审判员、开发区、判决书
四音略码	基本情况、出生年月、有限公司、高新技术、民事审判、人民法院、利害关系、诉讼权利、法律文书、法律效力

续表

技巧类别	技巧词语
多音略码	律师事务所、中级人民法院、中华人民共和国、民事诉讼法
全码捆绑	书记员、审判长、当事人、有异议、第一款、合议庭、近亲属、前一款、适用于、裁定书、调解书、依法行使
重码选择	职务（3）、住址（4）、权限（2）、家具（2）、一案（9）、民初（2）、本院（4）、本案（3）、调解（2）、撤诉（2）、制定（2）
联词消字	市（尺）、镇（压/W）、许（多/W）、江（河）、李（恩）、张（恩）、栋（楼）、吴（恩）、赵（戈）、槌（仁）、庭（荫）、滨（河）、塘（沽）
其他	人的（分开击打）

2. 看打练习

追索劳动报酬案件庭审笔录

书记员：全体起立，请审判长、审判员入庭。

审判长：请坐。

书记员：报告审判长，上诉人、被上诉人及委托代理人全部到庭，报告完毕。

审判长：请坐。现在核对当事人基本情况。首先，由上诉人讲一下你们的基本情况，包括姓名、民族、出生年月日、工作单位及职务、住址。

上诉人：好的，上诉人王某某，性别女，民族汉，出生年月是 1974 年××月××日，户籍住址：××省××市××区××镇××村××号。

委托代理人：许某某，××律师事务所律师，代理权限是特别授权代理，完毕。

审判长：下面由被上诉人 D 公司讲一下你们的基本情况，包括单位的名称、住所地、法定代表人的名称及职务，是否到庭。

被上诉人：被上诉人天津 D 家具有限公司，住所地××市××区××高新技术开发区，法定代表人江某某，职务是经理。

委托代理人：李某，张某某，××律师事务所律师，特别授权代理。

审判长：下面由被上诉人 H 公司讲一下你们的基本情况，包括单位的名称、住所地、法定代表人的名称及职务，是否到庭。

被上诉人：被上诉人 H 人力资源服务有限公司，住所地××市××路××大厦三栋316，法定代表人吴某，职务是经理，没有到庭，到庭的是委托代理人赵某某，××律师事务所律师，代理权限是特别授权。

审判长：各方当事人对对方的出庭资格有异议吗？

（没有）。

审判长：（敲击法槌）。

现在开庭。××××中级人民法院民事审判庭一庭依据《中华人民共和国民事诉讼法》第一百三十四条第一款的规定，今天对上诉人王某某与被上诉人天津 D 家具有限公司不服××市××区人民法院作出的〔2019〕滨塘民初字第×号民事判决上诉一案，依法进行公开开庭审理。依据《中华人民共和国民事诉讼法》第三十九条的规定，本院依法组成合议庭审理案件。本合议庭的组成人员由审判长张某某、审判员周某某、审判员吴某某共同组成，书记员吴某某、速录员赵某担任法庭记录。依据《中华人民共和国民事诉讼法》第四十四条的规定，审判人员有下列情形必须回避，当事人有权用口头或者书面方式申请回避。

第一，本案的当事人或者当事人诉讼代理人的近亲属。

第二，与本案有利害关系。

第三，与本案的当事人、诉讼代理人有其他关系，可能影响案件公正审理的，前一款规定适用于书记员。

下面询问一下，上诉人听清楚了吗？有没有其他回避的请求？

上诉人：没有。

审判长：被上诉人听清楚了吗？有没有回避请求？

被上诉人：没有。

审判长：现在宣布当事人的诉讼权利和义务。依据《中华人民共和国民事诉讼法》第四十九条、第五十条、第五十一条的规定，当事人有权委托代理人提出回避申请，收集提供证据，进行辩论，请求调解、申请撤诉、申请执行，当事人可以查阅与本案有关的材料，并可以复制有关材料和法律文书，查阅复制有关材料的范围和办法由最高人民法院制定，当事人可以自行和解，当事人必须依法行使诉讼权利、遵守诉讼秩序，履行发生法律效力的判决书、裁定书和调解书。对于上述内容，各方当事人听清楚了吗？

（听清楚了。）

（二）看打练习二

1. 录入技巧

追索劳动报酬案件庭审笔录实例录入技巧（2），如表3-1-10所示。

表3-1-10　追索劳动报酬案件庭审笔录实例录入技巧（2）

技巧类别	技巧词语
特定单音字	及（X）、原（X）、于（X）、现（X）、元（W）、稍（W）、页（W）、自（X）、只（W）、她（W）、均（X）、除（W）、的（X）、再（W）、完（X）
双音略码	调查（X）、已经（X）、因此（X）、看到（X）、我们（X）、由于（X）、要求（W）、就是（X）、主要（X）、错误（W）、因为（W）、根据（W）否认（W）、以后（W）、存在（X）、但是（X）、都是（X）、月份（W）、当时（W）、属于（X）、而且（X）、通过（W）、仍然（X）、说明（X）、劳动（W）、过程（W）、如果（W）、知道（X）、形式（X）、还是（X）、本质（X）、权利（X）、时候（W）、确定（X）、造成（X）、损害（W）、时间（X）、浪费（W）、困难（X）、损失（X）、能够（W）、并且（X）、情况（W）、受到（X）、超过（W）、不能（X）
三音略码	为什么、真实性、并没有

续表

技巧类别	技巧词语
四音略码	连带责任、诉讼时效、也就是说
多音略码	承担赔偿责任
全码捆绑	加班费、年休假、第一项、第二项、上诉状、第三项、复印件、相互印证、劳动者、合同书、有悖于、就不再、不同意、这一项、计件工资
重码选择	一审（2）、延时（翻页选2）、加班（3）、异议（2）、工时（4）、真实（2）、同事（2）、案号（3）、笔录（3）、同一（2）、原件（2）、时效（2）、维权（2）、不对（2）、在此（2）、两项（4）、处罚（2）、假的（3）、最早（2）
联词消字	项（目）、至（于）、对（舞）、洪（恩）、既（是）、审（议）
其他	第四（上屏）、第五（上屏）、对吗（分开击打）、这（ZE）份、还向（分开击打）、才向（分开击打）、而被（分开击打）、不受（分开击打）、一方（上屏）、二被（分开击打）、上的（分开击打）、第六（上屏）、到此（分开击打）

2. 看打练习

审判长：下面进行法庭事实调查。

审判长：首先由上诉人王某某向法庭陈述你方的上诉请求及事实和理由。

上诉人：好的，上诉人王某某原上诉请求有六项，现在第四项上诉请求予以撤回，原因是在上诉期间，一审法院于 2019 年 8 月 5 日作出了〔2019〕滨塘民初字第×号民事裁定书，将一审判决书中的 6 月 5 日已经更改为 6 月 25 日，因此第四项上诉请求予以撤回。现上诉请求为五项：

第一，依法判决被上诉人 D 公司支付 2017 年 1～3 月、10～12 月的延时加班工资 6 941.54 元。

第二，依法判决被上诉人 D 公司支付 2018 年 1 月至 2019 年 3 月延时加班费 10 237.5 元，休息日加班费 6 337.5 元，合计 16 575 元。

第三，依法判决被上诉人 D 公司支付 2017 年的带薪年休假工资 1 011.2 元。

第四，依法判决被上诉人 H 公司对被上诉人 D 公司的给付义务承担连带责任。

审判长：稍等一下，先打开一审判决第 11 页。对一审判决第 11 页的判决内容有意见吗？看到了吗？有没有意见？第一项？

上诉人：没有。

审判长：第二项呢？

上诉人：第二项我们上诉状中要求确认是 6 月 26 日，由于一审法院已经讲了第二条了，已经进行更正了。

审判长：第三项呢？

上诉人：没有。

审判长：第四项呢？

上诉人: 第四项没有异议。

审判长: 第五项有意见?

上诉人: 嗯。

审判长: 法庭总结一下你的上诉请求, 要求维持1～4项原审判决, 对吧?

上诉人: 对。

审判长: 撤销原审判决第五项? 依法改判?

上诉人: 对。

审判长: 依法改判的内容具体是: 第一, D公司支付2017年1～3月、10～12月延时加班费6 941.54元。第二, D公司支付2018年1月～2019年3月延时加班费10 237.5元, 休息日加班费6 337.5元, 合计16 575元, 对吗?

上诉人: 对。

审判长: 第三个就是D公司支付2017年带薪年休假工资1 011.2元。第四个就是H公司对D公司的给付义务承担连带责任。

上诉人: 对。

审判长: 下面你简要说一下事实和理由。

上诉人: 事实和理由主要有以下四项: 第一, 被上诉人D公司没有支付上诉人加班费。因此, 一审法院支持上诉人关于加班费的诉讼请求是错误的。主要体现在: 关于2017年到2019年的加班费, 因为被上诉人一直否认上诉人自2017年以后存在加班, 但是上诉人向法院提交了2017年至2019年的考勤记录表和总工时表, 该考勤记录表和总工时表都是真实的。理由是: 上诉人在本案中向法院提交了原同事洪某某起诉被上诉人拖欠加班费一案的判决书, 案号是〔2017〕滨塘民初字第×号, 也包括开庭笔录和该案的考勤记录。上诉人提供了洪某某的考勤记录, 包括2017年1～12月份及2017年1～3月份。为什么提供2017年1～3月份呢? 因为洪某某当时只工作到4月份, 所以她提交到3月份。我们想请法庭注意一下, 在我们提交的洪某某的考勤表中, 洪某某跟王某某属于同一班组, 其中在2017年2月份, 洪某某在该页的第7条里, 王某某在第10条里, 在同一页上, 这份考勤记录已经被生效的判决书确认真实性了, 而且生效的判决书也据此判决被上诉人D公司支付了洪某某2017年的加班费。通过这份记录证据以及我们向法庭提交的总工时表可以证明, 在2017年以后, D公司仍然安排职工加班, 但是却没有支付加班费用。其次, 我们还向法院提交了工时表原件。这个工时表我们认为也是真实有效的。我们向法庭说明一下, 这份工时表我们在仲裁阶段就已经向劳动仲裁提交过, 最早是在劳动仲裁提交过, 而被上诉人D公司最早向法院提交劳动合同是在劳动仲裁裁定完以后在起诉的过程中才向法院提交的。为什么说这么多? 因为我们提交的工时表中有劳动者的姓名, 除了姓名以外, 还有劳动者的编号。实际这个编号是D公司签署的劳动合同书的编号。也就是说, 如果这份工时表是假的, 我们不可能在劳动仲裁阶段就知道每一个职工的劳动合同编号, 因此足以说明这份工时表的真实性。所以, 这份工时表不管在形式上是原件还是复印件，都可以跟现有的劳动合同的原件进行相互印证，因此是真实合法有效的证据。通过以上证据，可以证明上诉人王某某存在加班事实，而被上诉人并没有支付加班费，一审法院没有判决全部支付加班费也是错误的判决。

第二，我们认为一审法院除了应当支付上诉人 2018 年的带薪年休假工资以外，还应当判处被上诉人 D 公司支付 2017 年度的带薪年休假工资。一审没有支持 2017 年的带薪年休假工资是认为超过了一年的诉讼时效，但是上诉人认为，这个带薪年休假工资实际上从本质上讲也属于劳动报酬，在上诉人王某某主张权利的时候，仍然存在劳动合同关系的情况下，不受一年仲裁时效的限制。

第三，我们认为一审法院应当判决被上诉人 H 公司对被上诉人 D 公司的给付义务承担连带责任。因为，根据《中华人民共和国劳动合同法》的规定，劳动合同依照本法第二十六条被确定无效给对方造成损害的，有过错一方应当承担赔偿责任。在本案中，由于 H 公司和 D 公司对劳动者存在欺诈行为，而且二被上诉人均没有将劳动合同书交付上诉人，导致上诉人先后两次提起诉讼，不但造成了上诉人维权时间上的极大浪费和诉讼困难，更导致上诉人的诉讼费、交通费等损失。如果不对 H 公司进行相应的惩罚，既不符合法律的立法精神，也有悖于事实。因此，上诉人请求二审法院对 H 公司进行相应的处罚。

第四，由于一审法院已经进行了相应的更正，第四点就不再坚持了。

上诉事实和理由陈述完毕。

审判长：下面由被上诉人 D 公司针对王某某的上诉请求发表答辩意见。

被上诉人：不同意上诉人王某某的除第五项之外的其他上诉请求。

审判长：除第五项？

被上诉人：第五项是要求 H 公司承担连带责任这一项。上诉人的上诉请求缺乏事实依据，依法不能够成立。在此简要说明一下。对于第一、第二项的加班费的上诉请求，一审法院已经查明，D 公司自 2017 年 1 月开始实行计件工资，并且员工持有工资条，这也表明员工对实行计件工资是明知的这一情况。之后，公司并没有再安排员工进行加班，上诉人王某某一审提供的证据也不足以证明存在加班的事实。故这两项请求是不能够成立的。关于第三项请求，就是带薪年休假。依法带薪年休假应当属于法定的福利，应当受到一年劳动仲裁时效的限制。其提起劳动仲裁的时间是 2019 年，故 2017 年的带薪年休假的主张已经超过仲裁时效，不能够成立。而关于第六项，基于其上诉请求不能成立，故上诉费用应当由上诉人王某某予以承担。

答辩意见到此。

（三）看打练习三

1. 录入技巧

追索劳动报酬案件庭审笔录实例录入技巧（3），如表 3-1-11 所示。

表 3-1-11　追索劳动报酬案件庭审笔录实例录入技巧（3）

技巧类别	技巧词语
特定单音字	无（X）、着（X）、而（X）
双音略码	正确（X）、应该（X）、明确（W）、那么（X）、对象（X）、经济（X）、责任（W）、准确（W）
四音略码	法定程序、社会保险
多音略码	民事判决书
全码捆绑	补偿金、通知书、就不再
重码选择	适用（2）、并未（2）、举证（2）、三项（2）、解除（2）、原判（2）
联词消字	签（字）
其他	与被（分开击打）、而该（分开击打）、在该（分开击打）

2. 看打练习

审判长：下面由被上诉人 H 公司针对王某某的上诉请求说一下答辩意见。

被上诉人：我们公司首先是不同意王某某的上诉请求的。我们认为原审判决认定事实清楚，适用法律正确，请求法庭依法驳回其上诉请求。对于上诉人王某某要求我公司对 D 公司的给付义务承担连带责任，我们认为其事实理由中阐述的本案情形属于《中华人民共和国劳动合同法》第八十六条规定的劳动合同依照本法第二十六条给对方造成损失的、过错的一方应该承担赔偿责任。我公司认为该条法律规定的本案事实并不是违约责任的关系，而且该条规定也并未就连带责任给出明确的法律规定。另外，上诉人对被上诉人实行的过错是否存在欺诈行为，及其因此所造成的实际损失在原审中没有进行举证。综合以上，我公司认为其该项上诉请求既无事实依据，也无法律依据，应当依法驳回。

审判长：下面由 D 公司向法庭陈述你方的上诉意见。

被上诉人：上诉请求，请求撤销××市××区人民法院〔2019〕滨塘民初字第×号民事判决书中的第一项、第二项和第三项判决，依法改判驳回这三项请求。第二，一二审的案件受理费用由上诉人王某某负担。

审判长：稍等一下，你的上诉请求陈述完了，法庭总结一下你的上诉请求。要求撤销原审判决的一至三项，维持原审判决的第四项，对吗？

被上诉人：对，第四项和第五项。

审判长：依法改判驳回王某某要求确认与 H 公司于 2018 年 8 月 1 日签订的书面劳动合同无效的诉讼请求，对吧？

被上诉人：对。

审判长：驳回王某某要求确认与 D 公司存在劳动合同关系的诉讼请求？

被上诉人：对。

审判长：第三个是驳回王某某要求支付解除劳动合同补偿金的诉讼请求，对吧？

被上诉人：对。

审判长：简要说明一下事实和理由。

被上诉人：事实和理由是，一审已经查明王某某与被上诉人 H 人力资源服务有限公司于 2018 年 8 月 1 日签订了劳动合同，而该劳动合同由王某某签字确认，并不存在欺诈的行为，故该合同依法应当有效。基于该合同有效，上诉人王某某与被上诉人 H 公司在该期间存在着劳动合同关系，在该期间与被上诉人天津 D 家具有限公司不存在劳动合同关系。这是关于前两项的。第三项，原判内容我们请求驳回的事实依据是：基于王某某与 H 公司存在着劳动关系，那么王某某解除劳动关系的对象应该是向 H 公司发出，而本案中王某某是向 D 公司发出的解除劳动关系通知书，并不符合解除劳动关系的法定程序，故经济补偿金依法不应当被支持。事实和理由陈述完毕。

审判长：下面王某某针对 D 公司的上诉请求发表答辩意见。

上诉人：王某某认为，D 公司的上诉请求不能成立，予以驳回。因为，一审法院已经确认王某某与 H 人力资源公司所签的合同无效，对这一点王某某也予以认可，认为一审法院判决也是准确的。另外，基于被上诉人没有向王某某支付加班费以及没有依法缴纳社会保险，一审法院判决 D 公司支付经济补偿金符合法律规定，因此，被上诉人 D 公司的上诉请求不能成立。请二审法院予以驳回，完毕。

审判长：H 公司针对 D 公司的上诉请求发表意见。

被上诉人：H 公司的意见是不同意被上诉人 D 公司的上诉请求，我们认为原审判决认定事实清楚，适用法律正确，应当依法予以驳回，具体的答辩理由和原审判决中是一样的，我就不再陈述了。

（四）看打练习四

1. 录入技巧

追索劳动报酬案件庭审笔录实例录入技巧（4），如表 3-1-12 所示。

表 3-1-12　追索劳动报酬案件庭审笔录实例录入技巧（4）

技巧类别	技巧词语
特定单音字	经（X）、处（XW）、以（X）、查（W）、与（W）
双音略码	双方（W）、部分（W）、然后（W）、从事（W）、虽然（X）、平均（W）、变化（W）、按照（X）、经过（W）、刚才（W）、时候（W）、什么（X）、完全（W）
四音略码	工资标准、公司领导、防暑降温、规章制度
多音略码	最低工资标准、仲裁委员会
全码捆绑	操作工、原被告、无固定、不知情、主审法官、无异议
重码选择	入职（5）、争议（2）、终止（3）、出具（5）、告知（2）、一致（2）、人事（3）、工伤（2）、离职（5）、基数（6）、同意（3）、不予（2）
联词消字	念（珠）、起（来/X）、委（员/W）、未（必）、遂（溪）、（制）止、休（止）、费（德）
其他	为被（分开击打）、向其（分开击打）、上了（分开击打）

2. 看打练习

审判长：下面双方打开一下一审判决，经审理查明部分，法庭念一下，然后各方陈述一下意见。

第 6 页，经审理查明，2008 年 11 月，原告入职被告 D 公司处，从事操作工工作，双方于 2009 年 1 月 1 日签订自 2009 年 1 月 1 日至 2009 年 12 月 31 日书面劳动合同，合同到期后，双方续签自 2010 年 1 月 1 日至 2010 年 12 月 31 日书面劳动合同，2017 年 1 月 1 日双方续签自 2017 年 1 月 1 日起无固定期限书面劳动合同，双方约定工资标准不低于××市最低工资标准，合同履行期间，被告 D 公司未为原告缴纳各项保险。2019 年 6 月 13 日，原告以申请人身份，被告 D 公司为被申请人，将双方劳动争议提交××市××区劳动争议仲裁委员会仲裁。2019 年 8 月 28 日，该委作出终止案件审理通知书。原告不服，遂起诉。审理过程中，被告 D 公司出具原告与案外人 H 劳务有限公司签订的自 2018 年 5 月 27 日至 2019 年 5 月 26 日止的书面劳动合同，原告撤回起诉。2019 年 12 月 3 日，原告再次以申请人身份，被告 D 公司、H 公司为被申请人身份，向××市××区劳动争议仲裁委员会申请仲裁，2020 年 1 月 16 日××市××区劳动争议仲裁委员会作出终止案件审理通知书。现原告不服，遂再次起诉。

被告未告知原告变更劳动合同关系，并查：

1. 原告于 2019 年 6 月 25 日，由于公司未依法支付加班工资、未支付年休假报酬，未依法缴纳各项社会保险和没有将书面劳动合同原件留存给原告本人，虽然双方协商，但无法达成一致。为此，原告于 2019 年 12 月 13 日向××市××区劳动人事仲裁委员会提起劳动仲裁，但该公司仍然没有支付上述劳动报酬，故原告认为，无法再继续履行劳动合同，现书面致函公司领导解除双方的劳动合同关系，没有向被告 D 公司发出解除劳动合同通知书。

2. 原告王某某未休 2017 年至 2018 年带薪年休假，被告 D 公司未向其支付带薪年休假工资。

3. 被告 D 公司未发放原告 2017 年至 2018 年度取暖补贴。

4. 被告 D 公司未发放原告 2018 年防暑降温费。

5. 原告 2008 年 11 月入职被告 D 公司处，被告 D 公司未为原告缴纳各项社会保险，2018 年 6 月 1 日，被告 H 公司申请为原告缴纳工伤保险。

6. 原告 2018 年度平均工资为 2 447.33 元。

7. 原告离职前一年月平均工资为 2 408.59 元。

8. 原被告均确认，原告自 2008 年 11 月入职 D 公司至其提出解除劳动关系期间，工作岗位没有变化。

9. 原告与 D 公司 2017 年 1 月 1 日签订的无固定期限书面劳动合同至 2019 年 6 月 25 日，原告向被告 D 公司送达解除劳动合同通知书前，被告 D 公司未作出解除手续。

10. 2017 年 9 月 14 日，另案洪某某仲裁庭审笔录中，被告确认 9 元、7 元的加班基数，是按每个部门工作性质，按照公司规章制度，经过全体员工同意制定的基数。

刚才我念的时候，已经把一审更正裁定中，对于 2019 年 6 月 25 日王某某提出解除劳动合同按照更正后的提出了，上诉人王某某对原审查明的事实有没有意见？

上诉人：上诉人王某某对一审查明事实中的第 7 页第 5 条，就是另查的部分，后半段，2018 年 6 月 1 日被告 H 公司申请为原告缴纳工伤保险，对这个事实不予认可，也不清楚。

审判长：不清楚是吗？

上诉人：对。因为王某某与 H 公司没有劳动关系，所以说，是否上了保险，以及按照什么标准上了保险，这个我们完全不知情。

审判长：被上诉人 D 公司对一审查明的事实有没有意见？

被上诉人：没有。

主审法官：被上诉人 H 公司有没有意见？

被上诉人：没有。

主审法官：根据刚才诉辩双方的意见，法庭总结一下双方的争议焦点：

第一，王某某 2017 年 1～3 月、10～12 月是否存在加班情况，应否支付相应的加班费用。

第二，王某某 2018 年 1～3 月是否存在延时加班、休息日加班的情况，应否支付相应的加班费用。

第三，王某某主张的 2017 年带薪年休假工资是否超过仲裁时效期限，其主张 2017 年带薪年休假工资是否成立。

第四，H 公司对 D 公司的给付义务应否承担连带责任。

第五，王某某与 H 公司于 2018 年 5 月 27 日签订的书面劳动合同是否有效。

第六，王某某是否自 2018 年 5 月至 2019 年 5 月与 D 公司存在劳动合同关系。

第七，D 公司应否支付王某某解除劳动合同经济补偿金。

以上是法庭总结的争议焦点，各方有无异议或者补充？

（没有）

（五）看打练习五

1. 录入技巧

追索劳动报酬案件庭审笔录实例录入技巧（5），如表 3-1-13 所示。

表 3-1-13　追索劳动报酬案件庭审笔录实例录入技巧（5）

技巧类别	技巧词语
特定单音字	举（W）、时（W）、做（W）、了（X）、停（W）、数（X）、有（X）、倍（W）、乘（XW）、表（X）、算（X）
双音略码	来源（W）、所有（W）、问题（X）、采用（W）、产生（W）、操作（X）、下来（X）、上面（W）、出来（X）、车间（W）、大家（X）、曾经（X）、决定（X）、需要（X）、方法（W）、等于（W）、这样（W）

续表

技巧类别	技巧词语
三音略码	并没有
全码捆绑	签合同、流水线、再加上
重码选择	质证（3）、见过（4）、知晓（3）、显示（2）、点钟（3）、倒班（3）、好像（2）、哪些（2）、计数（2）、缺失（2）
联词消字	手（指）、供（应）、叫（做/W）、指（出）、减（法）
其他	制度（后置/ZWU）、写了（分开击打）、计算（上屏）、应上（分开击打）

2. 看打练习

审判长：现在开始举证和质证。举证和质证要求各方要围绕本案的争议焦点，要求各方举证时先说明诉讼主张，然后说明证据的名称、证据来源、证据的证明事项。质证过程中，各方可以对对方所举证据的真实性、合法性、关联性提出异议，并说明理由。王某某有没有新的证据提交？

上诉人：没有新的证据。

审判长：被上诉人 D 公司有没有？

被上诉人：没有。

审判长：H 公司有没有？

被上诉人：没有。

审判长：下面法庭将针对本案的争议焦点就案件的相关事实进行询问。首先关于双方争议的加班费问题，问一下王某某，在 D 公司是从事什么工作？

上诉人：操作工。

审判长：实行什么工资制度？

上诉人：最初应当是标准工时，从 2017 年 1 月起开始改为计件工资，但是实际上不管工资采用什么方式，工作时间仍然超出了法律的规定，所以存在加班情况。

审判长：你说 2017 年 1 月开始王某某实行的计件工资，是吗？

上诉人：对，是的。

审判长：实行什么工时制度？

上诉人：这个我们不知道，被申请人也没有给我们说过。

审判长：你的劳动合同约定的是什么工时制度？

上诉人：劳动合同书被申请人从未交付给申请人，我们手上没有。

审判长：和 D 公司的劳动合同见过没有？

上诉人：也没有见过。

审判长：D 公司，王某某在你们公司工作期间是操作工是吗？实行什么工作制度？

被上诉人：对，实行合同约定的标准工时。

审判长：实际呢？实行什么制度？

被上诉人：实际也是标准工时。

审判长：这个标准工时有没有告知过？

被上诉人：告知我理解为签合同的时候，合同中有约定，应该是已经告知了，如果特意提醒应该是没有。

审判长：合同约定的内容王某某知道吗？

被上诉人：知晓。

审判长：王某某，你们双方的劳动合同，和 D 公司的劳动合同的签订人是王某某本人吗？

上诉人：是，对。

审判长：王某某你说明一下，你们主张 2017 年 1～3 月、10～12 月有延时加班，还有 2018 年 1 月至 2019 年 3 月有延时的休息日加班情况，说明一下为什么会产生加班情况。

上诉人：所有的职工都有考勤记录，考勤记录表张贴在工作车间，供大家核对，考勤表显示王某某存在加班情况。另外，王某某有一个同事叫洪某某，跟她是同班组的职工，这个人因为被上诉人 D 公司没有支付加班费曾经向法院提起过诉讼，法院的生效判决已经确认 2017 年以后所有的职工都存在加班情况，而且被上诉人 D 公司也没有支付加班费。

审判长：我们法庭问的问题是你们主张的加班费和加班时间为什么会产生？

上诉人：因为工作性质决定了会产生加班，王某某的工作岗位是流水线操作，做家具的，不可能到了 8 点钟就不做了，因为是流水线，停不下来的，需要职工倒班，所以根据工作性质也是存在加班的。

审判长：每天都有延时情况吗？休息日休息过吗？2017 年 1 月 1 号之后？

上诉人：对，都有延时，没有。

审判长：除了 2017 年的 4～9 月份你没有主张，1～3 月、10～12 月和 2018 年以后，你都主张加班费，对吧？

上诉人：根据考勤记录表显示，也有可能个别的天数没有加班，我看了一下考勤记录表，好像每天都有加班，而且都有延时情况。

审判长：你们主张的 2018 年 1 月至 2019 年 3 月还有休息日加班，休息日是周六还是周日？还是指周六和周日两天？

上诉人：应该说是周六日都包括，因为我们之所以主张延时加班工资，也是基于 D 公司的工时记录表，上面已经明确写了延时和休息日，所以我们也是按照现有的证据，有哪些证据主张了哪些情况、可能加班的事实及加班的时数都远远超过我们所主张的，但是基于我们手上的证据有限，以及为了便于法院查明相关事实，我们只主张了我们有证据的部分。

审判长：你们主张 2017 年 1～3 月和 10～12 月延时是 6 941.54 元，还有 2018 年 1 月至 2019 年 3 月延时是 1 123.75 元，休息日加班 6 337.5 元，请你具体说一下你们的计算基数和计数方法。

上诉人：是的。首先说一下 2017 年的部分，2017 年部分包括 1～3 月份和 10～12 月份，实际上 1～3 月份应当是指 2 月份和 3 月份，因为 1 月份当时没有考勤记录表，所以说实际上 1 月份并没有包含在里面。

审判长：也就是说，1 月份没有主张？

上诉人：对，2 月份加班是 29 小时，3 月份加班是 88.5 小时，合计加班 117.5 小时。按照××市最低工资标准 1 160 元计算，每小时工资 6.7 元，按照 1.5 倍计算，每小时工资 10.05 元，10.05 元乘以加班的小时数 117.5 就是 1 180.88 元，这是 2～3 月份的。加班小时数的来源是根据王某某的工资表上这个数得来的，因为上面很明确记载了每一天延时加班的小时数。王某某 10 月份的总工时是 333.5 小时，扣除应上的 166.6 小时，加班时数是 166.9 小时，11 月的总工时是 379.5 小时，扣除法律规定的 166.6 小时外，加班小时数是 212.9 小时，12 月总工时是 360 小时，扣除法律规定的 166.6 小时外，加班小时数是 193.4 小时，也就是 10～12 月合计加班 573.2 小时，基数也是按照××市最低工资标准 1 160 元计算，乘以 1.5 倍，所以说，我们认为 D 公司应支付的加班费是 5 760.66 元，再加上 2～3 月份的 1 180.88 元，合计是 6 941.54 元。10～12 月份的加班小时数的来源是基于工时表，上面记载了一个准确的总工时，减掉法律规定的每一个劳动者必须上的小时数，就是超出的加班时间。

2018 年的加班费是根据考勤表，也是代理人根据考勤表一天一天的罗列总数算出来的。1～12 月份延时加班是 878 小时，休息日加班 420.5 小时。按照××市当时最低工资标准 1 310 元计算，工资是 7.5 元/时，乘以 1.5 倍计算就是 11.25 元/时，休息日按 2 倍计算，就是 15 元/时，延时加班金额是 11.25 元乘以 878 小时，是 9 877.5 元，休息日加班金额是 15 元乘以休息日，加班的时间为 420.5 小时，金额是 6 307.5 元，合计就是起诉状中所列的 16 185 元。

2019 年的加班费也是根据我们提交的考勤表算出来的。1～4 月份延时加班是 168.5 小时，休息日加班是 101.5 小时，延时加班金额是 11.25 元乘以 168.5 小时，等于 1 895.63 元，休息日加班金额是 15 元乘以加班小时数 101.5 小时，等于 1 522.5 元，合计 2019 年 1～4 月份的加班金额为 3 418.13 元。这是加班的计算方式和总数。

审判长：你的依据就是 2017 年 1～3 月和 2018 年 1 月至 2019 年 3 月你们一审提交的考勤表？

上诉人：对，考勤表和工时表。

审判长：2017 年 10 月至 12 月的根据也是总工时表？

上诉人：是这样的，2017 年 1～3 月是根据考勤表，2017 年 10～12 月份是根据总工时表，2018 年 1 月至 2019 年 4 月是根据考勤表，实际上总工时表也有相应的记载，只不过有的个别月份缺失，所以我们以考勤表为准。

审判长：陈述完毕了？

上诉人：嗯。

（六）看打练习六

1. 录入技巧

追索劳动报酬案件庭审笔录实例录入技巧（6），如表 3-1-14 所示。

表 3-1-14　追索劳动报酬案件庭审笔录实例录入技巧（6）

技巧类别	技巧词语
特定单音字	发（W）、量（W）、言（X）、几（W）、份（W）、想（W）
双音略码	这些（X）、当然（X）、排除（W）、自己（W）、一般（W）、怎么（X）、得到（X）、这样（W）、修改（W）、地方（X）、比较（X）、效果（W）、现象（W）、看出（W）、到底（X）
四音略码	提高效率、实际情况、人事部门
多音略码	举一个例子
全码捆绑	完不成、保留着、班组长、不太好、再一个
重码选择	打卡（3）、刻意（3）、核实（3）、手里（7）、没法（2）、胶带（3）、吻合（2）、回应（2）、不符（2）、即使（2）
联词消字	明（显/X）、式（子）、填（补）、交（换/X）、墙（布）、出示（了）、浅（薄）、指（出）、贴（补）、调（整/X）
其他	哪有（上屏）、也向（分开击打）、有深（分开击打）、问过（分开击打）、也有（分开击打）、他的（分开击打）

2. 看打练习

审判长：D 公司对刚才王某某所说的加班事实、计算方法和依据有什么意见？

被上诉人：我们不予认可。

审判长：理由是什么？

被上诉人：理由是在案件的审理过程中，也查明了 D 公司实行的是打卡的考勤，而不是手写的考勤。所以说，王某某作出这些计算所依据的考勤表及总工时表的真实性是存在问题的，我们不予认可，并且自 2017 年 1 月开始，公司为了提高效率，实行了计件工资，在此之后，公司也没有刻意安排员工进行加班。当然不排除有一些员工完不成任务而自己在标准工时之外进行工作的情况，但是并不是公司进行安排的。在实行计件工资的情况下，只有依法在公司安排加班的情况下，才应当支付加班工资。所以，本案不符合支付加班工资的法定情形。

审判长：对于王某某的这种情况，存在加班事实吗？

被上诉人：不存在，通过我们核实的情况并不存在。

审判长：刚才你们公司讲，你们公司实行打卡记录考勤，打卡记录考勤能够进一步提供王某某的考勤记录吗？

被上诉人：当时在一审的时候，法院也询问过这个情况，因为公司员工比较多，基本上也就保存两个月左右的打卡记录，但是当时发工资的时候，工资条都发在员工手里了，对工资、工资条有异议的话，应该及时向公司提出。电子打卡有一个储存量，一般储存两个月左右就没有了，所以我们没法向法庭提供。

审判长：现在不认可王某某有加班的事实，有没有相反的证据？

被上诉人：没有。

审判长：王某某，你们公司是怎么记录考勤的，是打卡记录吗？

上诉人：没有，是手写的。

审判长：手写的，人工记录是吗？

上诉人：对，既然承认打卡，应该提交打卡的相关记录，所说的保存两个月，首先与实际情况不相符，哪有打卡记录保存两个月的？另外，即便是两个月的，D公司也从来就没有提供过，而且不管是仲裁阶段，还是法院诉讼阶段，相关部门都多次要求D公司提供，而且也向其言明，如果不提供相关的记录，将承担不利的责任，在这种情况下，D公司也一直从未提供过。

审判长：王某某，现在D公司不认可你们提交的考勤表和总工时表，你说明一下你的考勤表和总工时表的来源？

上诉人：实际上，这个刚才我也向法院提到过了，考勤表是一式填几份，一份填完了以后交到人事部门，另外一份张贴在车间里，每个职工都可以看到，包括我们向法院提交的总工时记录表，就是张贴在车间的内部墙上，现在提交的文件上还有清楚的胶带保留着，这些都是一些公开的信息，职工们可以查询到的。

审判长：考勤表是怎么得到的？

上诉人：就是当时有的，因为需要一式几份，有的提供给人事部门，有的是车间班组，在班组长那里也有一份留存的。所以说，职工也可以得到考勤记录。

审判长：从自己的班组得到的是吗？有原件吗？

上诉人：对，有原件，我们在一审的时候出示过部分原件。

审判长：问一下D公司，刚才王某某讲你们的总工时表张贴在公司的内部，是这样吗？

被上诉人：我跟公司核实过这个情况，没有张贴。

审判长：王某某，你们提交的考勤表，法庭仔细看了一下，为什么有多处修改、涂改的地方，或者有深有浅？

上诉人：所说的指哪些？

审判长：考勤表记录有深有浅，有的地方有涂改的痕迹，请说明一下。

上诉人：我好像不记得有涂改，即便有涂改的地方我也问过，能具体一些吗？

审判长：比如说一审的46页，2018年5月份王某某的就有涂改，举一个例子。

上诉人：我可以看一下吗？

审判长：可以看一下。（主审法官让上诉人看涂改痕迹）。

上诉人：主要有的当事人比较多，有的证据材料我采用拍摄的方式，所以拍摄出来效果不太好。再一个，您所说的涂改，这也是我们想说的，个别人员有涂改，这也是正常现象，把考勤表贴到墙上以后目的是什么呢？就是为了让大家看一下，你的考勤记录对不对，如果有错可以及时要求班组长进行更正，所以说，个别的人员上面有更正，这也是正常的。

另外，我们也想说一下，比如说工时表中，D 公司一直不承认工时表的真实性，实际上在工时表中，除了编码（这些编码就是劳动合同的号码），还记录了职工的扣款，也包括王某某有一个月份也有扣款。实际上，只要把当时王某某的工资条一调，是否有扣款就吻合了，就可以看出这份工时表到底是真的，还是假的。

审判长：D 公司对王某某陈述的工时表的情况有没有什么回应？

被上诉人：我查看了一审的开庭情况，确实也提出过该统计表是复印件，并且该统计表不是员工本人的原始考勤记录，总工时表是一个统计表，也存在多处修改之处。当时一审法庭也进行过核实，他的答复跟二审的解答是一样的，但是我们认为这个解答与常理不符，公司即使是核对你的工时，也不可能让员工随意地进行更改，而是进行修整以后，应该上报制作工资的财务部门进行相应的更改。所以说，基于这些情况，我们认为这些考勤表及总工时表是不具备真实性的。

（七）看打练习七

1. 录入技巧

追索劳动报酬案件庭审笔录实例录入技巧（7），如表 3-1-15 所示。

表 3-1-15　追索劳动报酬案件庭审笔录实例录入技巧（7）

技巧类别	技巧词语
特定单音字	也（X）、入（W）、和（X）
双音略码	作为（W）、最后（W）、客观（W）、后来（X）、专门（X）、他们（X）、普通（W）
多音略码	前一段时间
全码捆绑	刚开始、也不太、予以核实、同一个、拿过来、再问一下
重码选择	他的（3）、复印（3）、笔迹（3）、似的（3）
联词消字	洪（恩）、崔（恩）、记（忆）、员（额）、像（章）
其他	他说（分开击打）

2. 看打练习

审判长：王某某，你们在一审提交了洪某某的案子，这个案子你们想证明存在加班情况，能不能继续说一下？

上诉人：首先，通过这份考勤表可以证明什么问题呢？洪某某跟本案的王某某，当然也包括另外上诉的崔某某和其他的本案 5 人，在本案之前还有 7 个劳动者。首先证明洪某某跟王某某至少是一个班组成员，而且通过法院的生效判决已经确认洪某某是存在加班情况的，至少是 2017 年 1～3 月份存在加班情况。现在为什么被告 D 公司一直否认这个事实，现在也不承认？通过证据可以显示，加班事实是存在的，既然洪某某的证据已经被法院确定，根据法律规定来讲，已被法院确认的事实，是可以作为证据使用的。这个判决已经生效了，这个证据也应当是具备真实性的。现在 D 公司也提供不出任何的证据否认我方的工时表以及法院的判决书。因此，可以证明王某某存在加班这个事实。

审判长：D 公司，洪某某与王某某是不是同一班组？

被上诉人：这个我们也核实了，刚开始是一个班组。

审判长：刚开始是？

被上诉人：对，因为洪某某最后离职了，我们公司核实过这个情况，一审也留意到这个情况，进行了仔细的核实。一审这个记录就是洪某某的考勤记录，也是洪某某提供的，而不是公司提供的，这是第一点。第二点，因为洪某某案件当中有他的代理律师，那是他自认的情况。因为当时公司也没有相关的考勤，另案并不是我们代理的，公司因为人员变动比较大，也没有办法核实这个情况，所以只是当时案件代理人自认的情况。我们认为，当时案件也是认定洪某某的加班是自认的，在另案中并没有认定王某某的加班情况。所以说，不能简单的把另案中认定的证据、相关的事实适用于本案。

审判长：你们公司在洪某某的案件中，对洪某某提供的考勤表的真实性认可吗？

被上诉人：这个我没有代理，也不太清楚，因为一审中也留意了，询问是根据代理人的自认情况认定的加班情况。

审判长：对方主张了 2017 年 1～3 月份的加班事实，这种是自认的？

被上诉人：对。

审判长：王某某，你们提交的王某某 2017 年 1～3 月的考勤表和洪某某在这个案件中提交的考勤表一致吗？

上诉人：一致，就是从这个案件复印来的。

审判长：D 公司，洪某某和王某某是同一班组，洪某某有加班事实，为什么不承认王某某有加班事实？

被上诉人：因为这个我们没有客观的情况予以核实，公司人员变动比较大，时间也比较久远，2017 年的情况了，公司也没有考勤予以核对，所以这个情况没有办法进行核实，也没有办法进行确认。

审判长：问一下被上诉人 D 公司，刚才你讲到在另案当中对洪某某的加班是自认的，当时的代理人对这个案件是自认认定的加班事实，这个自认能说清楚是对考勤表的自认，还是对洪某某加班事实的自认？

被上诉人：一审法官开庭的时候问过这个情况，洪某某那个案子是同一个法院的，后来我记得霍法官还专门把那个案子拿过来看了一下，当然我没有看，他说的是加班事实是自认的，后来我不知道有没有记入笔录中。

审判长：再问一下上诉人王某某，你提交的洪某某的考勤表上有没有 D 公司相关人员的签名、签字确认？

上诉人：考勤表上没有。

审判长：内容是谁填写的？

上诉人：这个我还专门问过他们的职工，是分不同的时期。前一段时间就是早一段时间有一个叫陈某某的在记录，后一段时间好像叫……这个表上好像有，因为笔迹是不同的。

审判长：你说的陈某某是当班班组成员吗？

上诉人：对。

审判长：还是考勤员？

上诉人：这个具体我没有问是考勤员还是普通员工，没有问太清楚。

审判长：考勤表上有每一位组员的签字吗？

上诉人：不是每一位组员的签字，是每一位职工的记录都有。

审判长：有没有签字？

上诉人：没有每个人的签字，因为考勤表上不记每个人的签字，最多有一个班组长，谁记录谁写字，并不是像工资条似的，每个人确认，并不是这样的。而且我想再说一句，在洪某某的案子中，D公司不但对我们的证据和事实进行了自认，而且他还专门提供了一个证据，是关于洪某某的工资和加班考勤记录，那个考勤记录很短，也很少，但是毕竟有过。我们提交的证据材料里面，已经有显示。

（八）看打练习八

1. 录入技巧

追索劳动报酬案件庭审笔录实例录入技巧（8），如表 3-1-16 所示。

表 3-1-16　追索劳动报酬案件庭审笔录实例录入技巧（8）

技巧类别	技巧词语
特定单音字	称（X）、又（XW）、拿（W）
双音略码	区别（W）、条件（W）、准备（X）、调整（X）、本身（W）、多少（X）、文化（W）、回来（X）
三音略码	第一次
四音略码	用人单位、大大咧咧、歪歪扭扭
全码捆绑	无固定、至今为止、第二次、问一下
联词消字	诉（诸）、撤（职）
重码选择	发函（2）、拒不（2）、通知（3）、做工（2）、另行（3）、知识（2）、工友（3）、两份（2）、原厂（2）、发问（2）
其他	先放（分开击打）、向你（分开击打）、是将（分开击打）、为其（分开击打）、写的（分开击打）、过吗（分开击打）、不对（分开击打）、不太（分开击打）、到过（分开击打）

2. 看打练习

审判长：对下一个争议焦点，关于王某某主张的关于 2017 年带薪年休假工资问题，王某某你们主张的 2017 年带薪年休假工资计算的方法和数额和一审认定 2018 年的方法和数额一致吗？

上诉人：计算方法是一样的，但是基数应该不一致，因为 2017 年的带薪年休假我们是根据 2017 年的工资算的，跟 2018 年的工资有区别，但是计算方法是一样的。

审判长：你们对于 2017 年带薪年休假工资提起仲裁的时间是 2019 年 1 月 13 日，对吗？

上诉人：具体仲裁时间以仲裁立案文书为准，但是我们想说的是，我们在立案的时候，双方还是存在劳动合同的。我们刚开始是发函要求对方支付加班费的，然后就加班费先仲裁，后来因为 D 公司拒不支付加班费，我们专门发函解除了合同。所以，刚开始是两个案子：一个是追索加班费，后来一个是追索经济补偿金。

审判长：D 公司，你们认为王某某要求的 2017 年带薪年休假工资超过仲裁时效期间了，理由是什么？

被上诉人：因为一审判决当中，在原告王某某诉称中也有，是自 2019 年 12 月 3 日提起劳动仲裁，主张的带薪年休假，那么根据法律规定，带薪年休假应当是受到一年劳动仲裁时效的限制，根据其提起劳动仲裁的时间能够表明，其 2017 年显然已经超过了劳动仲裁时效。

审判长：对下一个争议焦点。

上诉人：对带薪年休假我们可以再说一下吗？

审判长：可以。

上诉人：实际上一审法院之所以没有支持 2017 年的带薪年休假，是对带薪年休假性质存在一个双方认识的差异。D 公司认为带薪年休假是一种福利，不属于劳动报酬，所以需要受到一年仲裁时效的限制。但是，如果带薪年休假的性质或者是本质属于劳动报酬，根据劳动调解仲裁法的规定，追索劳动报酬是不受一年仲裁时效限制的。现在就是看看二审法院对带薪年休假工资这个事情是如何认定其性质的。

审判长：陈述完毕了？

上诉人：嗯。

审判长：下面法庭针对下一个争议焦点，即应否支付王某某解除劳动合同经济补偿金。王某某，你们说一下要求支付经济补偿金的理由？

上诉人：根据法律规定，如果用人单位存在拖欠加班工资以及违法缴纳保险的情况下，如果劳动者提出解除合同属于被迫解除劳动合同，符合支付经济补偿的条件。本案中，没有缴纳保险，这是双方没有争议的事实。除掉加班费是否支付，先放一边，即便凭借 D 公司没有给王某某缴纳社会保险这一块，也应当支付经济补偿金。何况我们认为，D 公司也没有支付过加班费。

审判长：D 公司，有没有为王某某缴纳各项社会保险？

被上诉人：没有缴纳。

审判长：D 公司，你们与王某某 2017 年签订了一个无固定期限劳动合同，是这样吗？

被上诉人：是。

审判长：至今为止，在双方解除劳动合同期间，在对方向你送达发出解除通知之前，有没有解除过你们的无固定期限劳动合同？

被上诉人：没有。

审判长：为什么又出现了一个 H 公司和王某某的劳动合同呢？

被上诉人：当时公司准备和 H 公司有业务，劳务派遣用工之后，这是他们对原来的员工进行了调整而作出的决定。

审判长：也就是说，你们公司对本身的员工进行了劳务派遣，派遣到本单位做工，是这样吗？

被上诉人：不是，而是以前确实在本单位工作，公司为了统一管理，应该是将部分员工予以劳务派遣公司，就是与 H 公司签订了劳动合同，缴纳了社会保险。我们先不确认这个行为是不是合法，确实存在这个情况，确实存在着客观事实，本案的上诉人王某某与 H 公司确实签订过劳动合同，并且 H 公司也为其缴纳了相应的社会保险。

审判长：这一情况告知王某某了吗？在你们有无固定期限合同的期间又另行签订劳动合同？

被上诉人：我们认为，当时在一审的时候也表达过意见，因为王某某在这份劳动合同上也进行了签字，我们认为她对这个情况明知，而没有进行刻意的告知。

审判长：上诉人王某某，你与 H 公司签订的劳动合同是你本人签的吗？

上诉人：首先，D 公司从来没有跟王某某说过要解除合同，他们拿合同让王某某签字的时候是没有任何内容的，是空白的，而且向法庭说一点，王某某可以说是一个文盲，不认识字，你可以看一下她任何地方的签名，都是写的大大咧咧、歪歪扭扭的，没有多少文化知识。

审判长：问一下被上诉人 D 公司为王某某缴纳过各项保险吗？

被上诉人：没有缴纳过。

审判长：没有？

被上诉人：嗯。

审判长：你们就拖欠加班费有没有诉讼？诉讼过吗？或者仲裁过吗？

被上诉人：没有，应该是同一个案件当中。第一次仲裁了以后又撤回来了，第二次仲裁的时候又放在一块进行了请求。

审判长：王某某，你在工作期间，始终在 D 公司？工作地点和性质都没有变化？

上诉人：对，包括工友都是原来的工友。

审判长：D 公司是这样的？

被上诉人：是这样的。

审判长：H 公司也是这样的？

被上诉人：是的。

审判员：上诉人王某某，你要求 H 公司对给付义务承担连带责任有什么依据？

上诉人：我们当时主要是根据《中华人民共和国劳动合同法》第八十六条的规定，我们认为本案中，H 公司存在欺诈劳动者的行为，而且正因为他们的行为给王某某造成了损失。我们认为，如果不对 D 公司进行相关的处罚，既违背立法精神，也会造成以后用人单位可以肆意侵害劳动者权利行为的情况继续发生，所以我们请求法院对 D 公司进行相关的处罚。

审判长：关于王某某与 H 公司的合同效力，还有王某某与 D 公司的合同，双方都存在同时间有两份合同，关于这个争议焦点，刚才在法庭询问的时候已经有所涉及。再问一下被上诉人 H 公司，你在与上诉人王某某签订劳动合同的时候，是否是和本人签的？

被上诉人：是和本人签的。

审判长：签字是王某某本人签的？当时合同是空白的吗？

被上诉人：不是空白的。

审判长：就这一个争议焦点，询问一下王某某还有没有补充意见？

上诉人：刚才 H 公司的代理人也说了，是王某某本人签的，也请法庭问一下，因为我问不太合适。

这份合同在哪儿签的？您看见王某某签字了吗？请法庭询问一下这个问题。当时签的就是空白合同，就是在原厂签的，王某某从没有到过 H 公司的办公地点，也从不知道 H 公司有这个名字，客观上来讲，作为一个劳动者……。

审判员：讲你的情况就可以，不用向对方发问。

上诉人：所以，我就请法庭问一下这个情况。

审判长：上诉人，你就这个问题讲你的有关事实就可以。

上诉人：我们签合同的时候是空白的合同，没有内容。

审判长：行，刚才你已经表达这个意见了。

上诉人：对。

审判长：被上诉人 D 公司还有没有补充意见？

被上诉人：没有。

审判长：被上诉人 H 公司还有没有补充意见？

被上诉人：没有了。

（九）看打练习九

1. 录入技巧

追索劳动报酬案件庭审笔录实例录入技巧（9），如表 3-1-17 所示。

表 3-1-17　追索劳动报酬案件庭审笔录实例录入技巧（9）

技巧类别	技巧词语
特定单音字	为（X）、即（XW）
双音略码	非常（W）、具有（W）、互相（W）、所谓（X）、根本（X）、普遍（X）、满足（W）、完成（X）、充分（W）、原则（X）、考虑（W）、日期（X）
四音略码	法庭调查、法庭辩论、证据证明、明察秋毫
多音略码	与事实不符、到目前为止
全码捆绑	相抗衡、第二款、到此结束
联词消字	负（责/W）、暂（无）、低（于）、剥（夺）、茧（丝）

技巧类别	技巧词语
重码选择	证实（3）、鉴于（2）、成人（2）、一张（7）、印证（2）、劳资（2）、弱势（4）、计件（4）、自愿（2）、不再（2）、休庭（2）、评议（2）
其他	也从（分开击打）、上到（分开击打）、而其（分开击打）、而该（分开击打）、就其（分开击打）、两点（分开击打）、非法（上屏）、另定（分开击打）

2. 看打练习

审判长：本案的法庭调查结束，现在开始法庭辩论，双方围绕着本案的争议焦点，就法律适用和责任承担发表辩论意见，首先由上诉人王某某发表辩论意见。

上诉人：首先，我们认为王某某与 H 公司之间签署的合同是无效的，具体的理由一审法院在查明当中，已经陈述的非常详细，我们也对一审法院的认定是同意的。

本案另外一个焦点就是王某某是否存在加班事实的情况。D 公司一直否认从 2017 年以后存在加班事实，但是我方向法庭提交的证据以及生效的判决，完全可以证实 2017 年以后王某某及其他劳动者存在加班事实，以及存在加班情况。鉴于 D 公司又承认没有支付过 2017 年以后的加班工资，我们认为王某某要求 D 公司支付加班费的诉讼请求是具有事实和法律依据的。

另外，通过一二审的调查，三方均确认 D 公司没有给王某某缴纳过任何社会保险。根据《中华人民共和国劳动法》和《中华人民共和国劳动合同法》的相关规定，D 公司作为用人单位负有支付经济补偿金的义务。一审法院判决 D 公司支付经济补偿金也具有事实和法律依据。

另外，本案的二被上诉人，就是 D 公司和 H 公司，也从未告知过王某某任何有关合同的情况，也从没有将劳动合同书原件交付给申请人，因此二被告都存在过错。如果不对 H 公司进行相关的处罚，有悖于劳动法的立法精神，必将会造成劳动者权利被侵害的情况发生。因此，请求二审法院依法查明事实，维护劳动者合法权利。完毕。

审判长：下面由被上诉人 D 公司发表辩论意见。

被上诉人：根据庭审查明的事实，就本案的争议焦点简单发表一下辩论意见。

第一，争议焦点就是是否存在加班、应当支付加班费的情况。本案已经查明，上诉人王某某在一审中提供的（为证明存在加班情况而提供的）考勤表及总工时表均是复印件，没有原件，即便这些表格有原件，其也不具备客观真实性。理由是该表内容能够显示这个是考勤的统计表，而不是员工本人的原始考勤记录，因为考勤表中写的是加班几个小时，而不是从几点上到几点这种原始的考勤记录表，并且该表存在多处修改，也没有公司的盖章及相关负责人的签字，而其代理人又无法说明该表的来源，故这些均表明该表存在伪造的可能性，即该份证据依法不应当作为认定案件事实（即存在加班事实）的证据。并且也已经查明，自 2017 年 1 月开始，公司为提高效率实行了计件工资，而在实行计件工资的情况下，规定的是公司安排员工进行加班的情况才应当支付加班工资，而该案中王某某并没有证据证明是公司安排加班，即使是，公司有时候存在延迟工作的情况，而该案中，王某某并没有证据证明是公司安排的加班。故，本案 D 公司依法无义务支付其加班工资，就是加班工资不存在的情况。

第二，关于王某某与 D 公司签订的劳动合同是否有效的情况。一审判决认定 D 公司与 H 公司均不能举证证实王某某知晓合同变更的情况，显然存在欺诈行为，而据此认定合同无效，是与事实不符的。已经查明该份合同是王某某本人签字，而按照常理，其作为一个成人，对于签字应当是明知的，故根据常理来说，王某某签字的时候对合同的内容也进行了明知，并不存在欺诈的行为，故一审的认定是错误的，即该份劳动合同是合法有效的。既然该份劳动合同合法有效，那么劳动合同约定期间，王某某与 H 公司就存在着劳动合同关系，而在该劳动合同期间，王某某与 H 公司签订的该份劳动合同约定期间，也是在王某某发出解除通知的期间之内，因此王某某应当向 H 公司解除劳动关系，而不应当向本案的被上诉人 D 公司发出。故，双方解除劳动合同关系的程序不合法，进而一审判决支付经济补偿金的事实依据也是错误的。

辩论意见暂发表到此。

审判长：下面由被上诉人 H 公司发表辩论意见。

被上诉人：对于本案的争议焦点，上诉人王某某要求 H 公司对 D 公司所承担的给付义务负有连带责任，我们的辩论意见是，本案从庭审查明的情况可以看出，上诉人王某某并未就其主张提供任何证据加以证明，其对于该项请求也无明确的法律依据。还有一点，提醒法庭注意，H 公司是在 2018 年 8 月 1 日才与其签订的劳动合同，按照从 2017 年至今全部的加班工资，包括年假工资等给付义务，要求我公司承担连带责任，在这个时间上，先不说有没有法律依据，在时间上显然也是不合理的。

综合以上两点，我们认为上诉人的该项上诉请求既不合法，也不合理，原审法院对于全案事实认定是有法律证据的，我们认为应当是维持原判，其他没有。

审判长：上诉人王某某还有没有新的补充辩论意见？简要地讲一下。

上诉人：第一，关于考勤表的来源问题。王某某向法院进行了详细的陈述，D 公司作为用人单位，到目前为止没有拿出任何考勤记录，哪怕是一个月的，或者一张考勤记录都拿不出来，说明什么问题？说明我方的考勤记录就是真实的。

第二，关于证据的复印件问题。复印件并不是不能作为证据使用，只是说单独的复印件可能证明效力比较低，但是我方提交的关于考勤记录的复印件可以与其他的证据互相印证，因此虽然是复印件，也是足以证明问题的。

第三，刚才 D 公司提到了将王某某与 H 公司签订所谓的合同是为了便于统一管理，实质上是 D 公司想通过劳务派遣这一方，规避其用工可能产生的责任和风险。因此，从二被告的目的来看，就具有非法性。

第四，关于合同上王某某签字的问题。在劳资双方中，劳动者本身就处于弱势地位，根本无法与用人单位相抗衡，因此，劳动者在空白合同上签字，现在也是一个普遍的实际情况，不能仅仅以合同上的签字就认定合同的效力问题，而一审法院也恰恰通过抽丝剥茧、明察秋毫的方式，发现了当时的具体情况。因此，我们认为一审法院认定合同无效是准确的。其他的没有了。

审判长：被上诉人 D 公司有没有补充新的辩论意见？

被上诉人：我就补充一点，关于加班费的问题，再重申一下。自 2017 年 1 月开始，D 公司即开始实行计件工资，而根据《××市工资支付规定》第十八条的规定，实行计件工资的劳动者存在加班工资必须同时满足两个条件：第一，完成计件定额任务；第二，用人单位安排。充分满足这两个条件下，才存在加班工资的情况，而本案中并没有证据表明是公司进行的加班安排，故并不存在支付加班工资的情况。补充完毕。

审判长：被上诉人 H 公司有没有辩论意见？

被上诉人：没有。

审判长：法庭辩论结束。如果有书面的辩论意见，可于三日之内以书面形式提交法庭。依据《中华人民共和国民事诉讼法》第一百四十一条第二款的规定，当事人有做最后陈述的权利。下面由上诉人王某某首先发表最后陈述意见。

上诉人：请法庭支持王某某的上诉请求，并驳回 D 公司的上诉请求，完毕。

审判长：被上诉人 D 公司最后陈述意见。

被上诉人：坚持我方的上诉请求，并请求驳回王某某的上诉请求。

审判长：被上诉人 H 公司最后陈述意见。

被上诉人：我们公司坚持答辩意见，请求法庭维持原判。

审判长：依据《中华人民共和国民事诉讼法》第九条、第一百四十二条的规定，人民法院在审理民事案件时，应当根据自愿、合法的原则进行调解。下面询问一下上诉人王某某一方是否同意在本庭主持下进行调解？

上诉人：可以。

审判长：可以调解。被上诉人 D 公司呢？

被上诉人：公司的意见是不同意调解。

审判长：H 公司呢？

被上诉人：不同意调解。

审判长：鉴于双方当事人不同意调解，本庭不再做调解工作，今天的开庭到此结束。合议庭将认真考虑双方的意见，充分评议后作出判决，宣判日期另定。现在休庭。

（敲击法槌）

书记员：请审判长、审判员退庭。

（结束）

任务 2　行政诉讼笔录看打录入训练

训练目标

1. 了解行政诉讼典型案件庭审过程。
2. 熟练掌握行政诉讼典型案件庭审笔录中的亚伟码录入技巧。
3. 能够在行政诉讼庭审中准确完整地记录庭审过程。

训练步骤

1. 学习行政诉讼典型案件庭审笔录中的亚伟码录入技巧。
2. 通过看打方式，熟练掌握行政诉讼典型案件庭审笔录的看打录入技巧。

训练内容

一、履行行政协议案件庭审笔录实例

（一）看打练习一

3-2-1　行政看打技巧文

1. 录入技巧

履行行政协议案件庭审笔录实例录入技巧（1），如表 3-2-1 所示。

表 3-2-1　履行行政协议案件庭审笔录实例录入技巧（1）

技巧类别	技巧词语
特定单音字	区（W）、于（X）、时（W）、由（W）、男（W）、省（XW）、县（XW）、号（W）、已（W）、中（X）
双音略码	规定（X）、履行（X）、现在（X）、根据（W）、组成（X）、负责（W）、一般（W）、特别（W）、说明（X）、代表（W）、有关（W）、参加（X）、进行（W）、可以（X）、权利（X）、如果（W）、可能（X）、影响（W）、必须（W）、正确（X）、过程（W）、没有（W）
三音略码	诉讼法、审判员
四音略码	人民法院、人民政府、基本情况、利害关系、顺利进行
多音略码	中华人民共和国、人民陪审员、公民身份号码、律师事务所、村民委员会、具体行政行为

续表

技巧类别	技巧词语
全码捆绑	合议庭、书记员、当事人、村主任、有无异议、有异议、无异议、证明书、委托书、行政诉讼
重码选择	一案（9）、主体（2）、权限（2）、异议（2）、本案（3）、均已（7）、不再（2）、告知（2）、被诉（3）
联词消字	市（尺）、庭（荫）、胡（恩）、刘（恩）、镇（压/W）、雷（德）、郑（恩）、曹（德）、方（面/X）、冯（恩）、李（恩）、孙（恩）、裴（度）
其他	活动（后置/XGWUEO）

2. 看打练习

履行行政协议案件庭审笔录

审判长：××市××区人民法院行政审判庭依照《中华人民共和国行政诉讼法》第七条、第八条、第五十四条的规定，于 2021 年 7 月 14 日 9 时 00 分在××市××区人民法院行政审判庭公开审理原告刘某诉被告××市××区××镇人民政府履行行政协议一案，现在开庭。

根据《中华人民共和国行政诉讼法》第六十八条的规定，本案由审判员雷某某担任审判长、与人民陪审员郑某某、人民陪审员曹某依法组成合议庭，书记员方某担任法庭记录。

审判长：现在核查当事人的诉讼主体资格及诉讼代理人的身份。

审判长：原告的基本情况。

原告：刘某，男，1997 年××月××日出生，汉族，住××省××县××镇××村××号，公民身份号码（略）。

审判长：被告的基本情况。

被告：××市××区××镇人民政府，住所地××××。

负责人：冯某某，镇长。

出庭行政首长：李某，副镇长。

委托诉讼代理人：孙某某，××律师事务所律师。委托权限：一般代理。

委托诉讼代理人：裴某某，××律师事务所实习律师。委托权限：一般代理。

第三人：××市××区××镇××村村民委员会，住所地××××。

负责人：于某，该村村主任。

委托诉讼代理人：孙某某，该村村会计，特别授权。

审判长：原告对被告、第三人及诉讼代理人的资格和出庭人员有无异议（有异议的说明异议的理由）？

原告：无异议。

审判长：被告、第三人对原告及诉讼代理人的资格和出庭人员有无异议（有异议的说明异议的理由）？

被告、第三人：无异议。

审判长：本案的原告、被告、第三人的身份证明书及法定代表人身份证明书、授权委托书均已提交本庭，不再一一宣读。根据行政诉讼法的有关规定，本庭已对本案的当事人、诉讼参加人的身份进行了核对，上述出庭人员符合法律规定，可以参加本案的诉讼活动，诉讼行为有效。

现在告知当事人的诉讼权利和义务。

依照《中华人民共和国行政诉讼法》第八条、第九条、第十条、第三十二条、第三十四条、第三十五条、第五十五条的规定，当事人在法庭上享有下列权利：

1. 当事人在行政诉讼中的法律地位平等。

2. 申请回避的权利。如果原告、被告、第三人认为合议庭组成人员、书记员、翻译人员、鉴定人员、勘验人员对本案的审理有利害关系，可能影响本案公正审判的，可以申请回避。

3. 进行辩论的权利。

当事人必须履行下列义务：

1. 必须依法正确行使诉讼权利，不得滥用诉权，不得妨碍诉讼活动的顺利进行。

2. 被告有向法庭提供作出被诉具体行政行为的证据和所依据的规范性文件的义务。

3. 被告及诉讼代理人在诉讼过程中，不得自行向原告或证人收集证据。

审判长：原告及委托代理人对上述权利和义务听清了没有？是否申请回避？

原告：听清了，不申请回避。

审判长：被告及委托代理人对上述权利和义务听清了没有？是否申请回避？

被告：听清了，不申请回避。

（二）看打练习二

1. 录入技巧

履行行政协议案件庭审笔录实例录入技巧（2），如表 3-2-2 所示。

表 3-2-2　履行行政协议案件庭审笔录实例录入技巧（2）

技巧类别	技巧词语
特定单音字	元（W）、户（X）、已（W）、现（X）、均（X）、第（W）、时（W）、几（W）、在（X）、以（X）、共（W）、又（XW）、条（W）、没（X）
双音略码	明确（W）、按照（X）、部分（W）、调查（X）、问题（X）、办法（W）、要求（W）、条件（W）、目的（X）、多少（X）、情况（W）、生活（W）、其他（W）、只有（W）、自己（W）、当时（W）、数量（X）、确定（X）、已经（X）、孩子（X）、应该（X）、什么（X）、时间（X）、通过（W）、日期（X）、能够（W）、不能（X）、知道（X）、类似（W）、协调（W）

续表

技巧类别	技巧词语
三音略码	平方米、为什么
四音略码	法庭调查
多音略码	事实与理由
全码捆绑	真实的、起诉状、协议书、安置房、答辩状、复印件、真实性、宅基地、成本价、购房款、新生儿、哪一种、村委会
重码选择	提问（2）、均应（2）、详见（7）、有无（4）、质证（3）、不予（2）、回迁（2）、何时（2）、迁入（2）、因何（5）、都有（2）、时差（3）、户主（2）、继子（5）、属实（2）、分房（3）、没人（4）、万元（2）、制定（2）、截止（3）、实施（2）、显示（2）、启动（2）
联词消字	征（募）、迁（移）、出示（了）、未（必）、附（耳）、随（着/W）、费（德）、缴（获）、扣（除）、吴（恩）、指（出）、秒（针）、榜（眼）、公示（制）
其他	口人（分开击打）、村里（分开击打）、第三（上屏）

2. 看打练习

审判长：现在开始法庭调查。法庭审查阶段，当事人和委托代理人必须作真实的陈述，表明事实真相，提供事实证据、法律依据，发言、提问均应服从法庭的安排，不得相互责骂。

审判长：原告宣读起诉状，明确诉讼请求。

原告：事实与理由，详见起诉状。请求判令被告履行××村征迁补偿协议书，依法向原告交付 45 平方米的免费安置房，并允许原告按照 2 100 元/平方米购买 20 平方米的安置房。

审判长：被告答辩。

被告：详见答辩状。补充：该户协议中约定的权益已全部履行完毕。

审判长：第三人陈述意见。

第三人：同被告的答辩意见。

审判长：现在法庭对本案事实部分进行审查，原告有无证据向法庭出示？

原告：1. ××村征迁补偿协议书；2. 村庄拆迁人口调查表。证明：补偿协议书中安置人口是六口人，人口调查表也有原告刘某的名字，现却未给予刘某安置房待遇。

审判长：被告、第三人质证。

被告：因均系复印件，对证据的真实性不予质证。但根据该协议的第六条约定，对安置人口的界定及安置问题，均按照回迁安置人口界定办法执行，该协议也只是一个附条件的协议。

第三人：同被告的质证意见。

审判长：被告有无证据出示？

被告：详见证据目录。

审判长：原告、第三人质证。

原告：真实性无异议，但证明目的有异议。

第三人：均无异议。

审判长：就本案事实部分，法庭询问原告几个问题。

审判长：原告，1. 你的户籍何时迁入××村；2. 因何原因迁入，迁入时年龄多少；3. 胡某某和你母亲何时结婚；4. 你的家庭成员都有谁？

原告：1. 2015年7月15日；2. 随母亲迁入，迁入时差两三个月满十八周岁；3. 2015年3月31日；4. 户主胡某某、长子某某、长女某某、母亲某某、妻子某某、继子刘某、孙子某某、孙子某某。

审判长：第三人，上述情况是否属实？

第三人：属实。

审判长：原告，1. 在宅基地拆除时，你是否与被告签订了补偿协议，协议中的补偿人口为几人？2. 原告家庭有几人享受了过渡费及生活补贴等政策？

原告：1. 签订了，六口人，有我的名字；2. 六口人都享受了。

审判长：原告，你家庭其他人口的安置房是否均已交付？

原告：只有我自己没有分房，其他五口人都安置了。

审判长：被告，签订协议时为什么认定原告家庭六口人享受安置待遇？

被告：当时只是对人口数量进行普查统计，并不是对安置待遇进行确定，在协议中第六条也作出了明确约定。

审判长：原告，补偿协议中对安置人口的数量及安置房的分配面积有无明确约定？

原告：没有，只是约定了个大概，每人65平方米（其中45平方米是免费安置，另外20平方米以成本价购买）。

审判长：第三人，原告家庭缴纳了几口人的购房款？

第三人：没人缴，签订的有代扣协议，4.2万元从之后的福利待遇中代扣。原告家庭现在都没有扣。

审判长：第三人，原告家庭现在是否已经安置了？

第三人：已经安置完毕了，安置了七口人（多安置了吴某某的两个儿子），安置面积455平方米，共五套房。签订协议时六口人是指，户主胡某某、长子某某、长女某某、母亲某某、妻子某某、继子刘某，后期在房屋安置过程中，长子又出生了两个小孩，分别是某某、某某，按照人口界定办法的规定，两个孩子也应该享受安置待遇。协议签订中，继子刘某因不符合人口界定办法的要求不应享受安置待遇。

审判长：第三人，1. 对协议签订之后出生的新生儿安置的依据是什么？2. 两个新生儿是否发放了过渡费？3. 享受过渡费的依据是什么？

第三人：1. 人口界定办法第4.1.5、4.1.6条；2. 出生后第二个月开始享受过渡费；3. 拆迁协议第4.2条。

审判长：被告，1. ××村人口界定办法是谁制定的，什么时间生效？2. ××村安置人口认定截止时间是？3. 原告刘某是否符合安置房分配的条件？其不符合人口界定办法规定的哪一种情形？

被告：1. ××村村委会制定的，2020 年 8 月 16 日村民代表会通过并实施；2. 2015 年 4 月 30 日 24 时 0 分 0 秒，在 2020 年 12 月 14 日作出的回迁审计报告中能显示；3. 不符合人口界定办法的 3.1 条、4.3.18 条。

审判长：对被告的上述问题，原告有无异议？

原告：对人口截止日期有异议，我和我母亲是同一天落户的，但我母亲能够享受安置待遇，我不能享受。

审判长：原告，你是何时知道自己不享受安置房分配待遇的？

原告：2020 年年底知道的，村里张贴了第三榜公示，显示我不享受该待遇。

审判长：被告，1. ××村是何时拆迁的？2. 补偿协议是何时签订的？3. 什么时间明确不给原告安置待遇？

被告：1. 2015 年 4 月 1 日正式启动；2. 2015 年 4 月 16 日；3. 在村委会审查安置人口第三榜公示时明确的。

审判长：第三人，类似原告的这种情况还有多少户？

第三人：大概两三户。

审判长：原告，安置政策公布后，你家庭内部是否对你的问题协调过？

原告：没。

审判长：第三人，原告家庭分配的安置房屋是否是按照同一个政策？

第三人：是。

审判长：现在宣布法庭调查结束。

（三）看打练习三

1. 录入技巧

履行行政协议案件庭审笔录实例录入技巧（3），如表 3-2-3 所示。

表 3-2-3　履行行政协议案件庭审笔录实例录入技巧（3）

技巧类别	技巧词语
双音略码	内容（W）、具有（W）、原则（X）、最后（W）
四音略码	法庭辩论、合法权益、村规民约
全码捆绑	组织法、约束力
重码选择	辖区（2）、适用（2）、休庭（2）、笔录（3）
联词消字	属（于/W）、质（地）、辩（驳）、合议（庭）、择（吉）

2. 看打练习

审判长：现在开始法庭辩论，各方发表辩论意见。

原告：根据《村民委员会组织法》第二十七条，人口界定办法的内容侵犯了原告的合法权益，坚持诉讼请求。

被告：1. 人口界定办法按照协议约定及村民委员会组织法及相关法律规定，属村民自治行为，在辖区内具有法律适用的地位；2. 该协议根据当事人约定属附条件的约定，现已实际履行完毕；3. 原告所陈述的关于侵犯其合法权益的说法，被告认为村民的身份应是权利和义务对等，不仅应该享受村民权益，更应依法履行相关义务，在本案中，××村制定的人口界定办法及相关的村规民约，正是村民根据权利义务对等原则，依据宪法、村民委员会组织法等相关法律规定，依法制定并公告、颁布实施的，对辖区村民具有约束力。

第三人：同被告的辩论意见。

审判长：现在宣布法庭辩论终结，各方作最后陈述。

原告：坚持诉讼请求。

被告：坚持答辩及质证意见。

第三人：同被告的质辩意见。

审判长：现在宣布休庭。本案待合议庭合议后择日宣判。各方看笔录无异议后签字。

二、确认婚姻登记行为无效案件庭审笔录实例

（一）看打练习一

1. 录入技巧

确认婚姻登记行为无效案件庭审笔录实例录入技巧（1），如表 3-2-4 所示。

3-2-2　行政看打技巧文

表 3-2-4　确认婚姻登记行为无效案件庭审笔录实例录入技巧（1）

技巧类别	技巧词语
特定单音字	区（W）、第（W）、于（X）、时（W）、由（W）、均（X）、无（X）、已（W）、或（W）
双音略码	规定（X）、现在（X）、根据（W）、组成（X）、单位（W）、工作（W）、特别（W）、一般（W）、说明（X）、有关（W）、代表（W）、进行（W）、参加（X）、权利（X）、如果（W）、可能（X）、影响（W）、必须（W）、履行（X）、正确（X）、过程（W）、没有（W）
三音略码	诉讼法、审判员
四音略码	人民法院、基本情况、诉讼权利、利害关系、顺利进行
多音略码	中华人民共和国、人民陪审员、婚姻登记处、律师事务所、授权委托书、具体行政行为
全码捆绑	第三人、合议庭、书记员、当事人、有无异议、有异议、无异议、证明书

续表

技巧类别	技巧词语
重码选择	一案（9）、本案（3）、主体（2）、权限（2）、异议（2）、不再（2）、告知（2）、行使（4）、被诉（3）
联词消字	市（尺）、庭（萌）、诉（诸）、局（部）、郭（达）、甄（别）、侯（爷）、冯（恩）、王（恩）、宋（恩）、董（卓）、武（德）
其他	社会（后置/XZWUE）、系该（分开击打）、活动（后置/XGWUEO）、有向（分开击打）

2. 看打练习

确认婚姻登记行为无效案件庭审笔录

审判长：××市××区人民法院行政审判庭，依照《中华人民共和国行政诉讼法》第七条、第八条、第五十四条的规定，于 2020 年 12 月 22 日 9 时 00 分在××市××区人民法院行政审判庭公开审理原告王某某诉被告××市××区社会事业局及第三人郭某某确认无效一案。现在开庭。

根据《中华人民共和国行政诉讼法》第六十八条的规定，本案由审判员唐某担任审判长，与人民陪审员甄某某、人民陪审员侯某某依法组成合议庭，书记员冯某某担任法庭记录。

审判长：现在核查当事人的诉讼主体资格及诉讼代理人的身份。

审判长：原告的基本情况。

原告：王某某（略）。

审判长：被告的基本情况。

被告：××市××社会事业局（略）。

法定代表人：宋某某，局长。

委托诉讼代理人：董某，系该单位婚姻登记处工作人员。委托权限：特别授权。

委托诉讼代理人：武某，××律师事务所律师。委托权限：一般代理。

审判长：第三人的基本情况。

第三人：郭某某（略）。

审判长：原告对被告、第三人及诉讼代理人的资格和出庭人员有无异议（有异议的说明异议的理由）？

原告：无异议。

审判长：被告、第三人对原告及诉讼代理人的资格和出庭人员有无异议（有异议的说明异议的理由）？

被告、第三人：无异议。

审判长：本案的原告、被告的身份证明书及法定代表人身份证明书、授权委托书均无提交本庭，不再一一宣读。根据行政诉讼法的有关规定，本庭已对本案的当事人、诉讼参加人的身份进行了核对。上述出庭人员符合法律规定，可以参加本案的诉讼活动，诉讼行为有效。

现在告知当事人的诉讼权利和义务。

依照《中华人民共和国行政诉讼法》第八条、第九条、第十条、第三十二条、第三十四条、第三十五条、第五十五条的规定，当事人在法庭上享有下列权利：

1. 当事人在行政诉讼中的法律地位平等。

2. 申请回避的权利。如果原告、被告、第三人认为合议庭组成人员、书记员、翻译人员、鉴定人员、勘验人员对本案的审理有利害关系，可能影响本案公正审判的，可以申请回避。

3. 进行辩论的权利。

当事人必须履行下列义务：

1. 原告必须依法正确行使诉讼权利，不得滥用诉权，不得妨碍诉讼活动的顺利进行。

2. 被告有向法庭提供作出被诉具体行政行为的证据和所依据的规范性文件的义务。

3. 被告及诉讼代理人在诉讼过程中，不得自行向原告或证人收集证据。

审判长：原告及委托代理人对上述权利和义务听清了没有？是否申请回避？

原告：听清了，不申请回避。

审判长：被告及委托代理人对上述权利和义务听清了没有？是否申请回避？

被告：听清了，不申请回避。

审判长：第三人及委托代理人对上述权利和义务听清了没有？是否申请回避？

第三人：听清了，不申请回避。

（二）看打练习二

1. 录入技巧

确认婚姻登记行为无效案件庭审笔录实例录入技巧（2），如表3-2-5所示。

表3-2-5　确认婚姻登记行为无效案件庭审笔录实例录入技巧（2）

技巧类别	技巧词语
特定单音字	省（XW）、又（XW）、处（XW）、书（W）、份（W）
双音略码	具有（W）、明确（W）、已经（X）、办理（X）、需要（X）、希望（W）、部分（W）、目的（X）
四音略码	法庭调查、婚姻登记、常住人口
多音略码	事实与理由
全码捆绑	真实的、事实真相、民政厅、起诉状、答辩状、准生证、结婚证、复印件、身份证
重码选择	提问（2）、批复（2）、详见（7）、登记（2）、有无（4）、质证（3）、调解（2）、笔录（3）、不予（2）
联词消字	事（儿）、出示（了）
其他	才去（分开击打）

2. 看打练习

审判长：现在开始法庭调查。在法庭审查阶段，当事人和委托代理人必须作真实的陈述，表明事实真相，提供事实证据、法律依据，发言、提问均应服从法庭的安排，不得相互责骂。

审判长：由被告宣读被诉具体行政行为。

被告：2014 年 1 月 2 日为原告及第三人郭某某办理的结婚登记。

审判长：原告所诉的是否是上述行政行为？

原告：是。

审判长：被告，你单位是否具有作出本案被诉行政行为的职权及法律依据？

被告：有职权，依据××省民政厅对××区设立婚姻登记机关的批复。

审判长：原告对被告职权有无异议？

原告：无异议。

审判长：原告宣读起诉状，明确诉讼请求。

原告：事实与理由，详见起诉状。诉讼请求：确认原告与第三人郭某某在××市××区婚姻登记处的婚姻登记无效。

审判长：被告答辩。

被告：详见答辩状。

审判长：第三人陈述。

第三人：1. 2011 年原告与第三人在南京已经办理了结婚登记，2014 年因办理准生证需要，结婚证又搬家丢失了，才去被告处办理了一次结婚登记；2. 因撤销结婚登记这个事多次到被告处协商，无法办理，才提起诉讼。希望被告撤销与原告在 2014 年办理的结婚登记。

审判长：现在法庭对本案事实部分进行审查，被告有无证据向法庭出示？

被告：1. 婚姻登记审查处理表；2. 申请结婚登记声明书；3. 常住人口登记卡复印件、身份证复印件。

审判长：原告、第三人质证。

原告：均无异议。

第三人：均无异议。

审判长：原告有无证据向法庭出示？

原告：1. 婚姻登记审查处理表；2. 申请结婚登记声明书；3. 常住人口登记卡复印件、身份证复印件；4. 2011 年 8 月 6 日结婚证复印件 2 份；5. 离婚起诉状、调解笔录。

审判长：被告、第三人质证。

被告：对证据 1～3 均无异议，对证据 4 证明目的有异议，恰证明原告与第三人隐瞒结婚事实，相应不利后果应由原告及第三人承担，证据 5 与本案被诉行政行为无关联性，不予质证。

第三人：均无异议。

（三）看打练习三

1. 录入技巧

确认婚姻登记行为无效案件庭审笔录实例录入技巧（3），如表3-2-6所示。

表3-2-6 确认婚姻登记行为无效案件庭审笔录实例录入技巧（3）

技巧类别	技巧词语
特定单音字	办（W）、原（X）、领（W）、离（W）、回（W）、各（X）、无（X）、以（X）、想（W）
双音略码	下面（W）、情况（W）、为了（X）、因为（W）、去年（X）、问题（X）、当时（W）、按照（X）、孩子（W）、双方（W）、条件（W）、状况（W）、什么（W）、这样（W）、了解（X）、错误（W）、解决（X）、造成（W）、考虑（W）、我们（X）、地方（X）、最后（W）
三音略码	为什么
四音略码	法庭辩论
多音略码	双方当事人
全码捆绑	民政局、不知情、调解书、办不成、没什么、民政部、户口簿、第二次
重码选择	何时（2）、印发（2）、通知（3）、意愿（3）、自愿（2）、适用（2）、尽到（2）、真实（2）、庭审（2）、休庭（2）、一趟（3）
联词消字	补（助）、婚（事）、证（书）、远（隔）、员（额）、填（补）、待（制）、合议（庭）、择（吉）
其他	系因（分开击打）

2. 看打练习

审判长：下面法庭对程序进行审查。

审判长：原告，向法庭陈述你的婚姻情况。

原告：我和第三人是2011年8月6日在××市××区民政局办理的结婚登记，2014年为了给小孩办准生证，因原结婚证丢失，就在被告处又办理了一次结婚登记。

被告：办证时对上述情况不知情。如丢失结婚证可以走补领程序，但原告办理的是未婚登记手续。

审判长：原告，1. 2014年办理的结婚登记为什么今年才起诉？2. 在××区法院调解离婚时离的是哪一次婚？

原告：因为我和第三人去年在××区法院调解离婚了，当时拿着调解书到××区婚姻登记机关办理离婚手续办不成，因我档案中有两次结婚登记记录，2011年8月和2014年1月。

审判长：第三人，2011年8月的结婚证何时又找到了？

第三人：大概2015年找到的，和2014年的结婚证放在一起，当时觉得领两次证没什么问题，因为当时原告怀孕了，回A市补办有点远，就在B市又领了一次。

审判长：原告，2011年的结婚证找到后，有没有想到撤销2014年的婚姻登记？

原告：没有。

被告：按照婚姻登记条例，结婚证丢失可以补领。

审判长：原告与第三人有几个孩子？何时出生？

原告：两个男孩。分别是 2014 年 8 月 29 日、2017 年 11 月 17 日出生。

审判长：被告向法庭陈述作出婚姻登记的流程及法律依据。

被告：因原告申请的是结婚登记，依据《民政部关于印发〈婚姻登记工作规范〉的通知》第三十六条的规定，询问当事人结婚意愿，查验双方当事人的身份证、户口簿，自愿结婚的双方各填写申请结婚登记声明书，婚姻登记员对当事人提交的材料审查，符合结婚条件填写结婚登记审查处理表和结婚证。

审判长：原告对被告陈述的流程及法律适用有无异议？

原告：无。

审判长：原告，第二次婚姻登记时申请时填的婚姻状况是什么？

原告：申请表填的是未婚。

第三人：申请表填的也是未婚。

审判长：原告，在 2014 年向被告申请结婚登记时是否告知了被告真实的婚姻状况？

原告：没有告知，是以未婚申请的。

第三人：确实是这样。

审判长：现在宣布法庭调查结束。现在开始法庭辩论，各方发表辩论意见。

原告：当时不了解情况，为了方便给孩子办准生证就多领了一次结婚证，确实是错误的。希望能把这个事解决掉。

被告：被告在办理婚姻登记的过程中尽到了审查义务。被告为原告办理的结婚登记系因原告二人隐瞒真实情况造成的，被告的行为并无过错。

第三人：当时考虑得太简单，就是想少去一趟 A 市。为了撤销第二次婚姻登记，我们跑了很多地方，两次婚姻登记给我们造成很多不便，才提起诉讼，希望能把第二次婚姻登记确认无效。

审判长：现在宣布法庭辩论终结，各方作最后陈述。

原告：坚持诉讼请求。

被告：坚持答辩意见。

第三人：坚持庭审意见。

审判长：现在宣布休庭。本案待合议庭合议后择日宣判。各方看笔录无异议后签字。

三、行政处罚案庭审实录（二审）庭审笔录实例

（一）看打练习一

3-2-3 行政看打技巧文

1. 录入技巧

行政处罚案庭审实录（二审）庭审笔录实例录入技巧（1），如表 3-2-7 所示。

表 3-2-7　行政处罚案庭审实录（二审）庭审笔录实例录入技巧（1）

技巧类别	技巧词语
特定单音字	请（X）、区（W）、已（W）、省（XW）、第（W）、号（W）、位（W）、均（X）、于（X）、由（W）
双音略码	准备（X）、工作（W）、规定（X）、现在（X）、其他（W）、参加（X）、单位（W）、代表（W）、没有（W）、我们（X）、都是（X）、特别（W）、包括（W）、进行（W）、负责（W）、内容（W）、调查（X）、作为（W）、就是（X）、一般（W）、政府（W）、后面（W）、根据（W）、已经（X）、自己（W）、权利（X）、组成（X）、或者（W）、可能（X）、影响（W）、判决（W）、决定（X）、重新（X）
三音略码	审判员、诉讼法
四音略码	有限公司、人民政府、人民法院、基本情况、诉讼权利、利害关系
多音略码	高级人民法院、中华人民共和国、律师事务所
全码捆绑	书记员、行政处罚、当事人、工业区、董事长、有异议、区政府、庭审中、合议庭、第三人
重码选择	一案（9）、职务（3）、权限（2）、调解（2）、街道（2）、撤诉（2）、举证（2）、异议（2）、本案（3）、通知（3）、收到（2）、本院（4）、主审（2）、助理（2）、海事（2）、一审（2）
联词消字	孟（恩）、程（度/W）、市（尺）、局（部）、丁（武）、尤（其）、常（德）、许（多/W）、诉（诸）、（河）湾、边（务）、蔡（恩）、聂（耳）、张（恩）
其他	条的（分开击打）、他的（分开击打）

2. 看打练习

行政处罚案庭审实录（二审）庭审笔录

书记员：全体起立，请审判长、审判员入庭。

审判长：请坐下。

书记员：报告审判长，开庭准备工作就绪，上诉人××码头有限公司总经理孟某及其委托代理人程某某，××市××区海洋渔业局副局长丁某某及其委托代理人尤某某，××市××区人民政府副区长常某某及其委托代理人许某某已到庭。庭前工作准备就绪，请开庭。

审判长：请坐下。

××省高级人民法院依据《中华人民共和国行政诉讼法》第八十六条的规定，今天在这里依法公开开庭审理××码头有限公司诉××市××区海洋渔业局行政处罚上诉一案，现在开庭。

现在核对当事人和其他诉讼参加人的基本情况。上诉人××码头有限公司，请向本庭陈述你单位的名称、住所地、法定代表人姓名和职务，以及委托代理人的基本情况及代理权限。

上诉人：好的，上诉人××码头有限公司，住所地在××省××市××工业区××湾，法定代表人王某某，职务是董事长，今天没有到庭，委托代理人是公司总经理孟某，坐在我右手边。另外一个委托代理人是××律师事务所律师程某某。我们两个的代理权限都是特别授权。陈述完毕。

审判长：具体授权的权限请陈述一下。

上诉人：我们具体授权的权限包括：提起上诉，进行协商、调解、和解，包括撤回上诉请求、签署相关的法律文件等。

审判长：××市××区海洋渔业局请向本庭陈述你单位的名称、住所地、法定代表人姓名和职务、出庭行政机关负责人的姓名和职务，以及委托代理人的基本情况及代理权限。

上诉人：好的，上诉人××市××区海洋渔业局，住所地××市××区××街道××号，法定代表人林某某，职务是局长。到庭人员丁某某，职务是副局长，委托代理人尤某某，为××律师事务所律师，委托权限是特别授权，特别授权的内容包括：代为出庭，代为提供证据，代为承认、变更、放弃诉讼请求，代为调解，代为申请撤诉，代为上诉，代为申请调查举证。陈述完毕。

审判长：上诉人××市××区人民政府，请向本庭陈述你单位的名称、住所地、法定代表人姓名和职务，出庭行政机关负责人的姓名和职务，以及委托代理人的基本情况及代理权限。

上诉人：上诉人××市××区人民政府，住所地××省××市××区××路××号，法定代表人蔡某某，区长。今天出庭的人员是××区人民政府副区长常某某，他今天是作为负责人出庭。今天出庭的另外一位代理人是××律师事务所律师许某某，就是本人。代理权限是一般代理，包括参加诉讼。另外一位代理人是作为政府工作人员出庭，后面这位，他的代理权限是一般代理。完毕。

审判长：各方当事人对上述出庭人员的身份是否有异议？上诉人××码头有限公司？

上诉人：没有异议。

审判长：上诉人××市××区海洋渔业局？

上诉人：没有意见。

审判长：上诉人××市××区政府？

上诉人：没有异议。

审判长：经本庭审查核对，各方出庭人员身份均符合法律规定，可以参加本案庭审。根据法律规定，诉讼参加人在庭审中享有一定的诉讼权利，并承担相应的诉讼义务。关于当事人的行政诉讼权利和义务已于庭前书面通知各方当事人，各方当事人是否都已经收到？对自己享有的权利和义务是否都已经清楚？上诉人码头公司？

上诉人：收到，清楚。

审判长：上诉人××市××区海洋渔业局？

上诉人：收到，明白。

审判长：上诉人××市××区政府？

上诉人：已经收到，清楚。

审判长：现在宣布合议庭组成人员名单，本案由本院审判员林某某担任审判长，并主审，审判员许某某和代理审判员黄某某组成合议庭，聂某某担任法官助理，书记员张某某担任记录。根据《中华人民共和国行政诉讼法》第五十五条的规定，当事人认为上述审判人员、法官助理、书记员与本案有利害关系，或者有其他可能影响公正审判的，有权申请上述人员回避？各方当事人是否申请回避？

审判长：上诉人××码头有限公司？

上诉人：不申请回避。

审判长：上诉人××市××区海洋渔业局？

上诉人：不申请回避。

审判长：上诉人××市××区政府？

上诉人：不申请回避。

审判长：××码头有限公司诉××市××区海洋渔业局行政处罚一案，××海事法院于 2019 年 7 月 15 日作出本案一审判决，撤销××市××区海洋渔业局作出的行政处罚决定，责令××区海洋渔业局重新作出行政行为。一审判决后，原审原告××码头有限公司和原审被告××市××区海洋渔业局及原审第三人××市××区人民政府均不服一审判决，在法定期限内均向本院提起上诉，本院于 2019 年 9 月 29 日立案受理，依法组成合议庭审理本案。

（二）看打练习二

1. 录入技巧

行政处罚案庭审实录（二审）庭审笔录实例录入技巧（2），如表 3-2-8 所示。

表 3-2-8　行政处罚案庭审实录（二审）庭审笔录实例录入技巧（2）

技巧类别	技巧词语
特定单音字	海（W）、案（W）、以（X）、公（X）、做（W）、又（XW）、倍（W）、亩（X）、篇（W）、期（W）、重（W）、时（W）、将（W）、自（X）
双音略码	你们（X）、提出（W）、结果（W）、基础（X）、超过（W）、还是（X）、要求（W）、但是（X）、主要（X）、构成（W）、因为（X）、连续（W）、或者（W）、状态（X）、从事（W）、完成（X）、因此（X）、应该（X）、问题（X）、如下（W）、错误（W）、投资（W）、建设（X）、表示（X）、有关（W）、明确（W）、由于（X）、为了（X）、能够（W）、情况（W）、对于（W）、对象（X）、作用（X）、确定（X）、如果（X）、必须（W）、原则（X）、那么（X）、履行（W）、过程（W）、充分（W）、首先（W）、否认（X）、办理（X）、讨论（W）、准确（W）、以后（W）、仍然（X）、最后（W）、当时（W）、国家（X）、存在（X）、管理（W）、程度（W）、严重（W）、并且（X）、按照（X）、具有（W）、而且（X）、受到（X）、条件（W）、得到（X）、损害（W）、着重（W）、混淆（X）、我国（W）、只有（W）、责任（W）、发展（X）、明显（X）、双方（W）

续表

技巧类别	技巧词语
三音略码	判决书、并没有、第一次
四音略码	法庭调查、违法行为、适用法律、工程项目、建设项目、调查研究、未经批准、综上所述、混为一谈、毫无疑问、招商引资、清清楚楚
多音略码	行政处罚法、事实与理由、与事实不符、改革委员会
全码捆绑	决定书、填海造地、之日起、指挥部、协议书、发改委、作业区、心知肚明、上一级、曾有过、第二次、防波堤、第一款、母公司、不同意、举证责任
重码选择	时效（2）、处罚（2）、实施（2）、不再（2）、纪要（2）、涉及（2）、立项（2）、主体（2）、批复（2）、而言（3）、知情（2）、知晓（3）、便道（2）、同意（3）、处罚（2）、解除（2）、并未（2）、不予（2）、终止（3）、直到（3）、列席（2）、对此（3）、庭审（2）、均由（2）、适用（2）、法治（2）、万元（2）、原状（2）、在此（2）、就不（3）、肢解（3）、分离出（2）、即使（2）
联词消字	闵（某）、初（步）、渔（歌）、涉（案）、未（必）、款（式）、填（补）、贵（德）、院（系）、至（于）、力（持）、厅（务）、港（部）、行（医）、预（祝）、执（政）、围（桌）、争（得）、判（决/W）、审（议）、述（说）、附（耳）、建（设/X）、相（等/X）、交（换/X）
其他	另有（分开击打）、二审（XE:XZN）、与被（分开击打）、作了（分开击打）、用海（上屏）、活动（后置/XGWUEO）、如所（分开击打）、它的（分开击打）、写在（分开击打）、上的（分开击打）、国有企业（后置/GO:XGWIE）、因其（分开击打）

2．看打练习

审判长：现在开始法庭调查。

现在先请上诉人××码头有限公司向本庭简要陈述你们的上诉请求和理由。

上诉人：好的。上诉人××码头有限公司不服××海事法院〔2019〕闵 72 行初×号行政判决书关于时效的结论，提出上诉。我们的上诉请求是诉请在维持原审判决结果的基础上，依法改判认定××市××区海洋渔业局闵长海渔处罚〔2018〕×号行政处罚决定书超过时效，我们的上诉请求还是要求维持原审判决的结果，但是对时效有要求，这是我们的请求。理由主要是：××码头有限公司根据政府要求实施的填海造地行为已经超过两年，案涉行政处罚超过时效，也构成撤销行政处罚的理由之一，但是原审判决没有支持我们这个理由，我们最主要的理由是，因为《中华人民共和国行政处罚法》第二十九条规定，违法行为在两年内未被发现的不再给予行政处罚，法律另有规定的除外。前款规定的期限是，从违法行为发生之日起计算，违法行为有连续或者继续状态的，从行为终了之日起计算。第一点：我们××码头有限公司从事的行为是填海行为，不是占海行为，因为占海的地段另有业主单位，所以我们不构成占海。从 2013 年 3 月到 2015 年 1 月，填海的行为已经完成，启动调查是 2018 年 4 月，所以从时效上看已经超过了行政诉讼法规定的时效。因此，我们认为原审判决应该在这个问题上支持我们的要求，撤销行政处罚的理由。请求二审法院支持。谢谢。

审判长：现在请××市××区海洋渔业局向本庭简要陈述你们的上诉请求和理由。

上诉人：上诉请求：1. 请求贵院依法撤销××海事法院〔2019〕闽72行初×号行政判决书。2. 请求依法改判驳回上诉人××码头有限公司的全部诉讼请求。

事实与理由如下：

上诉人××市××区海洋渔业局与被上诉人××码头有限公司、第三人××市××区人民政府行政处罚纠纷一案，上诉人认为一审法院认定事实错误，适用法律错误，所作出的一审判决也是错误的。

具体理由如下：

第一，2012年11月，××港区开发建设指挥部作出××港区开发建设指挥部成员会议纪要之后，确认关于SGL工程建设涉及海洋使用审批及项目立项的申报主体变更为××港区开发建设有限公司之后，作为业主单位或者××区人民政府就已经明确了应当由××港区开发建设有限公司作为该项目的建设单位。该项目于2016年9月16日获得立项批复，第三人××市××区人民政府已将上述批复依法送达至被上诉人××码头有限公司。退一步而言，即便被上诉人表示没有收到上述批复，但是被上诉人在参加有关××港区开发项目的各项会议中，针对上述申报主体的变更、建设单位的变更均已经明确知情，知晓其已经不再是依法审批、批准的××港区配套填海造地工程项目的申报主体，更不是建设单位，不得实施填海造地的行为，但是由于被上诉人于2015年以××码头有限公司的名义审批其第12、13号泊位完毕之后，为了能够实现陆地与该两号泊位的交通连接、便道，方才在××港区开发建设有限公司以及第三人没有授权或同意的情况之下，自行对被处罚的6.191公顷海域进行了违法填海。因此，上诉人认为涉诉的行政处罚决定书对于本案案涉违法填海造地的行政处罚相对人的认定并没有一审法院认为的对象错误的情况。

第二，关于××港区××作业填海造地协议书在本案中的作用。一审法院认为，该协议是行政机关一审，法院认为该协议是行政机关与相对人签订的行政协议，具有行政行为的公定力、确定力。如果第三人要求单方解除该行政协议，必须有职权、法律上的合法依据，并遵循合法合理公平原则来支配。因此，一审法院认为上述协议书并未解除，被上诉人就是基于上述协议书的授权实施了违法填海造地的行为，上诉人认为该判断也是错误的。由于上述协议书中，关于被上诉人投资建设××港区相应配套项目的内容，已于2011年7月25日由××省交通运输厅、××省发改委作出了闽港行预〔2011〕×号××省港口规划区域内建设项目预审表批复，其批复内容不予同意而终止。那么，上述协议就失去了可以继续履行的前提，被上诉人就已经不再是经依法批准的建设单位，更不应该在业主单位没有正式授权委托的情况之下，继续实施填海造地的行为。而在2011年7月25日该批复作出，直到现在，××区人民政府或者是业主单位××港区开发建设有限公司均没有授权和同意被上诉人任何违法填海的行为。被上诉人在该批复作出后，多次列席第三人关于××湾作业区相关会议，对此心知肚明。而在一审过程中，第三人对此也作了详细明确的陈述，但是一审法院却不予采纳。

第三，上诉人作为行政机关，在作出案涉行政处罚决定书之前，针对被处罚相对人的认定做了充分的调查研究。首先，对于实施单位的认定，各方均没有异议，被上诉人在调查的过程中，在一审法院庭审的过程中，又没有否认经由其委托到 GY 建设工程开发有限公司实施违法填海行为的事实。其次，对于项目申报主体的认定，上诉人对业主单位××港区开发建设有限公司的开发授权人员进行了询问，业主单位也明确表示，其并没有在尚未办理用海审批的情况之下，委托过被上诉人去实施违法填海的行为。据此，上诉人均由上一级行政机关业务骨干，对本案安排了会审之后，进行了充分讨论，方才最终确定被上诉人应当作为本案违法使用海域、实施填海行为的行政相对人。因此，上诉人认为在作出本案涉诉的行政处罚决定书之前，已经充分的考证、确认了处罚相对人。因此，对于这个处罚主体、处罚对象的判断是准确的。如被上诉人认为，其在明确已知晓申报主体或者实施单位已经变更为业主单位以后，仍然认为其是接受第三人××市××区人民政府或者是业主单位的授权和同意，方才实施了涉案海域的违法填海行为，上诉人应当提供明确直接的证据进行证明。

最后一点，关于处罚决定过高的问题。一审法院认为，涉诉的行政处罚决定书适用的 17 倍标准过高。上诉人认为，该认定与事实不符。被上诉人在此次违法使用海域行为之前，就曾有过多次违法占用海域的行为，已经被相关行政机关进行过相应的行政处罚。分别是 2003 年 12 月 10 日，经由××市海洋渔业局作出了闽农海渔法治〔2003〕第×号行政处罚决定书，这是第一次。第二次是 2005 年 1 月 18 日至 2005 年 12 月底，因擅自使用××湾作业区的相关海域被××省海洋渔业厅作出了〔2005〕第×号处罚决定书，处罚的金额当时是 95 万元。第三次是 2008 年 11 月至 2009 年 6 月，非法占用了××湾作业区北侧海域填海建造防波堤，××省海洋渔业厅于 2009 年 6 月 23 日作出了闽海渔执处罚〔2009〕第×号行政处罚决定书，进行了相应的处罚。还有一次是 2006 年 10 月 10 日至 2007 年 2 月 25 日，因非法占用海域 30 多亩[①]，于 2011 年 1 月 12 日经由国家海洋局作出了〔2011〕第×号行政处罚决定书，进行了相应的处罚。在查明上述被上诉人存在违法行为的情况之下，根据《中华人民共和国海域使用管理法》第四十二条及《××市海洋与渔业局行政处罚自由裁量标准（海洋篇）》的相关规定，被上诉人此次违法占有海域的行为，应当认为未经批准或骗取批准进行围海填海活动中关于违法程度严重的标准，应当适用责令退还非法占用海域，恢复海域原状，没收违法所得，并且按照 17 倍标准进行处罚的裁量标准。可见，上诉人针对被上诉人涉诉的行政违法行为的处罚适用标准准确，并无不当。

综上所述，上诉人认为在涉案的行政处罚决定书中，上诉人是基于《中华人民共和国海域使用管理法》第七条第一款的规定，根据法律授权负责本行政区域内海域使用的监督管理，具有作出诉争行政处罚行为的职权。而且上诉人认为，本案中对于违法填海行为的行政处罚相对人认定准确，并不存在一审法院认为的处罚对象错误的情况，处罚

---

① 1 亩≈666.67 平方米。下同。

标准及金额也是严格在查明案情的基础之上，依据相关的法律标准作出的，并不存在一审法院认为的处罚标准过高的问题。

综上所述，恳请贵院能够查明事实，并判如所请。陈述完毕。

审判长：现在请××市××区人民政府向本庭简要陈述你们的上诉请求和理由。

上诉人：上诉人区政府认为原审判决认定××码头有限公司违法填海是受到区政府与××码头有限公司签订的填海协议书的授权，这一认定损害了区政府的权益，因此，作为第三人也提起了上诉。区政府上诉请求改判驳回××码头有限公司的全部诉讼请求，并依法判决本案第一、二审的诉讼费用由××码头有限公司承担。

事实和理由如下：

有关原审判决将 SGL 提升改造工程和 SGL 一期工程混为一谈的认定事实错误，在上个月的庭前会议，三方已经对这个事实澄清了，在此不再重述。我们着重就原审判决认定××区海洋渔业局行政处罚的违法主体认定错误这一问题，谈如下意见：

原审判决认为，涉案××湾作业区填海造地协议书是行政机关与相对人签订的行政协议，其行政行为具有公定力、确定力，如果第三人，也就是区政府要单方解除行政协议，必须要有法律上的合法依据，并遵循合法合理公平原则来支配。因此，××湾作业区填海造地协议书并未解除。被上诉人××码头有限公司是基于上述协议书的授权，实施了违法填海造地行为，毫无疑问，原审判决的认定是错误的。

其一，如果该协议书未解除，按照该协议书，区政府通过招商引资的方式同意由××码头有限公司和它的母公司（SR 集团公司）投资建设××港区填海造地工程项目是附有前提条件的，这个前提条件必须依法实施，而且必须办理挖山、填海造地工程的项目立项、用海、用地、用人等各项审批手续，这个是清清楚楚写在协议书和政府会议纪要上的。但是，××码头有限公司却未批先建，其行为是违法的，违法主体当时是××码头有限公司。

其二，××码头有限公司在办理项目的行政审批和行政许可时，有权机关不同意其建设该项目，因此上述协议书所约定的项目就不存在了，××码头有限公司就没有建设的权利，不得建设。

其三，现在的 SGL 项目是依法行政许可给国有企业××市××区××港区开发建设有限公司作为投资建设单位，由政府投资的建设项目，与××码头有限公司无关。原审判决有意将拟定中但是没有得到行政许可的私营资本投资项目与现在已经得到行政许可的政府投资项目相混淆，认定事实错误。原审法院没有充分理解我国法律对建设项目行政许可的法律规定，将建设项目的建设权利义务肢解，分离出一个申请填海主体的概念，以此掩盖××码头有限公司的违法行为。申请填海主体已经许可的项目业主是不可分离的，只有项目业主才有项目的建设权利，没有行政许可，实施建设和填海行为人就是违法主体。同时，必须指出的是，2011 年 7 月 25 日，××省交通运输厅、××省发展和改革委员会批复的（闽）交港行预审〔2011〕×号××省港口规划建设项目预审表，已经清楚载明该文件已经送达××码头有限公司，原审判决认为区政府必须证明××

码头有限公司已经收到该文件，明显的举证责任错误，没有依据。上诉人认为，自 2011 年 7 月 25 日××省交通运输厅、××省发展和改革委员会对（闽）交港行预审〔2011〕×号××省港口规划建设项目预审表批复作出之日起，涉案的××湾作业区填海造地协议书与约定的投资及其建设主体未得到行政许可，该协议书已经终止。双方是否履行书面解除的手续，不是本案的关键。即使是未履行书面解除该协议书的手续，××码头有限公司因其未得到项目建设的行政许可，依照该协议的约定与法律规定，也不得建设项目，不得实施填海。××码头有限公司实施了填海，构成了违法，责任应当由其自行承担。××市××区海洋渔业局所作出的行政处罚决定没有错误。

完毕。

（三）看打练习三

1. 录入技巧

行政处罚案庭审实录（二审）庭审笔录实例录入技巧（3），如表 3-2-9 所示。

表 3-2-9　行政处罚案庭审实录（二审）庭审笔录实例录入技巧（3）

技巧类别	技巧词语
特定单音字	再（W）、份（W）、包（W）
双音略码	方面（X）、上面（W）、刚才（W）、正确（X）、超过（W）、需要（X）、下面（W）、什么（X）
三音略码	规范化
四音略码	询问笔录
多音略码	主要表现在
全码捆绑	已确认
重码选择	执法（2）、争议（2）、被诉（3）、质证（3）、只需（2）、即可（5）、哪些（2）、未经（2）
联词消字	负（责/W）、随（着）、出示（了）
其他	和所（分开击打）

2. 看打练习

审判长：上诉人××码头有限公司对上诉人××区海洋渔业局具有行政处罚的职权依据和本案行政处罚执法程序有没有异议？

上诉人：对渔业局的处罚的职权没有异议，但是对渔业局的程序是有异议的。程序主要表现在处罚的金额过高，没有收集到足够的证据，处罚的主体也没有收集到足够的证据。

审判长：这个应该是认定事实方面？

上诉人：如果法庭认为我提出的是实质问题，那么在程序和职权上面就没有异议。

审判长：刚才各方当事人分别陈述了上诉意见，结合各方当事人的诉辩意见，以及庭前会议各方的意见，合议庭认为，本案的争议焦点主要是：

1. 本案被诉处罚决定认定的处罚对象是否正确。

2. 本案涉填海造地行为是否适用超过两年的处罚时效。

3. 如果被诉处罚决定认定的处罚对象是正确的，那么本案罚款金额是否过高。

各方当事人对本庭归纳的本案争议焦点是否有异议？有无需要补充？上诉人××码头有限公司？

上诉人：××码头有限公司同意合议庭归纳的焦点问题，没有补充。

审判长：上诉人××市××区海洋渔业局？

上诉人：没有意见。

审判长：上诉人××市××区人民政府？

上诉人：没有异议，也没有补充。

审判长：根据《中华人民共和国行政诉讼法》第三十四条的规定，被诉的行政机关对作出的行政行为负举证责任，应当提供作出该行政行为的根据和所依据的规范化文件。下面围绕法庭归纳的争议焦点分别进行举证、质证。在当事人举证、质证发表意见前，法庭向各方当事人先明确，各方当事人二审是否有新证据要提交？××码头有限公司有没有？

上诉人：××码头有限公司没有新的证据。

审判长：××市××区海洋渔业局？

上诉人：没有新证据。

审判长：××市××区人民政府？

上诉人：没有新证据。

审判长：各方当事人提出上诉后，一审法院已经将各方当事人在一审中提交的全部证据材料随案移送本院，本案二审庭审中各方当事人无须再出示。一审中已经提交的证据，只需陈述一审判决书中相关证据编号、名称即可。下面围绕第一个争议焦点，即本案被诉处罚决定认定的处罚对象是否正确，先由××市××区海洋渔业局举证。

上诉人：在一审过程中，被告××市××区海洋渔业局作为行政机关向一审法院提交的证据总共是9份，我这边需要重新质证还是？

审判长：对于第一个争议焦点，你认为哪些证据可以证明你的第一个争议焦点，你们处罚行为成立，你就举出证据的编号就可以了，主要证明什么内容。

上诉人：针对行政处罚相对人对象的认定，在一审过程中，行政机关这边提交了证据3、证据4。

审判长：证据3，解释一下里面什么内容可以证明处罚对象正确。

上诉人：证据3中，××GY建设项目开发公司YH分公司的委托人、施工协议书，证明的对象是××码头有限公司在2012年12月10日，将××湾填海工程包给了案外人GY公司，已确认××码头有限公司是实施违法填海行为的实施单位。证据4是作为业主单位××港区开发建设有限公司相关委托人的询问笔录，证明的对象是该公司从未委托××码头有限公司在未经审批、未经授权的情况下进行施工的行为。因此，行政机关这边是认定××码头有限公司存在自行实施违法填海行为的情况。陈述完毕。

（四）看打练习四

1. 录入技巧

行政处罚案庭审实录（二审）庭审笔录实例录入技巧（4），如表 3-2-10 所示。

表 3-2-10　行政处罚案庭审实录（二审）庭审笔录实例录入技巧（4）

技巧类别	技巧词语
特定单音字	书（W）、页（W）、着（X）、变（W）、原（X）
双音略码	关系（X）、出来（X）、时候（W）、部分（W）、重要（X）、设计（X）、本身（W）、形成（W）、协调（W）、叫做（W）、属于（W）、变化（W）、非常（W）、说明（X）、时间（X）、所谓（X）、加快（W）、等于（W）、月份（W）、开展（X）、看到（X）、知道（X）、东西（X）、否则（X）、办法（W）、下来（X）
三音略码	真实性、准确性、为什么、分界线、事实上
四音略码	表面现象、本末倒置、也就是说、私营企业
多音略码	所做的工作、以下几个方面、什么意思呢、进一步说明、同样的道理、在这种情况下
全码捆绑	启动了、市政府、自始至终、反映了、只不过、接下来、涉及到、一句话、进一步、第三项、工程量、第一页、意味着、做完了、所做的
重码选择	反映（2）、启动（2）、两项（4）、页码（2）、剥离（2）、报批（2）、指示（3）、讲了（2）、讲过（2）、两次（3）、流标（2）
联词消字	工（业/X）、项（目）、签（注）、剥（削/W）、政（府/W）、函（大）
其他	这（ZE）份、性的（分开击打）、企业（置置/XGWIE）、并按（分开击打）、开的（分开击打）、年的（分开击打）、来的（分开击打）

2. 看打练习

审判长：现在请上诉人××码头有限公司发表意见。

上诉人：审判长，我们针对行政机关的证据发表质证意见还是？

审判长：你可以针对行政机关的举证发表质证意见，也可以补充提交你的证据。

上诉人：OK，针对××市××区海洋渔业局提供的证明处罚对象的证据，证据 3 的真实性我们是确认的。但是，这个证据只是反映行为的前端，就是表面现象，至于行为背后的违约关系在这个证据是体现不出来的。这是第一点。这份证据什么时候开始，什么时候结束，要以我们当时提供的结算书为准。证据 3 的真实性是确认的，但是证明对象不足以证明处罚对象的准确性。证据 4，表面真实性是确认的，但是我们陈述的部分重要内容与事实不符，没有施工单位进行填海施工，我们认为是本末倒置，为什么？其实这个项目是有特殊性的，政府和××码头有限公司的关系是有分界线的。按照当初的协议，××码头有限公司负责把路基做好，政府负责路面的施工，勘察设计实际上是在路基完成以后才做的，工可报告、投资预算，所做的工作都是路面的工作。所以，实际上勘察设计和路基是有关系的，但是是本末关系，不是没有勘察设计，就没有委托，而是先做了路基这个事情，后面才启动了勘察设计。另外，纯粹以业主单位的陈述来推定委托关系是什么情况的话，本身业主单位就是一个利害关系人，陈述并不可信。这是我们讲的针对行政机关出示的两个证据，我们的质证意见。

我们对处罚对象提供的证据主要包括以下几个方面：

我们提供的第一组证据主要是证据3，第10页的第6项和第8项。证据3是什么呢？2011年3号会议纪要，××市（当时是市政府不是区政府），××市政府常务会议纪要里有两项很重要的内容：第一，纪要是同意由××码头有限公司实施××港区挖山填海造地，并且确定了填海造地的范围，其中SGL等基础设施由××码头有限公司挖山填海形成路基，路面工程由政府负责投资建设，这是在第10页的第6项；第二，要成立××港区填海造地服务协调小组，成员由发改委、海渔等部门组成。也就是说，××市××区海洋渔业局实际上当时是这个协调服务小组的成员单位，这个填海造地的工作实际上自始至终××市××区海洋渔业局是有参与的。我们提供的证据3想证明的是，××码头有限公司和政府是存在着委托关系的，委托关系有政府的纪要证明。

同时，证据4实际上是根据这个纪要形成了一个协议叫做《××湾作业区填海造地协议》。应该说，这就是法律上所说的委托关系，这个协议的内容基本上反映了纪要的内容，只不过为了让××码头有限公司重视，是由上级集团公司签署，交给××码头有限公司实施。这是我们提供的证据4，也是为了证明委托关系。

接下来，证据5是2012年3号会议纪要。这个应该是指挥部的会议纪要，有两个重要内容：第一，第18页说这个项目属于基础设施，不适合私营企业做申报主体，所以申报主体变更为××港区开发建设有限公司，该公司是一个区政府的企业。但是，这个纪要仅仅是申报主体的变更，并没有说上述所签的协议书权利义务终止或者变更，除了涉及到申报的项目主体变更引起的申报义务的变化以外，其他的内容都没有变。而且在这个纪要中明确要求"争取明年上半年SGL动工建设"，这是文件的原文。最后一句话，19页，进一步证明委托关系的存在，但是也进一步证明委托关系并没有终止。

证据14，该证据是第二批提交的证据，证据的页码是第6页的第3项，文件编号是2014年的一个会议纪要。这个会议纪要中的内容讲得非常明确，要求SGL一起工可修编，经核定总投资额，并按此前协议将××码头有限公司承担的工程量、投资额进行剥离分项，这什么意思呢？按此前协议说明什么？这个会议纪要是2014年第68号，开的时间是4月30日，就是变更主体之后所作出的纪要，按此前协议的意思是什么？这个协议还是有效的。如果这个协议无效的，就不存在所谓能够作为依据的问题了。所以，按此前协议说明政府还是认可这个协议的。同时，讲××码头有限公司承担的工程量、投资额是什么？原协议是，路基由××码头有限公司做，这部分投资额，填海的工程量、投资额由××码头有限公司承担，在工可报告的时候，要计算投资的概算，要把这部分投资额剥出去，在政府的预算、概算、项目立项当中，不包含这部分，就是这个意思。这个文件除了表明委托关系以外，还表明委托关系存续及表明准许，从时间上看是 2014 年的 4 月，这时候我们的填海工作已经进行了一年多，说明政府也是认可这个事情的。这是我们提供的第一组证据，来证明委托关系。

第二组证据，第×号会议纪要。第×号会议纪要进一步说明指挥部人员单位里面，行政处罚机关负责这个项目的用海手续申报和协助用海补偿等工作，我们作出行政处罚机关的单位是协助做填海造地的整个事情。这是文件的第一部分内容。第二部分内容，明确要求用海报批和 12、13 号泊位施工便道同步进行，这个便道在什么位置？实际上就是行政处罚的位置，SGL 一期的填海路段就是用施工便道的名义同时开启了 SGL 一期的填海工程。这个是证据 7，第 62 页。

下一个证据就是证据 8。证据 8 中的长政（函）〔2014〕×号文件，这个是区政府给上一级的××省海洋渔业厅的文件，这个海洋渔业厅的文件说："××市政府在前期项目报批基础上，要求业主单位××市××港区开发建设有限公司加快 SGL 建设，在 SGL 填海路段，启动施工。"这个文件讲得很清楚，实际上等于已经开始填海了。这两个工程是政府有文件作出明确指示的，而不是××码头有限公司擅自的行为。这是我们提供的这一组证据，要证明处罚对象的第二组事实，这个行为启动的原因是什么。

第三组证据就是证据 10～12。证据 10～12 说的是什么呢？2015 年×号文件，就是 2015 年的 8 月份政府开的会议。长港（执）〔2015〕×号文件，这个×号文件大家注意一下，案涉的工程是 2015 年 3 月完成，这个会是什么时候开的？2015 年 8 月份开的，开这个会的时候，这个文件的第一页最后一行讲了，计划在 2015 年 10 月开展工程项目勘察设计工作。我刚刚已经讲过了，政府的工作已经把路基那一块的工程量剥出去了，剩下的是路面，也就意味着政府已经看到了路基工程已经完成。为什么这么说？因为路基工程我们足足做了快两年，已经启动了招标做路面的东西，说明路基已经做完了，已经认可了这个事情，否则没有办法两个月内启动勘察设计的招标工作。这是从这个文件背后我们看出来的含义。再下来，就是证据 11、证据 12。业主单位在 2017 年 8 月和 2018 年 6 月两次进行 SGL 一期工程的招标，第一次招标应该是流标了，第二次又招标，还是同样的道理，政府如果开启了这两个工程的勘察设计，应该是在路基已经完成的基础上进行的路面工程的招标。为什么？因为工可报告所做的方案是有填海路段的，投资的总工程量、批文也是按照这个来的。你的招标、勘察设计都是围绕这个工作来的。在这种情况下，一定是在我做好路基的基础上所进行的勘察设计招标，为路面而进行的。所以，我们提供这两组证据证明的就是填海造地在事实上已经被政府认可和接受。

我们主要提供这三个方面的证据证明处罚对象是错误的，谢谢。

（五）看打练习五

1. 录入技巧

行政处罚案庭审实录（二审）庭审笔录实例录入技巧（5），如表 3-2-11 所示。

表 3-2-11　行政处罚案庭审实录（二审）庭审笔录实例录入技巧（5）

技巧类别	技巧词语
特定单音字	举（W）、提（W）、几（W）、者（W）、省（XW）
双音略码	等等（X）、这些（X）、若干（W）、改变（X）、履行（X）、完全（W）、国家（X）、成为（X）、不能（X）、绝对（W）、根本（X）、突然（X）、彻底（X）、他们（X）
三音略码	一系列
四音略码	空穴来风、确确实实、基本建设、国计民生、不仅仅是、张冠李戴、引火烧身、来龙去脉、毫无关系
多音略码	进一步明确、存在的问题、在这种情况下
全码捆绑	公用事业、做不到、两回事、再一个、进不去、老百姓、追溯到、查清楚、一步一步、招投标、不足以
重码选择	来说（2）、解读（4）、激励（3）、公有（2）、回报（2）、无偿（2）、公益（2）、岸线（4）、不宜（2）、另行（3）、指定（3）、指使（5）、选址（2）、所知（3）、幕后（2）
联词消字	西（部）、迁（移）、亿（特）、相（等）、式（子）、替（补）、何（不）
其他	科学（后置/XBWIUE）、不被（分开击打）、出的（分开击打）、前因（分开击打）

2. 看打练习

审判长：现在先由××区人民政府对上诉人××区海洋渔业局所举的证据发表意见。

上诉人：对××区海洋渔业局的证据及其证明对象，我们没有异议。

审判长：现在由××区海洋渔业局对上诉人××码头有限公司刚才发表的意见以及相应的举证有没有意见需要发表的？

上诉人：在一审的过程中，作为行政机关××区海洋渔业局是认可××区人民政府一审过程中针对××码头有限公司所提供的相应证据及证明对象的质证意见，我们意见仍然同一审。

审判长：××区人民政府，你方对刚才××码头有限公司发表的意见以及所举的证据有没有意见需要发表？

上诉人：刚才就处罚对象所提的几份证据，我们发表如下意见。

关于证据 3，××市人民政府与××码头有限公司的母公司 SR 集团有限公司在 2011 年 5 月 20 日签订××湾作业区填海造地协议书，首先对这份协议书，我们认为从性质上来说是一份招商引资协议，不是委托跟授权的关系，所以××码头有限公司将这份协议书解读为委托关系是错误的。三大项目用海、奠基、西迁、码头前沿、SGL 征用的山地 1 203.13 亩，等等这些，都是要由 SR 集团或由其子公司××码头有限公司来投资的。这份协议书的签订也不是空穴来风，根据《××省人民政府关于科学有序做好填海造地工作的若干意见》，为了鼓励海湾外填海造地，激励民间投资海湾外填海造地及其企业投资基础设施、公用事业和公有项目实施填海造地。这是一份招商引资的协议，××码头有限公司及其他的母公司签订这份协议书要投资的，按照我们大家估算要十几个亿，政府给予的回报也不是无偿的、做公益的，政府给××码头有限公司的回报在协议书或者 2011 年××市政府的常务会议纪要里，已经列出一系列的政策优惠和资金扶持。这个就是他们的利益，他们的回报。所以说，委托关系不成立。指挥部的会议纪要，2012 年 3 月份，这里所涉及的就是填海造地工程的申报主体、项目的建设单位，申报主体由××码头有限公司变更为××港区开发建设有限公司，国有企业、码头公司或者原审判决都认为仅仅是申报主体的变更，没有改变上诉协议书。或者说 2011 年政府常务会议纪要，这个是完全错误的，我们等会儿会提到我们的证据。根据上述 2011 年签订的填海造地协议书和 2011 年的政府常务会议纪要，××码头有限公司确确实实按照常务会议纪要和填海造地协议书的约定，按照我们基本建设的程序向××省发改委、××省交通厅申报了填海造地工程的项目立项，2011 年 7 月 25 日，××省发改委、××省交通厅下文不予行政许可，认为港口岸线关系国计民生和国家战略，不宜由民营资本来投资，应该由政府或者政府资本来投资，政府的国有企业来投资。所以，协议书跟常务会议纪要约定的就是我们说的招商引资的内容由码头公司作为建设主体，建设单位的内容在 2011 年 7 月 25 日不予行政许可后，协议书或者是 2011 常务会议纪要已经成为履行不能或者履行不可能了，不管是常务会议纪要或者协议书都约定要依法实施填海造地，要办理立项、用海、用地、用人的各项审批，你已经做不到了。所以，证据 4 不能证明政府与码头公司的所谓委托关系仍然存续，已经不被行政许可了。所以，不仅仅是一个申请主体变更的问题，是整个项目已经发生了变化，主体已经发生了变化，投资由民营资本投资改为政府投资 7.68 亿，内容也发生了变化，原来填海造地的协议书约定的项目跟内容是相当庞大，不被行政许可后，会议纪要仅保留了一个 SGL 工程由政府另行指定，××港区开发建设有限公司作为建设单位依法申报。根据证据 4，我们认为××码头有限公司的证明对象完全不能成立。

　　证据 14 也是一份会议纪要，提到了三个问题。第一，根据相关协议，将××码头有限公司投资的部分予以剥离，××码头有限公司认为，根据相关协议，原来的协议没有解除，是正确的，但是已经不可能履行。第二，政府的会议纪要根据此前的相关协议没有错，哪怕已经解除，成为不能履行的合同，仍然是根据此前的相关协议已经做了前期工作，具体内容里面没有说。另外，提到把××码头有限公司已经投资的部分在政府投资项目当中予以剥离的问题。政府的投资跟民营资本的投资是两回事。从政府的投资审批各个方面来说，包括项目费用的审计都必须把已经投资的部分予以剥离。第三，根据这个会议纪要，可以进一步证明委托关系仍然存在，没有依据。既然你认为投资已经被政府剥离了，委托关系何以存在？再一个，证据 7，2014 年第×号的会议纪要，涉及到的用海审批、施工便道的问题，我们想进一步明确的是，2014 年第×号会议纪要所提到的 SGL 一期工程已经不是 2011 年政府与码头公司签订的填海造地协议书所讲的 SGL 一期工程了，2014 年的 SGL 一期工程是经政府另行指定的××港区开发建设有限公司作为建设主体依法申报的政府投资项目，不是民营资本投资项目，不能把两个项目混淆。本案存在的问题就是，不管是××码头有限公司还是原审判决，都是将民营资本投资项目与政府投资项目相混淆，张冠李戴。

第二，关于涉及到施工便道的问题，这恰恰是本案最关键的事实。原审判决以穿透式审查的方式，企图将××区政府认定为背后的指使者，可是进一步的穿透式审查，原审判决整个认定事实都是错误的。关于违法主体，本案争议的工程不是 SGL 一期工程，绝对不是现在违法的填海造地的被处罚行为，而是××码头有限公司 12、13 号泊位的施工便道，根本就不是 SGL 一期工程，施工便道处在现在政府规划选址的 SGL 一期工程用的范围内。据我们所知，包括××码头有限公司后面提到的政府出的支持函，2014 年以前都没有提到 12、13 号泊位的施工便道，2014 年、2015 年为什么突然冒出××码头有限公司 12、13 号泊位施工便道问题？就是因为 2013 年开始，××码头有限公司为了施工，为了 12、13 号泊位的建设，擅自填海建造施工便道，因为那边都是海，没有一条施工便道，进不去，后来被当地老百姓投诉到省海洋渔业厅。在这种情况下，××码头有限公司请求政府出面，才有刚才提到的政府给省海洋渔业厅的支持函。如果用穿透式来审查本案的违法主体跟幕后主体是谁，应该追溯到 2014 年，彻底查清楚。所以，关于本案提到的施工便道从一审到二审，包括刚才××区海洋渔业局的上诉状里都已经提到，实质上处罚的不是 SGL 一期工程，而是 12、13 号泊位的施工便道。

关于证据 8，是 2014 年省海洋渔业厅出的一个支持函，要求他们支持 12、13 号泊位的施工便道建设。这个我们说明一下，就是我们刚才讲的前因。2014 年，施工便道填海造地露出水面以后，被老百姓举报，××市政府应××码头有限公司的要求，替该公司出面求情。从现在来看，这个行为是不应当实施的，引火烧身。这个是政府参与此事的来龙去脉，不然为什么本案中突然冒出一个施工便道，突然冒出一个政府要求上级予以支持施工便道建设的函？

关于证据 10～12。有关现在的政府投资项目 SGL 一期工程招标、勘察设计的招标问题，这个与本案毫无关系，我们必须再进一步说明，现在政府在申报的 SGL 一期工程是政府投资项目，不是民营资本投资项目，我们一步一步按照法律有关基本建设程序来走。前期工作已经立项，就是因为 12、13 号泊位的施工便道违法用海的问题，导致现在的 SGL 一期工程的用海申请没有办法获得批准，所以整个工程的前期审批一直拖延到现在。到本案的一审开庭前，现在的 SGL 一期工程的招投标刚刚中标，勘察设计单位还没有开始进行勘察设计，政府的投资项目还没有开始进行勘察设计，何来施工？所以，有关现在政府 SGL 一期工程的勘察设计招投标与××码头有限公司毫无关系，不足以证明其是受政府的授权或者是委托来实施其填海造地工程。

完毕。

（六）看打练习六

1. 录入技巧

行政处罚案庭审实录（二审）庭审笔录实例录入技巧（6），如表 3-2-12 所示。

表 3-2-12　行政处罚案庭审实录（二审）庭审笔录实例录入技巧（6）

技巧类别	技巧词语
特定单音字	块（W）
双音略码	在于（X）、铁路（W）、前面（W）、这样（W）、群众（W）、所有（W）、无论（W）、产生（W）、造成（W）
四音略码	前前后后、基本原则、诉讼时效
多音略码	开始的时候、同样的道理
全码捆绑	专用线、一回事了、白纸黑字、这（ZE）种事
重码选择	几点（8）、甲方（2）、一致（2）、失约（3）、两份（2）、之处（5）
联词消字	乙（烯）、方（面/X）、像（章）、读（本）、叫（做/W）
其他	多了（分开击打）、而因（分开击打）

2. 看打练习

审判长：对于第一个争议焦点，各方当事人是否还有意见发表？

上诉人：审判长，我需要补充几点。

首先，有关××码头有限公司上级单位 SR 集团和××区政府签订协议的性质我们需要澄清一下。这个并不是所谓的招商引资协议，在本质上要看协议的内容，我需要重申一下。这个投资项目实际上是一个合作关系，双方的分界线在于协议的第五条，有关 SGL 铁路专用线的权利义务分配原则是，乙方也就是××码头有限公司的上级单位 SR 集团负责填海造地形成路基，甲方也就是××市政府，负责 SGL 路面工程建设，铁路专用线和港前站建设用地补偿问题另行协商。也就是说，这个项目从一开始并非像××区政府所说的所有投资都是××码头有限公司投资，最开始的时候双方也是有分工，一个负责路基，一个负责路面，再后面，项目主体变更以后，和前面的 SGL 就不是一回事了，但还是按照这样的基础来的。也就是说，××码头有限公司做路基，政府负责路面。因为前前后后的工可报告，这个是作为立项的基础文件，工可报告上面所做的方案以及投资的测算一直没有改变，也都是按照这个基本原则走下来的。所以，前后来说，两个标的指向，除了项目的申报主体发生变化以后，其他都是一致的。这是我补充的第二点。

第三点，有关 12、13 号泊位施工便道的关系问题。其实，同样的道理，不管我们做的是 SGL 一期工程的填海，还是 12、13 号泊位的施工便道，政府的文件白纸黑字写得很清楚，是要同步启动建设的，即便是 12、13 号泊位的施工便道也是政府让我干的，谁来负责？这是我们要补充的第三点。

谢谢。

审判长：下面围绕第二个争议焦点，案涉填海造地是否失约两年时效？

上诉人：审判长，我能不能对他刚才的意见再补充下？

审判长：可以。

上诉人：关于施工便道的问题，我刚才已经说了，2014年以前，群众举报以前，在本案涉及到的所有文件当中都没有施工便道问题，2014年以后有施工便道问题，一个是会议纪要，一个是支持函，要求省海洋渔业厅的支持函。刚才××码头有限公司的代理人在读到这两份证据的时候，说其实我们施工已经一年多了，2014年3月份以前谁叫你干的？政府没有让你干施工便道，恰恰是2014年3月份发生了这种事以后，政府出面向有关部门协调、求情？这是第一。第二，即使是会议纪要，政府没有叫××码头有限公司继续施工便道，会议纪要白纸黑字写着××港区开发建设有限公司加快施工便道的建设，而××港区开发建设有限公司没有任何加快或者建设的行为，所有的行为仍然是××码头有限公司在实施。完毕。

审判长：好，下面围绕第二个争议焦点，案涉填海造地行为是否失约两年处罚时效？先由××区海洋渔业局举证说明一下就可以了。

上诉人：好的，针对××码头有限公司在一审上诉状中提到的时效问题的焦点，我们作为行政机关认为，一审法院在原审判决书中对于该争议焦点的认定并无不妥。根据《中华人民共和国行政处罚法》第二十九条的规定，违法行为在两年之内没有被发现的，不再给予行政处罚，但是依然规定到，违法行为有连续或者继续状态的，从行为终了之日起计算。因此，填海造地行为和非法占用海域本身就是两个不同的违法行为，在本案中未经审批的填海造地行为是一种违法行为，而因未经审批的填海造地当时就带来了非法占用海域的违法状态，而且该状态持续至今。因此，在本案中，无论案涉的填海造地的范围是否属于业主单位，非法占用海域的违法状态均是由××码头有限公司未经审批、未经授权的自行填海造地行为而产生、造成。因此，我们认为，在一审判决书中，对于该块诉讼时效的认定，并无不当之处。陈述完毕。

（七）看打练习七

1. 录入技巧

行政处罚案庭审实录（二审）庭审笔录实例录入技巧（7），如表3-2-13所示。

表3-2-13　行政处罚案庭审实录（二审）庭审笔录实例录入技巧（7）

技巧类别	技巧词语
特定单音字	算（X）
双音略码	考虑（W）、目的（X）、满足（W）、达到（W）
四音略码	交工验收
多音略码	关键的问题
全码捆绑	假如我、这一块、有一份、提一下
重码选择	两块（3）、又有（6）、简短（3）
其他	先对（分开击打）

2. 看打练习

审判长：现在由××码头有限公司发表意见。

上诉人：有关这个问题，即证据 6（第 48 页），当时有一个交工验收证书，这个证书在一审时双方对真实性都予以确认。实际填海工程的开工时间是 2013 年 3 月 1 日，竣工时间是 2015 年 1 月 5 日。也就是说，填海行为在 2015 年 1 月 5 日就结束了，完工了。另外一个是非法占用海域，业主单位的行为。实际上我注意到海洋渔业局也同意我们的观点。这个行为区分成两块：一是假如我既是业主单位，又实施填海行为（即违法填海者），还是非法占用海域者，由于这个业主单位已经是××港区开发建设有限公司，同时考虑后面又有招投标的路面建设的安排，所以我们认为，后面在我们完成填海行为后，这一块填海用地已经转交给政府业主单位。在这种情况下，非法占用海域的单位是另外一家单位。我们的行为到 2015 年 1 月完成以后算两年，2017 年 1 月 4 日就是时效期。如果超过这个时效，我们认为就超过了行政处罚法的时效两年时间。陈述完毕。

审判长：现在由××区人民政府发表意见。

上诉人：审判长，对于处罚主体，原来在一审时有一份证据，刚才合议庭没有让我们举证，我们再提一下，可以吗？

审判长：就是处罚主体，是吗？

上诉人：是的。

审判长：要作为新证据提交，是吗？

上诉人：不是作为新证据，处罚主体是本案非常关键的问题，我们在一审的时候有一个证据，刚才合议庭安排举证、质证的时候，××区政府没有被安排举证。

审判长：那你说一下。你先对处罚时效发表一下意见。

上诉人：时效，对于处罚时效我们同意原审判决的意见。

补充举证的就是，我们在一审的时候，提交本案的违法主体应该是××市××码头有限公司。我们提交的证据就是我们的证据 1，2011 年 7 月 25 日××省交通运输厅、××省发展和改革委员会批复的（闽）交港行预审〔2011〕×号××省港口规划区域内建设项目预审表，题目是《关于××湾作业区港区配套陆地填海造地工程项目预审的意见》，这份意见明确了不同意由××码头有限公司开展该项目的前期工作。根据这份文件的记载，这份文件已经送达给××码头有限公司，但是我们作为××区政府没有这份文件，我们没有收到，不是送达的单位。所以，我们所主张的××码头有限公司是违法主体，或者说我们所主张的××码头有限公司在这份批复下发以后，其母公司跟××区政府签订的填海协议书已经成为履行不能，实际上已经终止，因为其已经不是立项的建设单位。具体我们的证明对象的话，书面的都有，我们就不再重述。

审判长：××码头有限公司对刚才××区政府的举证，还有没有意见需要发表？

上诉人：简短说一下。这份文件真实性予以确认，但是证明对象不能满足政府所要达到的目的。实际上，这就是一个项目申报主体的问题，××码头有限公司不适合做，但是我们××码头有限公司跟区政府的协议内容不仅仅是申报的问题，实际上最重要的本案当中的争议是一部分路基的建设问题，申报已经变更了，但是协议的其他内容并没有变化。陈述完毕。

审判长：××区海洋渔业局有没有意见需要发表？

上诉人：我们没有意见。

审判长：第二个争议焦点，大家还有没有意见需要发表？

（没有）

（八）看打练习八

1. 录入技巧

行政处罚案庭审实录（二审）庭审笔录实例录入技巧（8），如表3-2-14所示。

表3-2-14　行政处罚案庭审实录（二审）庭审笔录实例录入技巧（8）

技巧类别	技巧词语
特定单音字	想（W）
双音略码	搜集（X）、了解（X）、目前（W）
四音略码	主要内容、由此可见
全码捆绑	说不过去
重码选择	拿去（2）、发问（2）
联词消字	花（布）、钱（德）、罚（个）

2. 看打练习

审判长：我们下面围绕第三个争议焦点，如果被诉处罚决定认定的处罚对象是正确的，那么本案罚款金额是否过高？先由××区海洋渔业局举证说明。

上诉人：在一审过程中，针对处罚倍数的证据，行政机关确实没有及时提交，但是在二审上诉的过程当中，我们已经作为一个参考材料提交到贵院，主要内容是××码头有限公司在此次违法用海之前，存在四次同类型的违法使用海域的情况，并被相关行政机关依法进行行政处罚，符合××市海洋渔业局行政处罚自由裁量标准中的相关规定，被行政处罚后，再次发生同类违法行为的情况应当被认定为严重情节，该情节应当适用责令退还非法占用海域、恢复原状，没收违法所得，并按照17倍处罚的处罚裁量标准进行处罚。由此可见，结合××码头有限公司的违法行为，以及之前受到违法处罚的情况，应当适用17倍的处罚标准。陈述完毕。

审判长：现在由××码头有限公司发表意见。

上诉人：根据《中华人民共和国行政诉讼法》第三十四条规定，行政机关作出行政处罚时，应该搜集所有应当搜集到的证据。我们注意到，海洋渔业局在二审期间提供的证据实际上在一审中并没有出现，表明他们作出行政处罚时并没有搜集到这些证据，因此应当承担举证不能的责任。也就是说，处罚 17 倍罚金不具有合法的依据。这是第一点。第二点，考虑另外一个问题，也就是从填海的事实来讲，××码头有限公司填海的路段，实际上是一个公共建设、公共设施，也是省里不让我们做业主单位的一个理由之一。我们在花钱把这块地填好以后，政府拿去后面做招标，继续做 SGL。实际上，我们做这个事情不但花了钱，反过来还要被罚，道理上，本身也说不过去。从处罚的角度来讲，这么高的罚金，我觉得实在是不公平了。

审判长：现在由××区人民政府发表意见。

上诉人：我们同意海洋渔业局代理人的意见。

审判长：对第三个争议焦点还有没有需要发表意见的？

（没有）。

审判长：合议庭成员是否有问题需要发问？

审判员：上诉人××码头有限公司，法庭想了解一下案涉的填海工程现状如何？

上诉人：目前这一块作为 SGL 一期工程的路基，政府已经完成，而且政府已经就勘察、设计的建设走了下一道程序。

审判员：上诉人××码头有限公司，本案的填海工程完成之后，你方是否进行进一步建设？进行了什么建设？

上诉人：对这一个路段，路基完成以后没有进行进一步建设。

审判长：各方当事人还有没有要补充的意见？

（没有）

（九）看打练习九

1. 录入技巧

行政处罚案庭审实录（二审）庭审笔录实例录入技巧（9），如表 3-2-15 所示。

表 3-2-15　行政处罚案庭审实录（二审）庭审笔录实例录入技巧（9）

技巧类别	技巧词语
特定单音字	没（X）、者（W）、即（XW）
双音略码	肯定（X）、自然（X）、专门（X）、讨论（W）、普遍（X）
三音略码	并没有
四音略码	法庭辩论、所有这些、众所周知、合理合法
多音略码	在这（ZE）个问题上、不符合实际、正因为如此
全码捆绑	真实的、所有者、公权力、一级政府、法律赋予、有赖于、准生证、强制力、怎么办、就不再
重码选择	胆子（3）、长达（2）、移交（2）、质押（3）、起见（2）、事权（2）、颁发（2）
联词消字	拟（议）
其他	六点（分开击打）、挂到（分开击打）

2. 看打练习

审判长：法庭调查结束，现在开始法庭辩论。各方当事人应当围绕本案的争议焦点展开辩论，前面已经发表过的意见，可以不再重复。现在先由××码头有限公司发言。

上诉人：首先，针对合议庭归纳的第一个焦点问题，我们认为行政机关的处罚对象错误，原审判决在这个问题上所做的认定是正确的。主要是四个方面：第一，这个填海工程是××码头有限公司基于和政府的委托关系从事的行为，委托的工作成果所产生的法律后果，应当由委托人承担。第二，案涉的填海工程实际上是受政府具体指示的，而不是我们××码头有限公司自行从事的行为。我们注意到，区政府也提到，我这个文件都是写给开发公司去做的，可是我们都知道，作为政府部门作出的决定，如果要开发公司做，开发公司为什么没去做？我们正常的企业运行和政府关系当中，没做肯定有真实的原因，为什么？因为实际上工作是由××码头有限公司出钱的，而且××码头有限公司已经在做，所以说开发公司没有做，开发公司并没有那么大的胆子不去做，违抗政府的指示，也是不符合实际的。第三，我们做这个行为，政府一定是知情的，因为这是长达两年的工程，我们不是成员单位，但是每一次成员开会作纪要的时候，都要对我们所做的工作进展进行汇报。第四，在处罚的对象问题上，我们所做的工作在移交以后，政府开展了下一道的程序，表明什么？表明政府接受和认可××码头有限公司的工作成果，因此我们认为，我们所从事的填海造地的行为，不管法律后果是什么样的，这个后果应该由政府承担，而不应该由××码头有限公司承担。这是第一个处罚对象错误的问题，我们提出我们的辩论意见。

第二个焦点问题，时效的问题。时效实际上跟第一个问题有一定的关联，为什么有一定的关联？因为时效的问题要区分两个行为：一个是填海的行为；一个是非法占用的行为。非法占用的行为跟主体有关系，为什么？因为业主单位是项目的所有人。一般从法律上来讲，除非有租赁或者质押等行为会转移占有，否则的话，应当推定所有者即占有者。也就是说，当我们完成填海行为以后，后续占有项目的行为人是业主单位，也就不是××码头有限公司了。这是第一个问题，非法占用的行为，延续性的行为不应当指向××码头有限公司。第二，如果单纯从填海行为来讲，我们在 2015 年 1 月份已经完成了这项工作，已经超过了行政处罚法的两年时效，这是针对第二个焦点问题。第三个焦点问题，罚金过高的问题，实际上我想主要是举证责任的问题，由于海洋渔业局没有完成举证责任，所以罚金自然不能按照那么高的标准来处罚。还有一个，考虑到工程实施填海行为的性质，实际上是实现政府的目的，同时也是为了公共利益，是一个公共设施，而且填完了还要用，也准备进一步用好。所以，从公平的角度来讲，也不应该处以那么高的罚金。陈述完毕。

谢谢。

审判长：现在由××区海洋渔业局发言。

上诉人：在结合上诉状内容，还有刚才的相关意见以外，我们作一个补充说明。结合本案在我们行政机关这边发现案涉的违法填海占用海域的行为之后，行政机关已经及时成立了执法队伍，展开调查举证。由于涉案海域的面积较大，我们拟作出的行政处罚决定的金额也较大。行政机关为了慎重起见，还专门组织了上一级的业务骨干，针对本案涉及到的违法事实的确认、主体的认定、金额标准的适用，都进行了非常充分的讨论，最终方才决定作出本案案涉的处罚决定书。因此，我们认为行政机关已经严格按照依法行政的法律依据，还有程序上的规定依法行政。其他的辩论意见同上诉状的观点，不再赘述。陈述完毕。

审判长：好的，现在由××区人民政府发言。

上诉人：审判长、审判员，本案的三个焦点，与××区政府有关的就是第一个焦点，我就针对第一个焦点的问题发表代理意见。大部分刚才举证阶段已经说了，我这里面涉及到的简要说一下。第一，我们认为 2011 年 3 号常务会议纪要和 2011 年 5 月 20 日××湾作业区填海造地协议书，其实质是政府与企业的招商引资协议，不是委托关系，这个刚才已经说了。第二，上述常务会议纪要和××湾作业区填海造地协议书，作为行政行为，仅仅是一种过程性的行政行为。原审判决将这两个文件认定为一种行政行为。尽管一个是行政行为，一个是行政协议，总带有行政行为的特征，我们对此也没有异议，但是我们认为是过程性的行政行为。针对招商引资协议也好，或者是常务会议纪要也好，仅仅是同意××码头有限公司投资填海造地等一系列的工程，连同政府给予其一系列费用、税收、用地等优惠政策跟扶持，这些都是带有行政特征，只有行政公权力才能做到的。但是这个协议会、常务会议纪要明确的规定或者约定填海造地工程必须依法办理立项，一是必须依法实施，二是必须依法办理立项，三是必须依法办理用海、用地、用人的审批，而且要求其一年内办理好上述审批，三年内完成工程。我们都知道，项目的立项也好，用海、用地、用权的审批，只有政府机关或者每一级政府，有法律赋予其特定的职能或者事权，所有这些都不在××区政府。也正因为如此，协议书当中或者是会议纪要当中，××区政府要求××码头有限公司或者其母公司 SR 集团必须依法办理。这就证明作为一种行政行为，协议书也好，常务会议纪要也好，并不是最终的行政行为，而是一种过程性的行政行为。

第三，（闽）交港行预审〔2011〕×号，××省港口规划区域内建设项目预审表（批复）不许可××码头有限公司开展填海造地工程，已经终止了常务会议纪要和××湾作业区填海造地协议书的执行或者履行。我们刚才讲的，这两个文件是一种过程性的行政行为，能不能得到执行，或者能不能得到履行，还得有赖于有权机关是否批准，是否许可。在得不到行政批准或者行政许可的情况下，这两个文件约定或者规定的填海造地工程本身就是无法执行或者是不可履行，而我们刚才所提到的（闽）交港行预审〔2011〕

×号批复，不予许可××码头有限公司作为建设项目的建设单位，这是一个最终的行政行为。我们都知道，也可以说是众所周知，在国内，不管你是政府投资项目，或者是企业投资项目，都必须取得立项，这是最基本的。我们通常讲的立项是一个建设或者投资项目的"准生证"，没有获得"准生证"，就不是建设单位，就不能动工，这个批复已经拒绝颁发"准生证"了。所以，不是一个简单的变更申报主体的问题，而是整个建设单位变更了。根据这个最终的行政行为，实质上已经终止了常务会议纪要或者填海造地协议书过程性的行政行为。原审判决认为，行政行为或者行政协议具有公定力、确定力，这个批复下达以后，××区政府应该另行以合理的理由、以书面的形式通知码头公司解除协议书。我们认为这个是对行政行为的公定力、确定力的一种曲解。行政行为的公定力、确定力都是一种推定，一种假设，一经做出，无论合法与否，都推定它具有法律的强制力，应当执行，予以尊重，但这是相对的，一旦这个行政行为被确定为违法、无效，或者被变更、被撤销，这个公定力、确定力就没有了。也就是说，恰恰是由于行政行为具有的公定力、确定力，足以说明省发改委、交通厅的批复下达以后，常务会议纪要跟填海造地协议书的公定力、确定力没有了，丧失了公定力、确定力，成为不可履行。所以，根据省发改委、交通厅的批复，××区政府无须另行下文撤销2011年的常务会议纪要，也无须与码头公司另行书面解除填海造地协议书。这个是最简单、最普遍的道理，如果认为没有解除，仍然可以履行，怎么履行？协议书所约定的立项、用海、用人、用地没有审批，怎么办？不是建设单位，怎么办？怎么去履行这个协议书？所以我们认为，原审判决认为在批复下达以后，××区政府应该另行与码头公司以合理合法的方式解除协议书，没有法律依据，行政行为的公定力、确定力，恰恰说明原审判决这个认定是错误的。

第四，2012年11月12日，××港区开发建设指挥部成员会议纪要及之后所有的有关××区政府或者是SGL一期工程建设指挥部的会议纪要都不存在委托或者授权××码头有限公司填海造地。2011年7月25日，省发改委和省交通厅的批复下达以后，××码头有限公司也知道。

审判长：上诉人，我提醒一下，前面已经说过了，就不再重复了。

上诉人：也知道他们不是项目的建设单位，所以都没有以SGL一期工程或者填海造地工程或者协议书、常务会议纪要的名义实施填海造地，只是2014年上半年12、13号泊位露出水面被投诉以后，才将施工便道请求政府挂到SGL一期工程，请求有关部门予以支持。这个时候离填海造地工程已经一年多了，路基已经形成。所以，海洋渔业局基于这个事实对其实施行政处罚，无论认定事实或者适用法律都是正确的。完毕。

审判长：各方当事人是否还有新的辩论意见需要发表的？

（没有）

（十）看打练习十

1. 录入技巧

行政处罚案庭审实录（二审）庭审笔录实例录入技巧（10），如表 3-2-16 所示。

表 3-2-16　行政处罚案庭审实录（二审）庭审笔录实例录入技巧（10）

技巧类别	技巧词语
双音略码	复杂（X）、解决（X）
四音略码	调查取证
多音略码	具体行政行为
全码捆绑	省高院
重码选择	休庭（2）、评议（2）、作了（2）
联词消字	槌（仁）
其他	两点（分开击打）

2. 看打练习

审判长：法庭辩论结束，下面请各方当事人最后陈述综合意见。先由××码头有限公司陈述最后意见。

上诉人：请求二审维持一审的判决结果，同时支持我们关于时效已经超过作为撤销的理由之一。

审判长：现在由××区海洋渔业局陈述最后意见。

上诉人：请求二审法院依法撤销××海事法院〔2019〕闽 72 行初×号行政判决书，并依法改判驳回××码头有限公司的全部诉讼请求，以上请求陈述完毕。

审判长：××区海洋渔业局出庭行政机关负责人是否陈述意见？

上诉人：审判长、审判员，我作为上诉人××市××区海洋渔业局的负责人，今天参加本案二审的庭审活动，现在就我局作出涉诉的〔2018〕×号行政处罚决定书具体行政行为作一个简要的说明：

第一，涉诉的行政行为程序合法。在一审过程中，上诉人提交的关于我局作出涉诉行政处罚决定书的各项证据，被处罚时相对人××码头有限公司对于我局作出行政处罚决定书的程序也没有异议，因此我局针对涉诉具体行政行为符合行政处罚法的程序要求，程序合法，并无不当。

第二，本案涉及到 6.191 公顷的违法填海造地行为的处罚，在了解到存在的违法行为以后，我局及时组织相应的执法人员对违法事实进行了调查取证，在基本落实实施危害行为的相对人为××码头有限公司之后，因本案案情较为复杂，处罚的金额较大，我局特意安排上级行政机关的相关业务骨干，针对涉案违法行为、相对人认定存在争议的问题进行了会审、讨论，在结合本案调查取证所获取的证据和可认定相关事实的情况下，才最终明确了违法行为，实施单位××码头有限公司作为行政处罚相对人，作出了涉诉行政处罚的决定书。因此，我局在作出涉诉行政处罚决定书之前，已经遵循依法行政的基本原则，力争作出准确、合法的具体行政行为。对本案部分的陈述完毕。

审判长：现在由××区人民政府陈述最后意见。

上诉人：作为代理人，我们请求按上诉的请求解决本案。

审判长：××区人民政府出庭行政机关负责人是否陈述意见？

上诉人：简单两点意见。第一，完全赞成我们区政府和海洋渔业局两位代理人所陈述的意见，也支持区海洋渔业局作出的处罚决定。

第二，我们区政府包括海洋渔业局都是依法办事，但是最后我们也尊重省高院最终的判决。完毕。

审判长：在刚才的庭审中，各方当事人都已经进行了法庭陈述，并围绕争议焦点进行了举证、质证，也发表了辩论意见和最后陈述，法庭也已经充分听取了各方当事人的陈述及辩论意见，书记员也作了相应的记录。现在休庭 25 分钟，合议庭对本案进行评议。（敲击法槌）

书记员：全体起立，请审判长、审判员退庭，请诉讼参加人退庭，在休息区等候继续开庭。

（休庭）

（十一）看打练习十一

1. 录入技巧

行政处罚案庭审实录（二审）庭审笔录实例录入技巧（11），如表 3-2-17 所示。

表 3-2-17　行政处罚案庭审实录（二审）庭审笔录实例录入技巧（11）

技巧类别	技巧词语
特定单音字	中（X）、处（XW）、元（W）、各（X）、退（W）
双音略码	虽然（X）、持续（X）、停止（X）、召开（W）
全码捆绑	休息区、十五届、等同于、通知书、第一项、受理费、到此结束
重码选择	赋予（3）、明示（5）、长达（2）、个月（2）、鉴于（2）、综上（2）、原判（2）、闭庭（2）、笔录（3）
联词消字	馆（陶）
其他	应受（分开击打）、第六（上屏）

2. 看打练习

书记员：全体起立，请审判长、审判员入庭。

审判长：请坐下。

（敲击法槌）

现在继续开庭。××码头有限公司诉××区海洋渔业局行政处罚上诉一案，合议庭经评议认为，虽然《中华人民共和国行政处罚法》第二十九条规定，违法行为在两年内未被发现的不再给予行政处罚，前款规定的期限从违法行为发生之日起计算，违法行为有连续或者继续状态的从行为终了之日起计算。本案中，案涉填海行为虽然于 2015 年 1 月竣工，但是案涉填海未经审批，违法占用海域，在未经整改之前，其占用海域的违法状态处于持续状态，因此上诉人××码头有限公司关于案涉违法填海行为失约两年行政处罚时效的上诉理由不能成立，本院不予支持。行政机关作出行政行为应当认定事实清楚，适用法律正确。本案中上诉人××区海洋渔业局作出被诉行政处罚决定，认定上诉人××码头有限公司为本案被处罚对象事实不清，证据不足。案涉填海项目由于××市十五届政府 2011 年第三次常务会议纪要议定事项，2011 年 5 月 20 日，原××市人民政府与××码头有限公司的母公司 SR 集团有限公司签订××湾作业区填海造地协议书，确认案涉填海造地工程由××码头有限公司负责实施，××码头有限公司在履行该项目的立项审批中，因××省交通运输厅和××省发展和改革委员会在预审意见中明确指出：港口岸线资源是公共战略资源，整体开发收储原则上应由政府或者政府指定的国有公司承担，不同意由××码头有限公司开展该项目前期工作，故××港区开发建设指挥部决定工程项目申报主体变更为××港区开发建设有限公司，但是该变更行为并不等同于原××市人民政府与 SR 集团有限公司签订的填海造地协议中赋予××码头有限公司的权利义务关系自动解除。首先，该协议并未规定协议解除的条件；其次，××区人民政府也没有提供证据证明其已明示××码头有限公司解除该协议；再次，变更项目业主后，××码头有限公司并未被要求停止港区开发的相关工作，而且在××港区开发建设指挥部召开的一系列会议中，××码头有限公司既是参会成员之一，还被要求负责民俗馆征迁工作。还需要指出的是，案涉填海工程从 2013 年 3 月 1 日动工到 2015 年 1 月 5 日竣工，长达 1 年 10 个月期间，上诉人××区海洋渔业局并未对××码头有限公司的填海行为进行制止，而是到 2018 年 4 月 9 日，才作出检查通知书，对××码头有限公司所在的填海情况进行检查，××港区开发建设指挥部和项目业主单位××港区开发建设有限公司也没有提出异议。因此，××码头有限公司基于其母公司 SR 集团有限公司与原××市人民政府之间签订的协议而实施的填海行为，该行为的法律后果不应由××码头有限公司承担。上诉人××区海洋渔业局未查清上诉事实，即认定××码头有限公司为案涉填海违法行为的当事人，对××码头有限公司处以该违法占有海域面积应缴纳的海域使用金 17 倍的罚款，认定事实不清，证据不足，依法予以撤销。

鉴于案涉填海工程未经审批，违法占有海域的行为，应受处罚，××区海洋渔业局应当继续查清事实，对违法行为人重新作出行政处罚，故原审判决撤销被诉行政处罚决定，并责令××区海洋渔业局重新作出行政行为，并无不妥。

综上，原审判决认定事实清楚，适用法律正确，程序合法，依法予以维持。三上诉人的上诉理由均不能成立，其上诉请求本院均不予支持。

据此，依照《中华人民共和国行政诉讼法》第八十九条第一款第一项之规定，宣判如下。

书记员：全体起立。

审判长：驳回上诉，维持原判，二审案件受理费 100 元，由上诉人××码头有限公司和××市××区人民政府各负担 25 元，上诉人××市××区海洋渔业局负担 50 元。本院将在十日内向各方当事人送达书面判决书，判决书内容表述与当庭宣判存在不一致的，以判决书为准。本案的全部庭审活动到此结束，现在闭庭。

（敲击法槌）

书记员：请审判长、审判员退庭，请旁听人员坐下，请诉讼参加人退到二楼第六法庭核对庭审笔录。

（结束）

任务 3　刑事诉讼笔录看打录入训练

训练目标

1. 了解刑事诉讼典型案件庭审过程。
2. 熟练掌握刑事诉讼典型案件庭审笔录中的亚伟码录入技巧。
3. 能够在刑事庭审中准确完整地记录庭审过程。

训练步骤

1. 学习刑事诉讼典型案件庭审笔录中的亚伟码录入技巧。
2. 通过看打方式，熟练掌握刑事诉讼典型案件庭审笔录的看打录入技巧。

训练内容

一、故意伤害案件（认罪认罚刑事诉裁）庭审笔录实例

（一）看打练习一

1. 录入技巧

3-3-1　刑事看打技巧文

故意伤害案件（认罪认罚刑事诉裁）庭审笔录实例录入技巧（1），如表 3-3-1 所示。

表 3-3-1　故意伤害案件（认罪认罚刑事诉裁）庭审笔录实例录入技巧（1）

技巧类别	技巧词语
特定单音字	于（X）、区（W）、第（W）、请（X）、由（W）、无（X）、曾（W）、现（X）、已（W）

续表

技巧类别	技巧词语
双音略码	根据（W）、现在（X）、遵守（W）、电话（W）、进行（W）、传播（X）、其他（W）、安全（W）、规定（X）、时间（X）、影响（W）、设备（W）、内容（W）、准备（X）、工作（W）、已经（X）、下面（W）、什么（X）、民族（X）、文化（W）、程度（W）、代表（W）、自己（W）、特别（W）、超过（W）
三音略码	被告人、辩护人
四音略码	人民法院、提起公诉、基本情况、政协委员、强制措施
多音略码	中华人民共和国、刑事诉讼法、刑事审判庭、律师事务所、出生年月日、附带民事诉讼
全码捆绑	故意伤害罪、书记员、人民检察院、当事人、叫什么、曾用名、两个月、处罚金、人民币、五千元、公安局、刑事拘留、羁押于、起诉书、收到了、已收到
重码选择	本院（4）、涉嫌（4）、一案（9）、庭审（2）、礼仪（2）、实施（2）、鼓掌（2）、进食（6）、拨打（2）、检察（2）、提问（2）、指定（3）、训诫（2）、拒不（2）、介质（2）、有无（4）、务工（2）、住址（4）、缓刑（2）、副本（3）、收到（2）
联词消字	袁（恩）、犯（法）、项（目）、槌（仁）、戒（备）、具（有/W）、市（尺）、附（耳）、荣（誉）、未（必）、吴（恩）、捕（鱼）、罪（恶）
其他	活动（后置/XGWUEO）、不听（分开击打）、将其（分开击打）、带出（分开击打）、条的（分开击打）、暨（形码/GI:DNA）、

2．看打练习

故意伤害案件（认罪认罚刑事诉裁）庭审笔录

本院于 2019 年 5 月 17 日公开审理被告人袁某涉嫌犯故意伤害罪一案。

书记员：根据《中华人民共和国人民法院法庭规则》，现在宣布法庭纪律：

1．全体人员在庭审活动中应当服从审判长的指挥，尊重司法礼仪，遵守法庭纪律，不得实施下列行为：

（1）鼓掌、喧哗；

（2）吸烟、进食；

（3）拨打或接听电话；

（4）对庭审活动进行录音、录像、拍照或使用移动通信工具等传播庭审活动；

（5）其他危害法庭安全或妨害法庭秩序的行为。

2．检察人员、诉讼参与人发言或提问，应当经审判长许可。

3．旁听人员不得进入审判活动区，不得随意站立、走动，不得发言和提问。

4．媒体记者经许可实施第 1 条第（4）项规定的行为，应当在指定的时间及区域进行，不得影响或干扰庭审活动。

5．对违反法庭纪律的人员将予以警告；对不听警告的，予以训诫；对训诫无效的，责令其退出法庭；对拒不退出法庭的，指令司法警察将其强行带出法庭。

6. 行为人违反本纪律第 1 条第（4）项规定的，人民法院可以暂扣其使用的设备及存储介质，删除相关内容。

书记员：报告审判长，庭前准备工作已经就绪，可以开庭。

审判长：（敲击法槌一下）现在开庭。请法警带被告人到庭。

审判长：被告人可以坐下。请法警将被告人戒具去掉。

审判长：依照《中华人民共和国刑事诉讼法》第一百八十八条的规定，××市××区人民法院刑事审判庭今天在这里公开开庭审理，由××市××区人民检察院提起公诉的被告人袁某涉嫌犯故意伤害罪一案。

审判长：下面查明当事人的基本情况。

附带民事诉讼原告人：荣某某（略）。（未到庭）。

诉讼代理人：吴某，××律师事务所律师。

审判长：下面查明被告人的基本情况。

审判长：被告人叫什么名字，有无别名、曾用名？

被告人：袁某，无别名、曾用名。

审判长：出生年月日什么时间？

被告人：1992 年××月××日出生。

审判长：什么民族？

被告人：汉族。

审判长：什么文化程度？

被告人：初中文化程度。

审判长：是否是中共党员、人大代表、政协委员？

被告人：都不是。

审判长：捕前职业？

被告人：务工人员。

审判长：捕前住址？

被告人：略。

审判长：被告人是否受过法律处分及处分的种类、时间？

被告人：曾因犯危险驾驶罪，于 2017 年 2 月 22 日被本院判处拘役两个月，缓刑两个月，并处罚金人民币五千元。

审判长：被告人这次被采取强制措施的种类、时间？

被告人：因涉嫌犯故意伤害罪，于 2018 年 11 月 13 日被××市公安局××区分局刑事拘留，2018 年 11 月 24 日经××市××区人民检察院批准逮捕，次日由××市公安局××区分局执行逮捕。现羁押于××市第×看守所。

审判长：辩护人将自己的身份介绍一下。

辩护人：辩护人暨诉讼代理人郑某，××律师事务所律师，特别授权。

审判长：附带民事诉讼原告方，起诉书副本是否收到，是否超过 10 天？

诉讼代理人：收到，超过 10 天。

审判长：被告人及辩护人起诉书副本是否收到，是否超过 10 天？

被告人：收到了，已经超过 10 天。

辩护人：已收到，已超过 10 天。

（二）看打练习二

1. 录入技巧

故意伤害案件（认罪认罚刑事诉裁）庭审笔录实例录入技巧（2），如表 3-3-2 所示。

表 3-3-2　故意伤害案件（认罪认罚刑事诉裁）庭审笔录实例录入技巧（2）

技巧类别	技巧词语
特定单音字	周（X）
双音略码	组成（X）、过程（W）、权利（X）、如果（W）、可能（X）、说明（X）、提出（W）、重新（X）、或者（W）、最后（W）、决定（X）、部分（W）、首先（W）
三音略码	审判员
四音略码	诉讼权利、也就是说、利害关系、法庭辩论、法庭调查
多音略码	人民陪审员
全码捆绑	合议庭、申请通知、原告方
重码选择	本案（3）、检察员（3）、刑事（3）
联词消字	薛（岳）、朱（德）
其他	条之（分开击打）

2. 看打练习

审判长：本案由××市××区人民法院刑事审判庭审判长薛某担任审判长，与审判员朱某某、人民陪审员黄某组成合议庭，书记员周某某担任法庭记录。××市××区人民检察院指派检察员朱某某出庭支持公诉。

审判长：根据《中华人民共和国刑事诉讼法》第二十九条、第三十一条、第三十二条、第一百九十条、第一百九十七条、第一百九十八条之规定，下面宣布被告人在法庭审理过程中享有的诉讼权利：

1. 有申请回避的权利。也就是说，如果你认为合议庭组成人员、书记员、公诉人与本案有利害关系，可能影响本案的公正审理，可以申请换人审理，但应当说明理由。

审判长：附带民事诉讼原告方是否申请回避？

诉讼代理人：不申请回避。

审判长：被告人是否申请回避？

被告人：不申请回避。

审判长：辩护人是否申请回避？

辩护人：不申请回避。

审判长：2. 可以提出新的证据，申请通知新的证人到庭、调取新的物证，申请重新鉴定或者勘验。

3. 被告人享有辩护的权利。

4. 在法庭辩论终结后，被告人有最后陈述的权利。

审判长：附带民事诉讼原告方，以上宣读的诉讼权利是否听清？

诉讼代理人：已听清。

审判长：被告人，以上宣读的诉讼权利你是否听清？

被告人：已听清。

审判长：辩护人是否听清？

辩护人：已听清。

审判长：庭前，被告人提起附带民事诉讼，本院决定合并审理。根据《中华人民共和国刑事诉讼法》第一百八十六条、第一百八十九条、第一百九十一条之规定，先进行刑事部分的审理。现在进行法庭调查，首先由公诉人宣读起诉书。

（三）看打练习三

1. 录入技巧

故意伤害案件（认罪认罚刑事诉裁）庭审笔录实例录入技巧（3），如表3-3-3所示。

表3-3-3　故意伤害案件（认罪认罚刑事诉裁）庭审笔录实例录入技巧（3）

技巧类别	技巧词语
特定单音字	号（W）、书（W）、想（W）、海（W）、页（W）
双音略码	刚才（W）、没有（W）、方面（X）、问题（X）、作为（W）、时候（W）、还是（X）、严重（W）、他们（X）、经过（W）、照片（X）
多音略码	刑事判决书
全码捆绑	有异议、无异议、医药费、怎么想、被害人、了几句
重码选择	量刑（4）、异议（2）、万元（2）、共计（4）、自愿（2）、不再（2）、讯问（2）、发问（2）、驾车（2）、致伤（3）、意识（2）、到案（2）、证言（5）、供述（4）、辩解（2）、质证（3）、显示（2）
联词消字	郑（恩）、检（波）、刑（部）、诉（诸）、约（束/X）、撞（针）、李（恩）、喝（水）、酒（窝）、吵（架）、指（出）、认（识）、孔（武）、邓（恩）、徐（恩）、刘（恩）、出示（了）
其他	如有（分开击打）、应为（分开击打）、矛盾（后置/XBWN）、了点（分开击打）

2. 看打练习

公诉人：××市××区人民检察院起诉书郑某检公诉刑诉〔2019〕×号（宣读）。

审判长：附带民事诉讼原告方，刚才公诉人宣读的起诉书听清没有？

诉讼代理人：已听清。

审判长：被告人，刚才公诉人宣读的起诉书听清没有？

被告人：已听清。

审判长：辩护人，刚才公诉人宣读的起诉书听清没有？是否有异议？

辩护人：已听清。

审判长：下面就起诉书指控的事实进行法庭调查。

审判长：被告人，对起诉书指控的事实、罪名及提出的量刑建议是否有异议，如有异议，陈述异议理由。

被告人：无。

审判长：辩护人，对起诉书指控的事实、罪名及提出的量刑建议是否有异议？

辩护人：无。

审判长：附带民事原告方对起诉书指控的事实和罪名是否有异议？

诉讼代理人：对事实、罪名及量刑建议无异议。对其支付医药费 26 万元，应为医药费 21 万元，血红蛋白约 5 万元，共计 26 万元。

审判长：被告人，认罪认罚具结书是否是在律师的见证下，你自愿签订的？

被告人：是在律师见证下自愿签订的。

审判长：公诉人是否讯问？

公诉人：不再讯问。

审判长：附带民事诉讼原告方，针对刑事方面，有无问题向被告人发问？

诉讼代理人：不发问。

审判长：辩护人是否发问？

辩护人：不发问。

审判长：1. 被告人，你驾车撞李某某，你是怎么想的？2. 你作为成年人，你撞对方的时候，你是否清楚这个后果？你是想让他致伤，还是有其他更严重的想法？3. 你是否愿意赔偿被害人？4. 你之前和李某某和荣某某有无矛盾和纠纷？

被告人：1. 我喝酒了，我意识不清楚；2. 我没有其他的想法；3. 我愿意赔偿；4. 之前和他们两个都没有矛盾和纠纷，我当天喝了点酒，和李某某吵了几句。

审判长：公诉人出示证据。

公诉人：1. 户籍证明、刑事判决书、到案经过、指认照片；2. 鉴定意见；3. 证人孔某某、邓某某、周某某、李海某、徐某某的证言；4. 被害人荣某某的陈述；5. 被告人袁某的供述和辩解。

审判长：附带民事诉讼原告方，对公诉机关出示的证据发表质证意见。

诉讼代理人：无意见。

审判长：被告人，对公诉机关出示的证据发表质证意见。

被告人：无意见。

审判长：辩护人，对公诉机关出示的证据发表质证意见。

辩护人：无异议，到案经过证据卷第3～4页，到案人是袁某，卷宗显示的是刘某某。

审判长：附带民事诉讼原告方，针对本案刑事部分，有无证据向法庭提交？

诉讼代理人：没有。

审判长：针对刑事部分，被告人及辩护人有无证据提交？

被告人：没有。

辩护人：没有。

（四）看打练习四

1. 录入技巧

故意伤害案件（认罪认罚刑事诉裁）庭审笔录实例录入技巧（4），如表3-3-4所示。

表3-3-4　故意伤害案件（认罪认罚刑事诉裁）庭审笔录实例录入技巧（4）

技巧类别	技巧词语
特定单音字	以（X）、有（X）、元（W）
双音略码	充分（W）、追究（W）、配合（X）、调查（X）、存在（X）、表示（X）、希望（W）、调整（X）、目的（X）、受到（W）、情况（W）
全码捆绑	故意伤害、第一款、刑事责任、有期徒刑、六个月、医药费、万余元、辩护词、医疗费、误工费、护理费、交通费、营养费、补助费、起诉状、被告方
重码选择	前科（3）、较低（3）、如实（2）、伤害（2）、动机（2）、同意（3）、住院（2）、减去（2）、详见（7）、任职（2）、护理（2）、一张（7）、原件（2）、花费（2）、清单（3）、病历（7）
联词消字	致（畸）、至（于）、未（必）
其他	对其（分开击打）、应为（分开击打）

2. 看打练习

审判长：现在宣布，刑事部分法庭调查结束，开始法庭辩论。首先，由公诉人发表公诉意见。

公诉人：被告人袁某故意伤害他人身体，致人轻伤的行为触犯了《中华人民共和国刑法》第二百三十四条第一款之规定，犯罪事实清楚，证据确实、充分，应当以故意伤害罪追究其刑事责任。被告人袁某认罪认罚，依据《中华人民共和国刑事诉讼法》第十五条之规定，可以从宽处理。被告人有前科，建议判处被告人袁某有期徒刑一年至一年零六个月。根据《中华人民共和国刑事诉讼法》第一百七十六条之规定，提起公诉，请依法判处。

审判长：附带民事诉讼原告方针对本案刑事部分发表意见。

诉讼代理人：没有意见。

审判长：被告人针对本案刑事部分自行辩护。

被告人：没有意见。

审判长：辩护人针对本案刑事部分发表辩护意见。

辩护人：1. 被告人文化程度较低，在传唤过程中无拒绝、逃跑行为；2. 案发后及时拨打 120，配合调查，积极赔偿被害人；3. 如实供述，系坦白；4. 与被害人相识，无纠纷，不存在伤害动机；5. 已支付医药费 26 万元，包含血红蛋白 5 万余元；6. 自愿认罪认罚，当庭表示愿意赔偿被害人，希望对其判处有期徒刑一年（详见辩护词）。

审判长：公诉人，根据本案案情，以及被告人未足额赔偿被害人，公诉人是否同意调整量刑建议？

公诉人：公诉机关建议的是幅度刑，不再调整量刑建议。

审判长：公诉机关有无补充？

公诉人：没有。

审判长：附带民事原告方有无补充意见？

诉讼代理人：无。

审判长：被告人与辩护人有无补充？

被告人：无。

辩护人：无。

审判长：刑事部分法庭辩论终结。现在进行民事部分的法庭调查。首先，由附带民事诉讼原告方宣读民事诉状。

诉讼代理人：1. 依法追究被告人袁某故意伤害罪的刑事责任；2. 判令被告人赔偿原告 139 177.01 元（其中，包含医疗费 321 274.01 元，购买血红蛋白费用 2 580 元，误工费 9 954 元，护理费 9 259 元，交通费 1 220 元，营养费 1 220 元，住院伙食补助费 3 050 元，共计 348 577.01 元，减去袁某已经支付的 209 400 元医疗费，还应支付 139 177.01 元）（详见刑事附带民事起诉状、计算依据）。

审判长：附带民事诉讼被告方针对民事部分进行答辩。

被告人：没有。

辩护人：1. 针对被告人及家属已支付的医药费及血红蛋白费用应为 26 万元；2. 原告主张的误工费用，原告应当对其主张的费用提供相应的工资证明或任职证明；3. 原告主张的护理费，应当提供住院期间必要的护理证明。

审判长：附带民事诉讼原告方出示证据。

诉讼代理人：1. 医院缴费票据一张，系原件。证明目的：荣某某在医院治疗的医药费总金额为 321 274.01 元。

2. 购买血红蛋白的小票一张，系原件。证明目的：荣某某在医院治疗期间，家属购买血红蛋白花费 2 580 元。

3. 医院缴费票据清单，系原件。证明目的：荣某某在医院治疗的医药费详细清单。

4. 病历一套，系原件。证明目的：荣某某受到伤害的事实和治疗情况。

审判长：附带民事诉讼被告方发表质证意见。

被告人：没有意见。

辩护人：同答辩意见。

审判长：附带民事诉讼被告方是否有其他证据？

被告人：没有。

辩护人：没有。

审判长：附带民事诉讼原告人针对民事部分有无问题发问？

诉讼代理人：没有。

审判长：附带民事诉讼被告人针对民事部分有无问题发问？

被告人：没有。

审判长：附带民事部分法庭调查结束，现在开始法庭辩论。附带民事诉讼原告方发表辩论意见。

诉讼代理人：没有。

审判长：附带民事诉讼被告方发表意见。

被告人：无。

辩护人：同答辩意见。

审判长：现在附带民事部分法庭辩论结束。

（五）看打练习五

1. 录入技巧

故意伤害案件（认罪认罚刑事诉裁）庭审笔录实例录入技巧（5），如表 3-3-5 所示。

表 3-3-5　故意伤害案件（认罪认罚刑事诉裁）庭审笔录实例录入技巧（5）

技巧类别	技巧词语
双音略码	出去（W）、能力（X）、不能（X）、双方（W）
全码捆绑	原被告、达成一致
重码选择	调解（2）、休庭（2）、评议（2）、笔录（3）
联词消字	庭（荫）、择（吉）
其他	说的（分开击打）

2. 看打练习

本庭下面针对附带民事部分进行当庭调解。双方是否同意调解？

诉讼代理人：同意。

被告人：同意。

审判长：附带民事诉讼原被告发表调解意见。

诉讼代理人：坚持起诉的意见。

被告人：等我出去了给，现在没有能力给。

审判长：因双方当庭不能达成一致意见，不再进行当庭调解，双方可以庭下和解。

审判长：针对刑事部分，被告人作最后陈述。

被告人：没有什么说的。

审判长：下面进行附带民事部分的最后陈述，附带民事诉讼原告方最后陈述。

诉讼代理人：坚持诉讼请求。

审判长：针对附带民事部分，附带民事诉讼被告方作最后陈述。

被告人：没有。

审判长：现在宣布休庭，合议庭评议后择日宣判，被告人、诉讼参与人核对笔录无误后签字（敲击法槌一下）。

二、拒不执行法院判决、裁定案件笔录实例

（一）看打练习一

1. 录入技巧

3-3-2　刑事看打技巧文

拒不执行法院判决、裁定案件笔录实例录入技巧（1），如表 3-3-6 所示。

表 3-3-6　拒不执行法院判决、裁定案件笔录实例录入技巧（1）

技巧类别	技巧词语
特定单音字	时（W）、区（W）、请（X）、第（W）、由（W）、男（W）、无（X）、于（X）、现（X）、已（W）、代（W）
双音略码	时间（X）、根据（W）、现在（X）、遵守（W）、电话（W）、进行（W）、传播（X）、其他（W）、安全（W）、规定（X）、影响（W）、设备（W）、内容（W）、准备（X）、工作（W）、已经（X）、单位（W）、判决（W）、劳动（W）、下面（W）、情况（W）、什么（X）、民族（X）、文化（W）、程度（W）、代表（W）、自己（W）、超过（W）、组成（X）、权利（X）、如果（W）、可能（X）、说明（X）、提出（W）、重新（X）、或者（W）、最后（W）
三音略码	被告人、辩护人
四音略码	人民法院、提起公诉、基本情况、政协委员、强制措施、诉讼权利、也就是说、利害关系、法庭辩论
多音略码	中华人民共和国、刑事诉讼法、刑事审判庭、实业有限公司、出生年月日、律师事务所、人民陪审员
全码捆绑	书记员、人民检察院、叫什么、曾用名、因涉嫌、公安局、刑事拘留、羁押于、起诉书、已收到、已超过、收到了、合议庭、申请通知
重码选择	庭审（2）、礼仪（2）、实施（2）、鼓掌（2）、进食（6）、拨打（2）、检察（2）、提问（2）、指定（3）、训诫（2）、拒不（2）、介质（2）、一案（9）、有无（4）、董事（2）、住址（4）、涉及（2）、副本（3）、均已（7）、本案（3）、检察员（3）、收到（2）

续表

技巧类别	技巧词语
联词消字	项（目）、槌（仁）、戒（备）、具（有/W）、市（尺）、方（面/X）、罪（恶）、兼（备）、犯（法）、辩（驳）、刘（恩）、何（不）、曹（娥）、蒋（四）、诉（诸）
其他	活动（后置/XGWUEO）、不听（分开击打）、将其（分开击打）、带出（分开击打）

2. 看打练习

拒不执行法院判决、裁定案件笔录

开庭时间：2021 年 5 月 12 日 9 时 10 分～10 时 40 分

书记员：根据《中华人民共和国人民法院法庭规则》，现在宣布法庭纪律：

1. 全体人员在庭审活动中应当服从审判长的指挥，尊重司法礼仪，遵守法庭纪律，不得实施下列行为：

（1）鼓掌、喧哗；

（2）吸烟、进食；

（3）拨打或接听电话；

（4）对庭审活动进行录音、录像、拍照或使用移动通信工具等传播庭审活动；

（5）其他危害法庭安全或妨害法庭秩序的行为。

2. 检察人员、诉讼参与人发言或提问，应当经审判长许可。

3. 旁听人员不得进入审判活动区，不得随意站立、走动，不得发言和提问。

4. 媒体记者经许可实施第 1 条第（4）项规定的行为，应当在指定的时间及区域进行，不得影响或干扰庭审活动。

5. 对违反法庭纪律的人员将予以警告；对不听警告的，予以训诫；对训诫无效的，责令其退出法庭；对拒不退出法庭的，指令司法警察将其强行带出法庭。

6. 行为人违反本纪律第 1 条第（4）项规定的，人民法院可以暂扣其使用的设备及存储介质，删除相关内容。

书记员：报告审判长，庭前准备工作已经就绪，可以开庭。

审判长：（敲击法槌一下）现在开庭。请法警带被告人到庭。

审判长：被告人可以坐下。请法警将被告人戒具去掉。

审判长：依照《中华人民共和国刑事诉讼法》第一百八十八条的规定，××市××区人民法院刑事审判庭今天在这里公开开庭审理由××市××区人民检察院提起公诉的被告单位××实业有限公司、被告人方某某拒不执行判决、裁定罪，拒不支付劳动报酬罪一案。

审判长：下面查明被告单位、被告人的基本情况。

审判员：被告单位诉讼代表人介绍一下身份情况。

诉讼代表人：黄某某，男，1973 年××月××日出生，××实业有限公司股东。

审判员：被告人叫什么名字，有无别名、曾用名。

被告人：方某某。

审判长：出生年月日什么时间？

被告人：1984 年××月××日出生。

审判长：什么民族？

被告人：汉族。

审判长：什么文化程度？

被告人：高中。

审判长：职业？

被告人：××实业有限公司法定代表人、执行董事兼总经理。

审判长：住址？

被告人：略。

审判长：是否是中共党员、人大代表、政协委员？

被告人：非中共党员、人大代表、政协委员。

审判长：被告人是否受过法律处分及处分的种类、时间？

被告人：无。

审判长：被告人这次涉及犯罪被采取强制措施及强制措施的种类、时间？

被告人：因涉嫌犯拒不执行判决、裁定罪，于 2019 年 4 月 25 日被××市公安局××分局刑事拘留，同年 4 月 31 日经××市××区人民检察院批准逮捕，次日由××市公安局××分局刑事拘留。现羁押于××市看守所。

审判长：辩护人把自己的身份情况介绍一下。

辩护人 1：辩护人刘某某，××律师事务所律师。

辩护人 2：辩护人何某某，××律师事务所律师。

审判长：被告人、辩护人，起诉书副本是否收到？是否超过 10 天？

被告人：已收到了，已超过 10 天。

辩护人：均已收到了，均已超过 10 天。

审判长：本案由××市××区人民法院刑事审判庭审判员曹某某担任审判长，与审判员高某、人民陪审员唐某某组成合议庭，书记员王某某担任法庭记录。××市××区人民检察院指派检察员王某某、代理检察员蒋某某出庭支持公诉。

审判长：根据《中华人民共和国刑事诉讼法》第二十九条、第三十条、第三十二条、第三十三条、第一百九十条、第一百九十七条、第一百九十八条之规定，下面宣布被告人、辩护人在法庭审理过程中享有的诉讼权利：

1. 有申请回避的权利。也就是说，如果你认为合议庭组成人员、书记员、公诉人与本案有利害关系，可能影响本案的公正审理，可以申请换人审理，但应当说明理由。

审判长：被告人是否申请回避？

被告人：不申请回避。

审判长：诉讼代表人是否申请回避？

诉讼代表人：不申请回避。

审判长：辩护人是否申请回避？

辩护人：不申请回避。

审判长：2. 可以提出新的证据，申请通知新的证人到庭、调取新的物证，申请重新鉴定或者勘验。

3. 被告人享有辩护的权利。

4. 在法庭辩论终结后，诉讼代表人、被告人有最后陈述的权利。

审判长：诉讼代表人，以上宣读的诉讼权利你是否听清？

诉讼代表人：已听清。

审判长：被告人方某某，以上宣读的诉讼权利你是否听清？

被告人：已听清。

审判长：辩护人，以上宣读的诉讼权利是否听清？

辩护人：均已听清。

（二）看打练习二

1. 录入技巧

拒不执行法院判决、裁定案件笔录实例录入技巧（2），如表 3-3-7 所示。

表 3-3-7　拒不执行法院判决、裁定案件笔录实例录入技巧（2）

技巧类别	技巧词语
特定单音字	书（W）、有（X）、她（W）、假（W）、公（X）、以（X）、者（X）、原（X）、做（W）、完（X）
双音略码	首先（W）、刚才（W）、没有（W）、责任（W）、决定（X）、需要（X）、管理（W）、负责（W）、固定（X）、知道（X）、经过（W）、他们（X）、后来（W）、控制（W）、这样（W）、但是（X）、通过（W）、因为（W）、办法（W）、当时（W）、月份（W）、作为（W）、履行（X）、我们（X）、问题（X）、努力（X）、解决（X）、由于（X）、造成（W）、而且（X）、这些（X）、希望（W）、为了（X）、包括（W）、你们（X）、只有（W）、应该（X）
三音略码	第一次、辩护人
四音略码	法庭调查、在此之前
全码捆绑	有异议、无异议、这件事、工商局、购房款、发工资、区法院、第二次
重码选择	异议（2）、讯问（2）、自愿（2）、房款（3）、手里（7）、发问（2）、万元（2）、实业（3）、没法（2）、哪个（2）、做过（2）、哪些（2）、现金（2）、公章（2）、请示（2）、接手（3）、交接（2）、争议（2）、两部（2）、房源（2）、通知（3）、意向（3）、知情（2）、涉及（2）
联词消字	朱（德）、霍（恩）、记（得）、机（制）、章（鱼）、账（篷）、徐（恩）、局（部）、院（系）、房（子）、公示（了）、钱（德）、交（出）、拒（嘿）、执（行）、盖（子）
其他	和你（分开击打）、找过（分开击打）、把你（分开击打）、就被（分开击打）

2. 看打练习

审判长：下面进行法庭调查。

审判长：首先由公诉人宣读起诉书。

公诉人：××市××区人民检察院起诉书（宣读）。

审判长：诉讼代表人，刚才公诉人宣读的起诉书听清没有？

诉讼代表人：已听清。

审判长：被告人方某某，刚才公诉人宣读的起诉书听清没有？

被告人：已听清。

审判长：辩护人，刚才公诉人宣读的起诉书听清没有？

辩护人：均已听清。

审判长：下面就起诉书指控的事实进行法庭调查，诉讼代表人对起诉书指控的事实、罪名是否有异议？

诉讼代表人：没有异议。

审判长：被告人，你对起诉书指控的事实、罪名是否有异议？

被告人：无异议。

审判长：辩护人对起诉书指控的事实、罪名是否有异议？

辩护人 1：无异议。

辩护人 2：没有异议。

审判长：公诉人是否讯问？

公诉人：被告人方某某，认罪认罚具结书是否是在律师见证下你自愿签订的？

被告人：是的，我愿意对我的行为承担责任。

公诉人：之前公司的法定代表人是谁？

被告人：是朱某某。

公诉人：你变更为公司的法定代表人是否有实际出资？

被告人：我没有出资，是公司的黄某某和霍某某共同决定让我去变更的，变更手续所需要的资料是谁交给我的记不清楚了。

公诉人：公司日常经营管理是谁负责？

被告人：由我负责。

公诉人：公司谁决定使用徐某某的 POS 机收取房款；是否有其他途径收取房款？

被告人：我记不清楚了；也没有其他途径收取房款了。

公诉人：公司印章在谁手里？

被告人：公司印章在黄某某手里，他是公司的股东，他平常不在公司，有事需要向他汇报。

公诉人：霍某某负责什么？

被告人：她没有固定工作，不负责公司具体管理运营。

公诉人：公司日常决策由谁决定？

被告人：由公司两个股东商议。

审判长：辩护人是否发问？

辩护人1：黄某某，你是否和霍某某共同决定将法定代表人朱某某变更为方某某？

诉讼代表人：这件事我不知道。

辩护人1：变更法人使用印章是否是你加盖的真的印章？

诉讼代表人：不是真的印章，经过鉴定，工商局的那个印章是假的印章。

辩护人1：你在公司是否参与重大决策和经营管理；具体重大事项，霍某某和方某某是否和你商议？

诉讼代表人：我没有参与；他俩没和我商议过。

辩护人1：方某某有没有找过你盖章？

诉讼代表人：没有找过我盖章，我也不认识他。

辩护人1：公司需要使用印章销售房屋时，方某某他们是如何处理的？

诉讼代表人：我不知道，我就知道后来公安局鉴定他们使用的是假章。

辩护人1：方某某控制公司后，是否把你架空？49万元的事情你是否知道？

诉讼代表人：是这样的，49万元我不知道。

辩护人2：方某某，你担任××实业法人，公司是否有对公账户？

被告人：有对公账户，但是我不知道密码，没法使用。

辩护人2：公司资金通过哪个账户运作？什么时间开始使用？

被告人：因为没有办法使用对公账户，所以使用徐某某的账户运作资金，时间在2017年开始使用。

辩护人2：2017年11月28日，公司收到购房款，发工资时是否知道××中院已经发出执行手续？

被告人：当时我不清楚，我是在12月份知道的。

辩护人2：你知道对方申请执行后，你作为公司法人做过哪些工作，是否去过执行局？

被告人：我在知道被执行后，在2018年3、4月份就去过两三次××中院执行局，一直在沟通以房抵债来履行法院判决，因为公司没有现金，但是公示有房产，可以以房抵债。

辩护人2：你公司对外加盖公章时，需要向谁请示？

被告人：向黄某某请示盖章。

辩护人2：你公司的劳动者是什么原因引起的劳动纠纷？

被告人：我们是后来接手公司，接手后才知道公司有一些员工有工资纠纷问题，在这之后我们一直在努力解决工资纠纷问题，我们主观上没有有意逃避，一直在沟通，但是由于是原公司股东交接不清造成的纠纷，而且这些员工有的没在单位工作，很多我们不认识。之后我们也想努力解决工资问题。

辩护人2：你在××区法院劳动争议中，做过哪些工作？

被告人：因为我们公司没有钱，我们主动找到公司两部车交到执行局，希望通过拍卖给员工发放工资。

辩护人2：你去××中院做什么被带走的？

被告人：我第一次去××中院是为了和执行局沟通刘某某的欠款问题，我们提出以房抵债方案，另外我们还提供具体材料和房源信息。第二次去是执行局通知我说刘某某和律师对我的方案有意向，需要具体沟通房源信息，包括其中的价格、位置等细节，沟通完我就被带走了。

辩护人2：49万元进账的事情，你们公司都有谁知情？

被告人：钱到了后只有我知道。

辩护人2：公司员工工资是谁负责出面解决？

被告人：只有我出面解决，公司股东黄某某知道这件事。

辩护人2：黄某某，什么时间公司印章在你手里？

诉讼代表人：应该是在2017年春节前。

辩护人2：黄某某，涉及本案拒执罪中合同的公章是谁加盖的？

诉讼代表人：是原股东盖的，在此之前，公章不在我手里。

（三）看打练习三

1. 录入技巧

拒不执行法院判决、裁定案件笔录实例录入技巧（3），如表3-3-8所示。

表3-3-8 拒不执行法院判决、裁定案件笔录实例录入技巧（3）

技巧类别	技巧词语
特定单音字	及（X）、省（XW）、回（W）、周（X）、宋（W）
双音略码	搜查（W）、照片（X）、保证（X）、目的（X）、关系（5）
三音略码	真实性
四音略码	公安机关
多音略码	中级人民法院、高级人民法院、民事判决书
全码捆绑	登记表、决定书、裁定书、通知书、协议书、购物中心、行政处罚、售楼部、申请书、来源于、复印件
重码选择	受案（2）、失信（2）、回执（3）、笔录（3）、明细（3）、清单（3）、登记（2）、监察（3）、到案（2）、前科（3）、书证（2）、证言（5）、供述（4）、辩解（2）、质证（3）、核实（3）
联词消字	出示（了）、函（大）、令（你）、机（制）、单位/W）、局（部）、证（人）、孔（恩）、徐（恩）、院（系）、拒（嘿）、执（行）、庭（萌）
其他	人社（分开击打）、条及（分开击打）、在与（分开击打）

2. 看打练习

审判长：公诉人出示证据。

公诉人：1. ××市中级人民法院移送公安机关侦办函、受案登记表及立案决定书；××中级人民法院民事判决书、裁定书，××省高级人民法院民事判决书，××市中级人民法院执行案件立案登记表、执行通知书、报告财产令、执行裁定书、拘留决定书、失信决定书、限制消费令、搜查令及相关送达回执；××中级人民法院执行笔录及相关工作记录、POS 机交易明细，××中级人民法院查封公告及查封（扣押）财产清单；××实业有限公司基本注册信息查询单、工商登记档案资料，涉案项目招商服务协议书、拆迁安置补偿协议；"××购物中心"项目内部认购协议书、收据及 POS 机刷卡记录；××市公安局××分局卷宗材料，××市××人民法院民事判决书、××市中级人民法院民事判决书；××市××区人民法院案件执行卷宗材料（包括××市人社局申请法院强制执行书及委托授权手续、行政处罚决定书、××市××区人民法院行政裁定书、执行通知书、报告财产令、限制消费令、失信决定书、财产查询信息、搜查令、搜查笔录、查封扣押财产清单及售楼部照片、拘留决定书、终结执行裁定书）；××市公安局××分局情况说明、行政处理决定书、拖欠工资情况统计、劳动保证监察送达回证、强制执行申请书、行政裁定书、执行裁定书、收到条及结案证明；到案经过、户籍证明、无前科证明等书证、物证；

2. 证人刘某某、黄某某、黄某、周某某、孔某某、徐某某、宋某、孔某的证言；

3. 被告人方某某的供述和辩解。

审判长：诉讼代表人，对公诉机关出示的证据发表质证意见。

诉讼代表人：没有异议。

审判长：被告人，对公诉机关出示的证据发表质证意见。

被告人：无异议。

审判长：辩护人对公诉机关出示的证据发表质证意见。

辩护人1：没有异议。

辩护人2：没有异议。

审判长：诉讼代表人、被告人、辩护人是否有证据提交？

诉讼代表人：没有证据提交。

被告人：没有证据提交。

辩护人2：提交方某某向××中院执行局提交的以房抵债的房源信息，来源于××中院执行卷宗。证明：对于拒执罪，被告人方某某一直在与申请执行人积极沟通。

审判长：请执庭法警交公诉人质证。

公诉人：证据是复印件，真实性无法核实，证明目的与本案指控犯罪关系不大。

（四）看打练习四

1. 录入技巧

拒不执行法院判决、裁定案件笔录实例录入技巧（4），如表 3-3-9 所示。

表 3-3-9　拒不执行法院判决、裁定案件笔录实例录入技巧（4）

技巧类别	技巧词语
特定单音字	均（X）、原（X）
双音略码	能力（X）、严重（W）、政府（W）、有关（W）、充分（W）、追究（W）、损失（X）、不想（W）、表示（X）、按照（X）、考虑（W）、学习（X）、以后（W）
三音略码	并没有
四音略码	数罪并罚、从轻处罚
全码捆绑	主管人员、第一款、第二款、第三款、刑事责任、有期徒刑、处罚金、人民币、从重处罚、辩护词、不符合、无意中
重码选择	万元（2）、量刑（4）、刑罚（2）、学法（3）、守法（2）、处罚（2）、代收（2）、并未（2）、较小（4）、新老（2）、争议（2）、挥霍（2）、详见（7）、启用（3）、休庭（2）、
联词消字	至（于）、免（疫）、房（子）、择（业）
其他	条的（分开击打）、系因（分开击打）

2. 看打练习

审判长：现在宣布法庭调查结束，开始法庭辩论。首先由公诉人发表公诉意见。

公诉人：被告单位××实业有限公司对人民法院的判决、裁定有能力执行而拒不执行，情节严重；被告单位××实业有限公司有能力支付而不支付劳动者的劳动报酬，数额较大，经政府有关部门责令支付仍不支付，被告人方某某作为被告单位的直接负责的主管人员，其行为触犯了《中华人民共和国刑法》第三百一十三条第一款、第二款，第二百七十六条之第一款、第二款、第三款，第三十条，第三十一条的规定，犯罪事实清楚，证据确实、充分，应当以拒不执行判决、裁定罪、拒不支付劳动报酬罪追究其刑事责任，系单位犯罪。被告单位××实业有限公司、被告人方某某均犯数罪，根据《中华人民共和国刑法》第六十九条的规定，均应当数罪并罚。建议提起公诉前，直接支付 10 名劳动者报酬。

被告单位××实业有限公司、被告人方某某均自愿认罪认罚，依据《中华人民共和国刑事诉讼法》第十五条的规定，可以从宽处理，建议对被告单位××实业有限公司合并判处罚金人民币十万元，对被告人方某某合并在有期徒刑一年至两年的量刑幅度内判处刑罚，并处罚金人民币一万元。根据《中华人民共和国刑事诉讼法》第一百七十六条的规定，提起公诉，请法庭结合本案证据综合裁判。

审判长：公诉人，是否对具体罪名有具体的量刑建议？

公诉人：没有具体罪名的量刑建议。

审判长：诉讼代表人发表意见。

诉讼代表人：我认为因为方某某的行为，对公司造成损失，也对公司形象造成一定影响，我希望对被告单位从轻处罚，希望对被告人从重处罚。

审判长：被告人自行辩护。

被告人：因为公司的运营出现管理问题，造成生效判决，我们没有及时履行，我们并不想有意逃避法院判决，在执行局我们有过积极的沟通解决，因为我本人对法律认识不足，造成的社会影响我表示自责。我以后会努力学法守法。

审判长：辩护人发表辩护意见。

辩护人：1. 公司构成犯罪系因方某某、霍某某的行为；2. 请求对被告人方某某从重处罚；3. 请求对被告单位××实业有限公司从轻处罚（详见书面辩护词）。

对指控方某某拒执罪罪名无异议，但认为被告人行为轻微：1. 指控 JY 公司为逃避债务而使用徐某某账户不符合事实；2. 2019 年 11 月 26 日中院下发执行手续，由××实业有限公司代收，而××实业有限公司并未在实际注册地经营，方某某在之后三天用于发放职工工资，该情况下，方某某主观恶性较小；3. 中院执行裁定，对实施查封房产时，按照一万二千元的单价，查封财产，足以偿还申请执行人债务，此时方某某积极与申请执行人协商，建议对方某某从轻处罚。拒不支付劳动报酬是新老股东在公司交接中发生的，并没有对原职工有约定，争议的发生是因为对职工身份的认可发生争议。在公安机关立案前，拖欠劳动者工资已经归还，所以应对拒不支付劳动报酬罪免予刑事处罚。

从执行文书下发后，方某某一直积极与申请执行人沟通以房抵债，该方式也是为了履行判决，49 万元到账后，用于公司日常经营，没有转移挥霍，希望法庭综合考虑。（详见书面辩护词）

审判长：公诉人有无补充？

公诉人：无。

审判长：被告人有无补充？

被告人：没有。

审判长：诉讼代表人有无补充？

诉讼代表人：没有。

审判长：辩护人有无补充？

辩护人：没有。

审判长：现在宣布法庭辩论结束，诉讼代表人、被告人作最后陈述。

诉讼代表人：我坚持我刚才的观点。

被告人：因为公司账户被黄某某控制，所以才启用徐某某账户维持公司运转，无意中触犯法律，请求对我从轻处罚。以后我会学习法律。

现在宣布休庭，择日宣判，被告人、辩护人核对笔录无误后签字。（敲击法槌一下）

三、盗掘古墓葬案二审庭审笔录实例

（一）看打练习一

1. 录入技巧

盗掘古墓葬案二审庭审笔录实例录入技巧（1），如表 3-3-10 所示。

3-3-3　刑事看打技巧文

表 3-3-10　盗掘古墓葬案二审庭审笔录实例录入技巧（1）

技巧类别	技巧词语
特定单音字	均（X）、区（W）、轻（W）、请（X）
双音略码	下面（W）、遵守（W）、病人（W）、其他（W）、参加（X）、必须（W）、口头（W）、提出（W）、规定（X）、过程（W）、或者（W）、严重（W）、扰乱（W）、追究（W）
三音略码	审判员
四音略码	未经许可、人民法院、新闻记者
多音略码	视情节轻重、责令退出法庭
全码捆绑	书记员、当事人、公开审理、未成年人、清洁卫生、刑事责任
重码选择	未经（2）、的人（2）、如对（2）、不宜（2）、手机（0）、提问（2）、休庭（2）、闭庭（2）、实施（2）、庭审（2）、训诫（2）
其他	活动（后置/XGWUEO）

2. 看打练习

盗掘古墓葬案二审庭审笔录

书记员：下面宣读法庭纪律：

一、当事人与诉讼参与人及全体旁听人员应当起立。

二、当事人及诉讼参与人应听从法庭指挥，自觉遵守法庭秩序，未经审判长或独任审判员许可，不得发言、陈述和辩论。

三、公开审理的案件，公民可以旁听，但未经法院批准的未成年人、精神病人和醉酒的人及其他不宜旁听的人不得参加旁听。

四、进入法庭必须关闭手机及其他通信工具。

五、未经许可，任何人均不得录音、录像和摄影。

六、不得随意走动和进入审判区。

七、旁听人员不得发言、提问，如对法庭审判活动有意见，可以在休庭或闭庭后口头或书面向人民法院提出。

八、不得鼓掌、喧哗、哄闹和实施其他妨害审判活动的行为。

九、爱护法庭设施，注重保持法庭的清洁卫生，不得吸烟和随地吐痰。

十、新闻记者旁听应遵守本规定，未经审判长或独任审判员许可，不得在庭审过程中录音、录像和摄影。

十一、对违反本规定的审判长或独任审判员视情节轻重，可以口头警告、训诫，也可以没收录音、录像和摄影器材，责令退出法庭或者予以罚款、拘留。

十二、对哄闹、冲击法庭、侮辱、诽谤、威胁、殴打审判人员等严重扰乱法庭秩序的人，依法追究刑事责任，情节轻的予以罚款、拘留。

（全体起立，请审判长、审判员入场，请坐下。）

（二）看打练习二

1. 录入技巧

盗掘古墓葬案二审庭审笔录实例录入技巧（2），如表 3-3-11 所示。

表 3-3-11　盗掘古墓葬案二审庭审笔录实例录入技巧（2）

技巧类别	技巧词语
特定单音字	传（W）、省（XW）、县（XW）、号（W）、由（W）、万（W）、周（X）、党（W）
双音略码	现在（X）、情况（W）、什么（X）、民族（X）、文化（W）、程度（W）、没有（W）、因为（W）、时间（X）、去年（X）、进行（W）、组成（X）、工作（W）、履行（X）、权利（X）、重新（X）、最后（W）
三音略码	被告人、判决书、辩护人
四音略码	强制措施、诉讼权利、法庭辩论
多音略码	中级人民法院、出生年月日、刑事判决书、律师事务所
全码捆绑	刑事判决、合议庭、书记员、检察官、检察院、法律援助
重码选择	住址（4）、本案（3）、收到（2）、一审（2）、一案（9）、助理（2）、职务（3）、本院（4）、通知（3）、告知（2）
联词消字	市（尺）、许（多/W）、镇（压/W）、渝（北/3）、刑（部）、初（步）、侯（爷）、姚（滨）
其他	第四（上屏）、二审（XE:XZN）、瓮（形码/BAO:DZU）、为其（分开击打）、为你（分开击打）

2. 看打练习

审判长：传被告人到庭。××市第四中级人民法院现在开庭。下面核对上诉人的身份情况。上诉人你叫什么？

上诉人：许某某。

审判长：出生年月日？

上诉人：1978 年××月××日。

审判长：什么民族？

上诉人：汉族。

审判长：文化程度？

上诉人：初中。

审判长：职业？

上诉人：个体。

审判长：家庭住址？

上诉人：××省××县××镇××村二组。

审判长：以前是否受过法律处分？

上诉人：没有。

审判长：因为本案什么时间被采取了强制措施？

上诉人：去年1月25日。

审判长：你是否收到××市××区人民法院刑事判决书？　判决书收到没有？

上诉人：收到了。

审判长：对，一审判决书？

上诉人：收到了。

审判长：你是否在法定期限内提出了上诉？

上诉人：是的。

审判长：今天是××市第四中级人民法院就原审被告人许某某不服××市××区人民法院〔2019〕渝××刑初×号刑事判决提出上诉一案，在这里进行二审公开开庭审理。

下面宣布本案二审合议庭成员、法官助理、书记员、出庭检察官以及辩护人的名单。本案二审合议庭由××市第四中级人民法院审判员万某某、审判员侯某、审判员王某组成，书记员蹇某担任法庭记录，法官助理周某协助相关工作。××市人民检察院第四分院指派检察官党某出庭履行职务。上诉人许某某没有委托辩护人。本院依法通知××法律援助中心，为其指派了××律师事务所姚某某律师担任二审辩护人，出庭为其辩护。以上人员名单，上诉人听清楚没有？

上诉人：听清楚了。

审判长：下面告知上诉人及其他诉讼参与人在庭审中享有的诉讼权利。

一、可以申请合议庭成员、书记员、检察官回避的权利。

二、可以向法庭提交证据，申请法庭调取相关证据，重新鉴定、勘验等权利。

三、在法庭辩论阶段，上诉人除了辩护人为你辩护以外，还可以自行辩护。

四、法庭辩论终结过后，上诉人有最后陈述的权利。

以上诉讼权利上诉人听清楚没有？

上诉人：听清楚了。

审判长：你是否申请回避？

上诉人：没有。

审判长：辩护人是否申请回避？

辩护人：没有。

（三）看打练习三

1. 录入技巧

盗掘古墓葬案二审庭审笔录实例录入技巧（3），如表3-3-12所示。

表3-3-12　盗掘古墓葬案二审庭审笔录实例录入技巧（3）

技巧类别	技巧词语
特定单音字	经（X）、与（W）、时（W）、第（W）、元（W）
双音略码	首先（W）、月份（W）、准备（X）、负责（W）、具有（W）、经过（W）、说明（X）、管理（W）、办理（X）、办法（W）、照片（X）、关系（X）、主要（X）、作用（X）、自己（W）、判决（W）
四音略码	法庭调查、主要内容、共同犯罪、从轻处罚
多音略码	中华人民共和国
全码捆绑	一审判决、老太君、古墓葬、登记表、决定书、第二批、已构成、第一款、第三款、判处有期徒刑、人民币
重码选择	溪沟（2）、事先（2）、墓室（5）、财物（2）、墓志（2）、研究院（2）、均为（5）、古墓（2）、受案（2）、指定（3）、人物（2）、笔录（3）、供述（4）、辩解（2）、两次（3）、量刑（4）、如实（2）、原判（2）
联词消字	葛（布）、刘（恩）、范（围）、乡（镇）、（大）坪、氏（族）、墓（碑）、张（恩）、证（章）、罪（恶）、库（存/W）、犯（法）
其他	王家（分开击打）、挖到（分开击打）、科学（后置/XBGWIUE）

2. 看打练习

审判长：现在开始进行法庭调查。首先，由合议庭宣读一审判决的主要内容。

审判员：一审判决，经审理查明：2018年1月份的一天，被告人许某某与葛某某、刘某、侯某某、范某某窜至××市××区××乡××村9组小地名小溪沟附近段氏墓，使用事先准备好的工具，对段氏墓实施盗掘。由葛某某、刘某、侯某某负责望风，许某某、范某某一行人负责实施盗掘，进入墓室后没有发现财物便离开了现场。

2018年1月份的一天，被告人许某某与葛某某、刘某、侯某某、范某某等人窜至××市××区××乡××村8组小地名王家坪附近的张老太君墓，使用事先准备好的工具对该古墓葬实施盗掘，由葛某某、刘某、侯某某负责望风，许某某等人实施盗掘，期间葛某某、刘某也参与了盗掘，挖到墓志后没有发现财物便离开了现场。2019年1月25日，被告人许某某在××省××市被抓获归案。

经××市文化遗产研究院鉴定，涉案的××区××乡王家坪张老太君墓，××区××乡小溪沟段氏墓，均为具有一定的历史、艺术、科学价值的清代古墓。认定上述事实的证据有：1. 受案登记表、立案决定书；2. 抓获经过；3. 户籍证、户籍信息；4. 情况说明；5. 关于指定第二批涉案财物鉴定评估机构的通知、涉案文物鉴定及评定评估机构名单、××市文化遗产研究院专家库管理办理办法；6. 人物辨认笔录；7. 现场辨认笔录；8. 现场勘验笔录及照片；9. ××市文化遗产研究院涉案文物鉴定评估报告；10. 同案人刘某的供述和辩解；11. 同案关系人范某某的供述与辩解；12. 被告人许某某的供述与辩解。

一审法院认为，被告人许某某伙同他人盗掘具有历史、艺术、科学价值的古墓葬，其行为已构成了盗掘古墓葬罪。在共同犯罪中，被告人许某某积极实施犯罪，其主要作用系主犯，其参与盗掘两次，在量刑时予以体现。许某某被抓获归案后如实供述自己的犯罪事实，具有坦白情节，依法可从轻处罚。

据此依照《中华人民共和国刑法》第三百二十八条第一款、第二十五条第一款、第二十六条、第六十七条第三款、第五十二条、第五十三条之规定，判决被告人许某某犯盗掘古墓罪，判处有期徒刑四年，并处罚金人民币 6 000 元。原判的主要内容宣读完毕。

（四）看打练习四

1. 录入技巧

盗掘古墓葬案二审庭审笔录实例录入技巧（4），如表 3-3-13 所示。

表 3-3-13　盗掘古墓葬案二审庭审笔录实例录入技巧（4）

技巧类别	技巧词语
特定单音字	再（W）、就（X）、放（X）、重（W）、空（X）、又（XW）、包（W）、提（W）、没（X）、只（W）、得（W）、做（W）、想（W）、弄（W）、村（X）、搞（W）、敢（W）、动（X）
双音略码	已经（X）、别人（W）、这样（W）、地方（X）、扩大（X）、东西（X）、当时（W）、其他（W）、准备（X）、前面（W）、挖掘（W）、出去（W）、就是（X）、我们（X）、条件（W）、联系（X）、如果（W）双方（W）、作用（X）、因此（X）、刚才（W）、那么（X）、否认（W）、但是（X）、方面（X）、对于（W）、需要（X）、具有（W）、你们（X）、重要（X）、主要（X）、所有（W）、这些（X）、他们（X）、时候（W）、问题（X）、要求（W）、知道（W）、希望（W）、怎么（X）、为了（X）、只有（W）、回来（X）、上面（W）
三音略码	辩护人、就是说、为什么、怎么样、第一次
四音略码	主要责任、听从指挥、也就是说
多音略码	起主要作用
全码捆绑	上诉状、听不到、包吃住、大石板、起案件、一回事、做生意、找不到、正儿八经、敢不敢、一晚上、第二次、一帮人、太大了
重码选择	不符（2）、石头（2）、烟花（2）、原有（2）、实施（2）、发问（2）、哪些（2）、好像（2）、讯问（2）、核实（3）、那种（2）、金丝（2）、山洞（3）、观赏（2）、说过（3）、几次（4）、墓地（2）、石板（2）、有无（4）、监狱（3）

技巧类别	技巧词语
联词消字	词（义）、砸（锅）、盗（墓）、洞（子）、雇（主）、辆（次）、锤（子）、负（责/W）、起（来/X）、（舞）吧、待（制）、店（铺）、手（指）、串（珠）、乳（牙）、石（柱）、远（隔）、钱（德）、（菜）窖、坟（山）、撬（锁）、它（的）
其他	去的（分开击打）、人分（分开击打）、在两（分开击打）、跑到（分开击打）、你到（分开击打）、进到（分开击打）、去把（分开击打）、不动（分开击打）、两把（分开击打）、去了（分开击打）、才把（分开击打）、二审（XE:XZN）

2. 看打练习

审判长：现在由上诉人向法庭陈述上诉理由。

上诉人：我的上诉理由在上诉词里已经写好了。

审判长：在上诉状里已经写好了？

上诉人：嗯。

审判长：好，上诉人书写的上诉状一共有四个理由，法庭宣读一下。

第一，段氏墓一案经过与事实真相不符。真相是刘某白天买了一个砸石头的大锤，晚上葛某某驾驶一辆面包车带刘某、候某某等人和我，去的路上还买了一个大烟花。如果刘某三锤砸不开时再放烟花同时砸，这样别人就听不到声音。到地方时，刘某两下就砸开了，原有的盗洞扩大了，范某某让我钻进去找一下有没有东西，什么都没有。当时刘某、范某某等和我都在现场，其他人准备放烟花和看人。这是第一条理由，段氏墓一案经过与事实真相不符。

第二个上诉理由，张老太君墓一案，事实真相的经过是7人到现场一起参与。撬开墓前面的一款一吨多重的大石板，由范某某指挥，刘某、葛某某、王某和我参与实施挖掘，其他人出去看。挖开后里面是空的，没有棺材，没有任何东西，全是泥土，就离开了。这是第二个上诉理由，张老太君墓一案的事实经过。

第三个理由，对段氏墓鉴定为有一定的历史、艺术、科学价值的清代古墓葬不服，因为里面没有棺材，没有任何陪葬品，就是修的一个空墓，没有艺术科学价值，这是第三个理由。

第四个理由，我们到QJ地区，范某某给QJ人谈的条件是，如果挖出东西，QJ人分六成，HN人分四成，QJ人包吃住路费。在两起案件中，刘某、葛某某监督并参与挖掘，刘某、葛某某雇用HN人并参与挖掘，起主要作用，应该负主要责任；范某某联系双方指挥并参与挖掘，起第二主要作用；王某和我听从指挥挖掘，起次要作用，因此对一审判决不服。

刚才合议庭宣读了上诉人的上诉状，上诉人许某某听清楚没有？

上诉人：听清楚了。

审判长：这个是你写的上诉状吗？

上诉人：对。

审判长：还有没有补充？

上诉人：没有了。

审判长：那么你上诉的总体意思是说，你并不否认你参与盗墓这个事情？

上诉人：对。

审判长：参与了两次，但是提出了两个方面的意见：第一，对于鉴定为古墓葬具有历史、艺术、科学价值的古墓葬有意见，对这个结论有意见；第二，认为你在共同犯罪中是起次要作用的，是不是这个意思？

上诉人：对。

审判长：辩护人就案件事实是否需要向上诉人发问？

辩护人：请准许？

审判长：准许发问。

辩护人：许某某，你认为你自己在本案当中不是起主要作用，那么你认为你起了哪些作用？说一下这个作用的意义，就是说你们在整个盗窃过程中，哪些环节是最重要的？把这个意义说一下。

上诉人：指挥的是最主要的，所有人都要听他的。

辩护人：好，继续第二点，谁在指挥这个事情，谁在指挥？

上诉人：范某某在指挥。

辩护人：你认为盗墓的过程当中，指挥是最重要的？

上诉人：对。

辩护人：那么第二点的作用你分了两个，你们分了两个组吗？

上诉人：对。

辩护人：第二组的这些人他们为什么比第一组的作用大？

上诉人：第二组的作用是他们也参与了，他们又是雇佣我们的，包吃包住包车费，全部都由他们包的。

辩护人：包吃、包住，分得的利润也多一些，对吧？

上诉人：对。

辩护人：好，这是第一个问题。第二个问题是，你对鉴定有意见，在一审的时候，你提没提出问题？

上诉人：我提出了，我的律师也提出了，上面没有采纳。

辩护人：没有采纳，是吧？

上诉人：对。

辩护人：有没有写书面的申请？有没有书面申请要求重新鉴定？

上诉人：这个我不知道，我只跟律师说过。

辩护人：庭审当中你是提出过这个要求的，对吧？

上诉人：对。

辩护人：那么现在你对这个结论，在二审的时候，你是否提出要重新鉴定？有没有这个想法？

上诉人：这个鉴定好像要很长时间吧。

辩护人：多长这个是另外一回事。

上诉人：我在看守所这个时间也待得太长了，我已经想上监狱了，不想待在这里了。

辩护人：好，报告审判长，发问完毕。

审判长：检察官对上诉人是否需要讯问？

检察官：不需要。

审判员：上诉人许某某，现在法庭向你核实几个问题，希望你如实回答。

上诉人：行。

审判员：你平时是干什么的？

上诉人：是做生意的。

审判员：做什么生意？

上诉人：是开店。

审判员：你说的开店，是开什么店？

上诉人：开那种……

审判员：到 QJ 来盗墓这个事情是谁提出来的？

上诉人：范某某。

审判员：范某某当时怎么跟你说的？

上诉人：范某某说，你们这边他来过一次，说你们这边有什么金丝楠木手串什么的，还有山洞里有一种乳石，可以摆在家里观赏，我就是抱着这种心态过来的，他说你过去了可以给你弄串手串，就是这种，我就过来了。

审判员：范某某和你是什么关系？

上诉人：他跟我老婆是一个村里的。

审判员：平时关系怎么样？

上诉人：以前不认识的。

审判员：为什么他这么一说，你就跟他跑到这么远的 QJ 来了？

上诉人：一说就是为了利益，金钱和利益。

审判员：你到 QJ 来之前，范某某有没有说过到 QJ 来是去找文物或者盗墓、挖墓？

上诉人：他说过不是挖墓，他说过是去找地主家的钱窖，他说他来过一次了。

审判员：你是什么时候知道他们是要挖墓的？

上诉人：好像来到之后，他说找不到钱窖的话，可以搞那些地主的坟，我们来了就跟着他们一块弄了。

审判员：你和他们一共去挖了几次墓？

上诉人：正儿八经去挖的只有一次。第一次是别人挖过的，我们去看了一下。当地不是有一个棺材砸开了吗，他们已经盗过了，问我们敢不敢进到里面。我当时没敢进，第一次过去的时候都不敢进、不敢钻，他说你们都不行的。第二天回来了，在旅店休息一晚上，第二天范某某就说要钻进去，不钻进去人家都不会相信我们的，在让我们走的第二天他就让我钻进去，我钻进去看了一下就出来了。

审判员：你说的钻进去看的那个墓是不是段氏那个墓？就是对第一次指控的事实？

上诉人：对，第一次是人家盗过的一个墓。

审判员：这个墓，当时你在钻之前，你们去挖过这个墓没有？

上诉人：没有。这个墓当时是这样的，当时范某某说他们上一次挖的没有钻进去，第二次开庭的时间我听他们说，不是他挖的，上面有材料的，是另外一帮人提前挖过的。

审判员：也就是说，你们钻之前你们又去把盗洞扩大了没有？

上诉人：我没有挖，是李某还是刘某？

审判员：刘某砸的，是吧？

上诉人：他砸开的，我说我钻不进去，他砸开了让我可以钻进去了。

审判员：刚才你说了，你们头一天就去过那个墓地，是吧？

上诉人：对，头一天去过。

审判员：头一天去墓地的时候，有没有去挖过墓？

上诉人：没有。

审判员：当时墓地有几个墓？看见没有？

上诉人：有两三个好像。

审判员：你们挖过其他墓没有？

上诉人：没有。

审判员：那么你们第二次去张老太君墓的时候，你去挖过墓没有？

上诉人：那个我挖了。

审判员：你主要挖了什么？实施了什么行为？

上诉人：当时前面有一块石板，有一个墓，前面就是墓碑。前面有一块石板，范某某指挥，要把这块石板挖开。石板太大了，第一次挖不动，刘某就去买了钢钎，买了两把钢钎，去了七八个人，全部下手才把石板连挖带撬把它掀开，掀开了从下面挖的。

审判长：上诉人许某某，你有没有新的证据向二审法庭提供？

上诉人：没有。

审判长：坐下。

上诉人：谢谢。

审判长：辩护人有无新证据向二审法院提供？

辩护人：没有。

审判长：检察官有无新证据提供？

检察官：没有新的证据。

（五）看打练习五

1. 录入技巧

盗掘古墓葬案二审庭审笔录实例录入技巧（5），如表 3-3-14 所示。

表 3-3-14　盗掘古墓葬案二审庭审笔录实例录入技巧（5）

技巧类别	技巧词语
特定单音字	采（W）、信（W）
双音略码	基础（X）、参加（X）、如下（X）、参考（W）、根据（W）、应该（X）、虽然（X）、考虑（W）、客观（W）、能够（W）、充分（W）、来源（W）、构成（W）、根本（X）、解决（X）、不能（X）、准确（W）
三音略码	并没有
四音略码	实际情况、内在联系、诉讼程序
多音略码	所起的作用、刑事诉讼法、证据确实充分
全码捆绑	法律适用、证人证言
重码选择	在此（2）、综上（2）、以下（2）、书证（2）、质证（3）、真实（2）、检察（2）、证实（3）、资质（3）、查勘（3）、做出（2）
联词消字	供（给）、展示（了）、出示（了）、方（法）
其他	我受（分开击打）

2. 看打练习

审判长：法庭调查结束，现在开始进行法庭辩论，由控辩双方在查明案件事实的基础上，就案件的法律适用等问题展开辩论。下面由上诉人许某某自行辩护。许某某，除了你刚才陈述的上诉理由，还有没有其他辩护意见？

上诉人：没有。

审判长：坐下。

上诉人：谢谢。

审判长：下面由辩护人发表辩护意见。

辩护人：好。尊敬的审判长、审判员、检察官，××律师事务所接受法律援助中心的指派，参加今天的法庭审理。现在我们依照法律规定发表如下辩护意见，供法庭参考。

我们认为，起诉书并没有指控许某某系主犯，所以在法院判决当中，根据今天庭审及我们查阅案卷的情况看，许某某在此盗墓的过程中所起的作用，正如他所说，不应该是主犯。关于鉴定的问题，他虽然向法庭提出了，但是没有申请向法庭重新鉴定，我们认为根据盗墓的实际情况，在量刑时请法庭予以考虑。

综上意见，请求法院依法予以改判。辩护观点发表完毕。

审判长：下面由检察官发表出庭意见。

检察官：审判长、审判员，根据《中华人民共和国刑事诉讼法》第二百二十四条的规定，我受××市人民检察院第四分院的指派，下面针对本案的事实证据程序和原审人民法院判决发表以下意见。

一、本案犯罪事实清楚，证据确实充分。在侦办上诉人许某某盗窃古墓葬一案，办案人员依法收集了大量书证、证人证言、鉴定意见和上诉人、原审被告人对其所犯罪行的供述和辩解。这些证据同案件事实有着客观的内在联系，能够充分证明一审法院所认定的案件事实。针对上述事实的证据，已经在一审中予以当庭展示，进行了有效质证。公诉人、上诉人及其辩护人对出示的证据各自发表了意见，证据来源合法，客观真实，相互之间具有关联性，能够充分证明上诉人许某某盗取古墓罪名成立，且事实清楚，证据确实充分。××市检察方认为，上诉人许某某盗取具有历史、艺术、科学价值的墓葬，其行为构成盗掘古墓葬罪，应当根据《中华人民共和国刑法》第三百二十八条第一款之规定，追究其刑事责任。

二、一审诉讼程序合法。××区人民法院在审理案件的过程中，严格依照刑事诉讼法管理机制程序的规定审理案件，告知并保障了上诉人的各项权利，整个诉讼程序符合刑事诉讼法的规定。

三、上诉人的行为构成盗掘古墓葬罪。上诉人许某某在上诉中提出两次盗掘古墓葬的事实与真相不符，其中自己没有盗，是刘某打开的，张老太君墓是几个人一起挖掘的，其中自己不应认定为主犯。上诉人的前三个理由是事实证据问题，一审判决认定的事实，在卷证据足以证实。关于鉴定结论、鉴定意见，鉴定意见是有鉴定资质的鉴定机构和鉴定人依照相关规定，经过现场查勘，做出的科学鉴定，因此未采信。上诉人虽然对该鉴定意见提出了自己的理由，但是实际上没有从根本上解决鉴定意见的科学性，上诉人在不同犯罪中均积极参与，其起主要作用，所以应当认定为主犯。综上，上诉人的上诉理由均不能成立，应当依法驳回上诉请求，维持原判。

四、一审判决定罪准确，量刑适当，依法应当予以维持。××区人民法院经过开庭审理的上诉人许某某盗掘具有历史、艺术、科学价值古墓葬一案，其行为已构成盗掘古墓葬罪，××区人民法院指控被告人许某某犯盗掘古墓葬罪的罪名成立。在共同犯罪中，许某某积极实施犯罪，起主要作用，系主犯，参与盗掘两次，具有坦白情节。根据《中华人民共和国刑法》的相关规定，判决许某某犯盗掘古墓葬罪，判处有期徒刑四年，并处罚金人民币 6 000 元。出庭检察官认为，对一审判决认定事实清楚，法律程序手续合法，量刑适当，上诉人的上诉理由不能成立，应当依法予以驳回，维持原判。

请合议庭予以考虑，出庭意见发表完毕。

（六）看打练习六

1. 录入技巧

盗掘古墓葬案二审庭审笔录实例录入技巧（6），如表 3-3-15 所示。

表 3-3-15　盗掘古墓葬案二审庭审笔录实例录入技巧（6）

技巧类别	技巧词语
特定单音字	行（X）、拿（W）、成（W）、打（W）
双音略码	看到（X）、都是（X）、可能（X）、操作（X）、大家（X）、努力（X）、结果（W）、属于（W）、地区（W）、宾馆（W）
全码捆绑	同案犯、打过去
联词消字	指（出）
其他	大个（分开击打）、你和（分开击打）、吃住（分开击打）、他的（分开击打）

2. 看打练习

审判长：上诉人许某某，你还有新的辩护意见没有？

上诉人：我看到上面写的，他们的证据跟当时的情况根本都不符，他们说他们都是望风的，其实不是真实的，当时我本人是在现场的，但他们说他们都是望风的，只有我们两个是挖掘的，根本是不可能的。

审判长：等一下，你刚才说有一些同案犯说他们只是望风？只有你和范某某在挖掘？

上诉人：对。

审判长：这个是不可能的？现场那个地方那些石头那么大个的，根本不是一两个人能操作的？

上诉人：对。

审判长：只有大家共同努力的结果才行。

上诉人：对。

审判长：接着说，还有什么？

上诉人：第二个，我们是雇佣关系，直接说给我们拿车费，包吃包住，他们属于老板，我们属于工人，这个不可能把我们弄成主犯。

审判长：我的意思是你和他们是雇佣关系，他们指的是谁？

上诉人：刘某他们，QJ 地区的，他们都是对钱，QJ 的刘某他们对钱给我们，先把钱打过去，打到范某某手机上，我们才过来。

审判长：还有没有？

上诉人：我们这边有刘某给我们提前开好的宾馆，吃住都由他天天带领着。还有一点就是范某某属于联系双方的，我们只是听他的指挥。

审判长：这个已经说了，刚才上诉理由已经说了，我说还有新的意见没有？

审判长：没有。

审判长：坐下。

上诉人：谢谢。

审判长：辩护人是否还有新的辩护意见？

辩护人：没有。

审判长：检察官是否还有新的意见？

检察官：没有新的意见。

（七）看打练习七

1. 录入技巧

盗掘古墓葬案二审庭审笔录实例录入技巧（7），如表 3-3-16 所示。

表 3-3-16　盗掘古墓葬案二审庭审笔录实例录入技巧（7）

技巧类别	技巧词语
特定单音字	以（X）、主（W）、处（XW）
双音略码	国家（X）、通过（W）、错误（W）、生活（W）、丧失（X）、孩子（W）、责任（W）、方法（W）、造成（W）、破坏（W）、比较（X）、当然（X）、亲自（X）、包括（W）、本身（W）、正确（X）、以后（W）
三音略码	特别是
四音略码	法庭辩论、充分认识、供认不讳、天网恢恢、疏而不漏、家庭经济、综上所述、适用法律
多音略码	人民陪审员、犯下的罪行、地位和作用
全码捆绑	庭审中、涉及到、行为犯、法定刑、有期徒刑、裁定书、到此结束、一句话
重码选择	初犯（3）、深感（2）、悔罪（2）、心理（2）、评议（2）、举证（2）、质证（3）、不再（2）、资质（3）、知识（2）、触及（2）、刑罚（2）、即使（2）、刑期（4）、都不（2）
联词消字	偶（然/X）、戒（备）、担（负）、槌（仁）、益（友）、至（于）、邓（恩）
其他	因受（分开击打）、社会（后置/XZWUE）

2. 看打练习

审判长：法庭辩论终结。根据刑事诉讼法的规定，被告人有最后陈述的权利。上诉人许某某，你有没有最后陈述意见？

上诉人：有，尊敬的审判长、审判员、人民陪审员、国家公诉人，你们好。本人是初犯、偶犯，因受人蛊惑，被金钱利益蒙蔽，触犯法律。在看守所关押这段时间，通过办案人员、检察官、管教民警的教育和感化，充分认识到自己的错误，特别是失去自由、亲人以来痛苦万分，对生活丧失信心，对自己犯下的罪行深感后悔。我认罪悔罪供认不讳，希望社会上所有人都以我为戒，不要怀着侥幸的心理来触犯法律。法律是天网恢恢、疏而不漏的。对于自己的家庭，我没有做好妻子的丈夫，两个孩子的父亲，深感悔恨。我是家庭经济支柱，希望继续回归家庭，担起家庭的责任，请求法庭从轻从宽处理。谢谢。

审判长：现在休庭 15 分钟，合议庭对案件进行评议。

（敲击法槌）

请法警将被告人带下法庭，等候宣判。

审判长：许某某不服××市××区一审刑事判决提起上诉一案，今天本院依法进行了二审公开开庭审理。通过法庭调查、法庭辩论，合议庭充分听取了控辩双方发表的意见，在休庭期间，对全案事实、证据、法律适用等问题进行了认真的评议。

下面宣布合议庭的评议结果。合议庭评议认为，××区人民法院一审判决认定上诉人许某某伙同他人两次盗掘古墓葬的事实清楚，证据确实充分，上诉人的行为已经构成了盗掘古墓葬罪。相关证据在一审庭审中已经当庭举证，并经过了质证，证据确实充分，二审不再赘述。

针对上诉人许某某及辩护人提出的上诉理由、辩护意见，合议庭评判如下。

第一，关于涉案的墓葬是否认定为古墓葬的问题。涉案两处墓葬经过鉴定为古墓葬这一结论，是由有鉴定资质的鉴定机构和鉴定人依据专业知识和科学的程序、方法作出的结论。在没有相反的证据推翻以前，没有充足的理由推翻以前，应当采信相关鉴定意见。

第二，涉及到鉴定相关问题。没有盗掘到棺材，没有取得财物，不认为盗掘了古墓葬，这个是上诉人对相关法律的规定不理解、认识不到位造成的。墓葬包括古墓葬的范围，不仅仅限于棺材本身或者财物本身，包括整个墓葬的建筑，从内到外，盗墓者对墓葬的完整性造成破坏后，不论是否触及棺材、是否取得财物，都对它的历史、艺术、科学价值造成了破坏，这也是犯罪保护的法益所在，不以取得财物、是否看见棺材为判断标准。这是关于鉴定的问题。

第三，关于主从犯的问题。盗掘古墓葬罪属于行为犯，判断共同犯罪人在犯罪中的地位和作用，首先要判断和考察谁实施了主要行为，谁实施了主要盗掘行为。本案参与人员比较多，其组织策划人员当然是主犯，没有问题，在已经判决的另案的判决中已经这样认定了。第二类人员，积极实施挖掘行为的人，也应当认定为主犯，也就是本案上诉人许某某在内的相关人员的行为直接导致了古墓葬遭受破坏和损坏，应当认定为主犯。第三类人员，其他望风者或者其他人员、起辅助作案的人员，没有亲自实施挖掘行为的人，这些人员可以认定为从犯。一审这样一个认定标准符合本案的事实和法律规定，二审予以确认。

第四，关于量刑轻重的问题。上诉人及辩护人都提出了对上诉人要从轻处罚。那么，这个罪的法定刑是三至十年，情节严重的要处十年以上，其中包括三次以上盗掘可以判处十年以上。如果说许某某参与了三次，那么这个案子法定刑就是十年以上；参与两次，三至十年内，对许某某考虑相对较轻的刑罚，有期徒刑四年，已经充分体现了从宽。即使这个案子把许某某认定为从犯，其刑期幅度也不会低于四年。所以，不论给许某某认定为主犯，还是从犯，一审对许某某的量刑都不偏重。

综上所述，一审认定事实和适用法律正确，量刑适当，审判程序合法，上诉人提出的上诉理由不能成立。

依照刑事诉讼法的相关规定，现在宣判如下：

（全体起立）

审判长：驳回上诉人许某某的上诉，维持原判，坐下。

今天系当庭宣判，裁定书将在五日内向上诉人及其他诉讼参与人送达。今天的庭审活动到此结束。闭庭后，上诉人及辩护人可以对庭审记录进行核对，确认无误后签名。现在闭庭。

请法警将上诉人带下法庭，等候签字确认。

上诉人：报告审判长。

审判长：有什么事情？

上诉人：我们其他四个人让我跟你问一句话，邓某说他有一个立功。

审判长：与本案无关，以后再说。

上诉人：好。

考核要求

1. 通过反复练习，民事诉讼类庭审笔录看打可以达到 140 字/分且准确率为 95% 以上。

2. 通过反复练习，行政诉讼类庭审笔录看打可以达到 140 字/分且准确率为 95% 以上。

3. 通过反复练习，刑事诉讼类庭审笔录看打可以达到 140 字/分且准确率为 95% 以上。

学习评价

请教师根据学生对民事诉讼、行政诉讼、刑事诉讼笔录看打录入的训练情况进行测评，如下表所示。

庭审笔录看打录入评价表

测评内容		准确率	速度	教师点评
民事诉讼笔录看打录入	3-1-1			
行政诉讼笔录看打录入	3-2-1			
刑事诉讼笔录看打录入	3-3-1			

知识拓展

民商事一审案件审理流程图如下图所示。

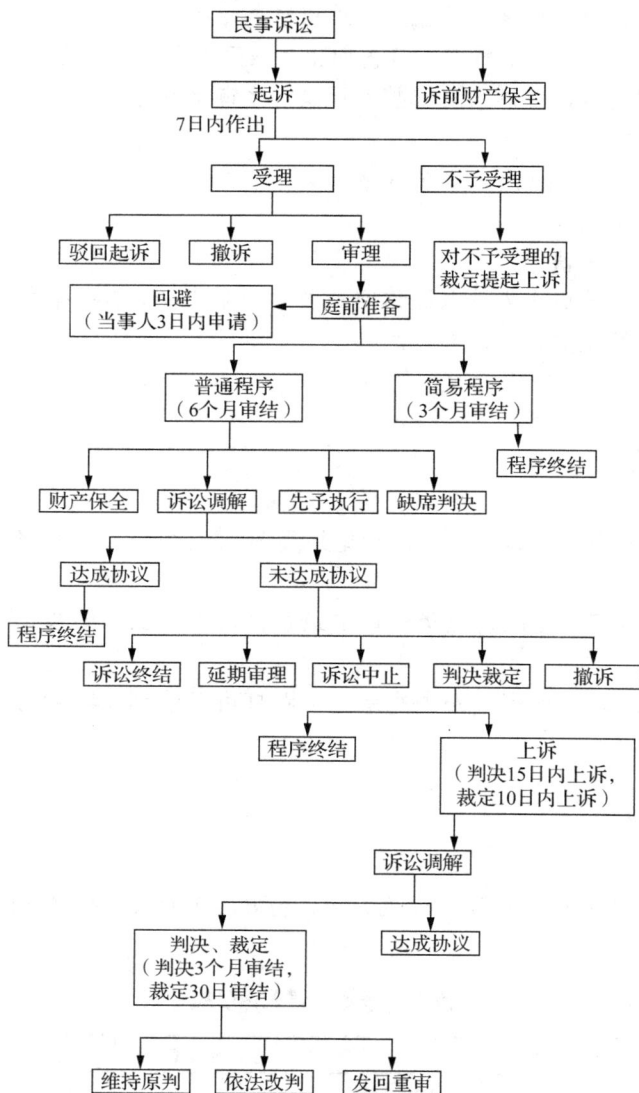

```
                        ┌──────────┐
                        │  民事诉讼  │
                        └──────────┘
              ┌──────────────┴──────────────┐
        ┌──────────┐                  ┌──────────────┐
        │   起诉    │                  │  诉前财产保全  │
        └──────────┘                  └──────────────┘
         7日内作出                            │
              │                              │
        ┌──────────┐                  ┌──────────────┐
        │   受理    │                  │   不予受理    │
        └──────────┘                  └──────────────┘
    ┌────────┼──────────┐                   │
┌────────┐ ┌──────┐ ┌──────┐      ┌──────────────────┐
│驳回起诉│ │ 撤诉 │ │ 审理 │      │ 对不予受理的裁定提起上诉│
└────────┘ └──────┘ └──────┘      └──────────────────┘
                      │
  ┌──────────────┐ ┌──────────┐
  │    回避       │─│  庭前准备  │
  │(当事人3日内申请)│ └──────────┘
  └──────────────┘

    ┌──────────────┐         ┌──────────────┐
    │   普通程序     │         │   简易程序     │
    │ (6个月审结)    │         │ (3个月审结)    │
    └──────────────┘         └──────────────┘
                                    │
                              ┌──────────┐
                              │  程序终结  │
                              └──────────┘

┌────────┐ ┌────────┐ ┌────────┐ ┌────────┐
│财产保全│ │诉讼调解│ │先予执行│ │缺席判决│
└────────┘ └────────┘ └────────┘ └────────┘

  ┌────────┐      ┌──────────┐
  │达成协议│      │ 未达成协议 │
  └────────┘      └──────────┘
      │
  ┌────────┐
  │程序终结│
  └────────┘

┌────────┐ ┌────────┐ ┌────────┐ ┌────────┐ ┌──────┐
│诉讼终结│ │延期审理│ │诉讼中止│ │判决裁定│ │ 撤诉 │
└────────┘ └────────┘ └────────┘ └────────┘ └──────┘
                                    │
                ┌────────┐   ┌──────────────────┐
                │程序终结│   │       上诉        │
                └────────┘   │(判决15日内上诉,   │
                             │ 裁定10日内上诉)   │
                             └──────────────────┘
                                    │
                             ┌──────────┐
                             │  诉讼调解  │
                             └──────────┘
                      ┌───────────┴───────────┐
              ┌──────────────┐         ┌──────────┐
              │  判决、裁定    │         │ 达成协议  │
              │(判决3个月审结, │         └──────────┘
              │ 裁定30日审结)  │
              └──────────────┘

      ┌────────┐ ┌────────┐ ┌────────┐
      │维持原判│ │依法改判│ │发回重审│
      └────────┘ └────────┘ └────────┘
```

民商事一审案件审理流程图

行政诉讼一审流程图如下图所示。

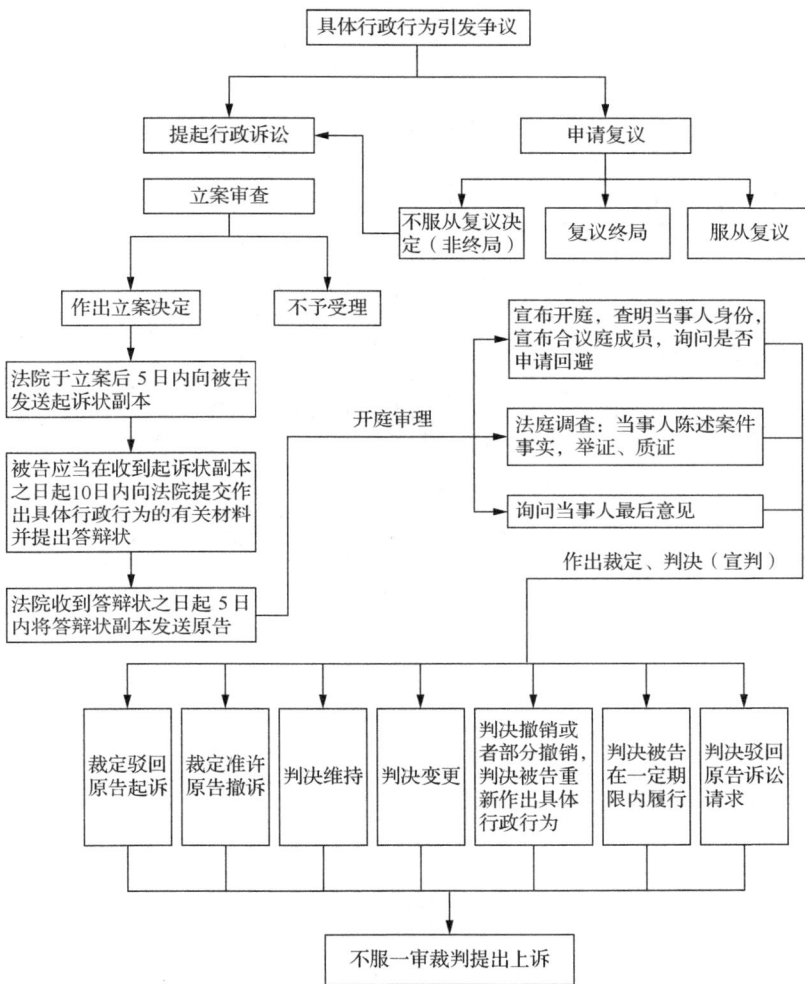

行政诉讼一审流程图

刑事公诉案件一审流程图如下图所示。

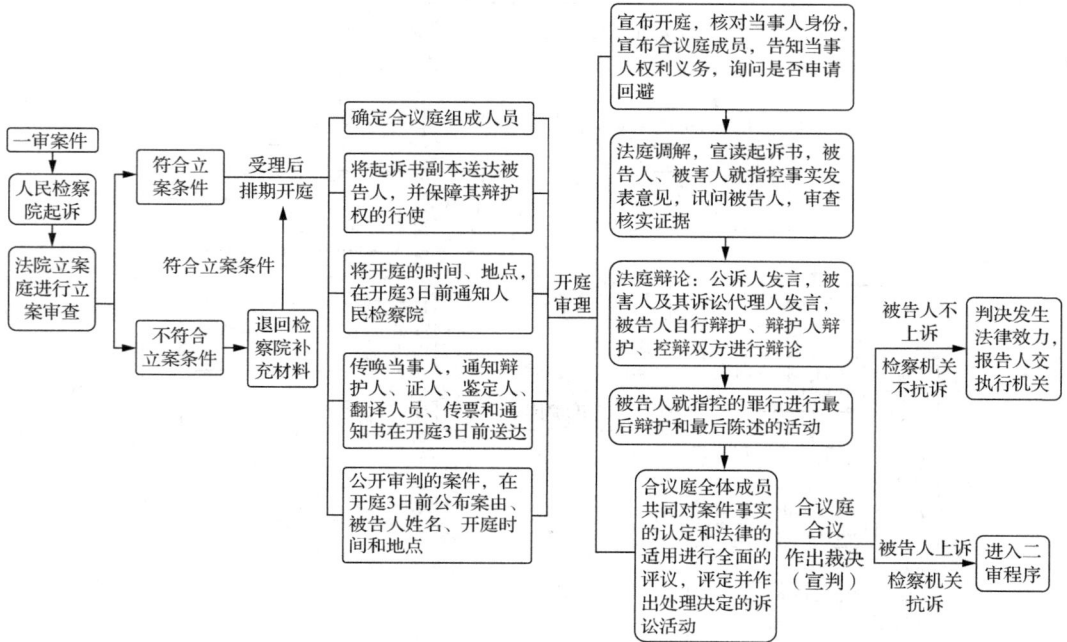

刑事公诉案件一审流程图

项目4　庭审笔录听打录入训练

　　法官评价一名书记员是否合格、优秀，首先就是要看笔录（尤其是庭审笔录）的制作水平。因为笔录事关案件的审判流程、当事人诉请及抗辩意见的固定、举证、质证、事实的调查认定、裁判结果等，如果书记员的笔录制作能力不足，必然会导致审判活动效率低下，特别是一些比较重要的法官提问和当事人回答，或者当事人对重要事实的陈述或自认，如果没有及时完整地记入笔录，将会影响案件重大事实的认定，最终影响案件的公正裁判。因此，做一名合格的书记员，首先笔录（尤其是庭审笔录）的基本功必须过硬，而其中最为重要的一项基本功就是速录。

【知识要点】

造词和自定义是庭审速录中最常用且最重要的两大应用法宝，通过个性化的设置，不仅可以提高庭审现场笔录记录的速度，还可以有效降低错误率及缓解书记员的工作强度。

1. XWU 系列常用快捷键的操作方法

1）标志键：XWU。

2）功能：造词、自定义、消字查询、前后置同音字词替换、块操作、剪切、复制、粘贴、新建、打开、查找、替换、撤销、反撤销、光标定位至篇首或篇尾。

3）要点：

① 独立操作某一快捷键时，左右手可同按同起。

② 连续操作任一快捷键时，左右手均可常按不起。

表 4-0-1 为速录机与标准键盘之间有关快捷键相互切换的对应关系及功能（XWU 系列）。

表 4-0-1　速录机与标准键盘之间有关快捷键相互切换的对应关系及功能（XWU 系列）

序号	速录机快捷键	功能	功能说明（速录系统）	标准键盘快捷键	外挂使用
1	XWU:XBW	造词	通过块操作选中文字+XWU:XBW 快捷造词	Ctrl+D	×
2	XWU:D	自定义	通过块操作选中文字+XWU:D 快捷自定义	Ctrl+E	×
3	XWU:BZA（cha）	消字查询	联词消字查询工具	Ctrl+2	√
4	XWU:A	前置同音	前置同音字词替换	无	×
5	XWU:O	后置同音	后置同音字词替换	无	×
6	XWU:W	块操作	光标向左选中文字	Shift+←	√
7	XWU:E	块操作	光标向右选中文字	Shift+→	√
8	XWU:I	块操作	光标向上选中文字	Shift+↑	√
9	XWU:U	块操作	光标向下选中文字	Shift+↓	√
10	XWU:XI（X）	剪切	移动块操作选中的文字到剪贴板	Ctrl+X	√
11	XWU:BZ（C）	复制	复制块操作选中的文字到剪贴板	Ctrl+C	√
12	XWU:UE（V）	粘贴	把剪贴板的文字粘贴在光标处	Ctrl+V	√
13	XWU:XGI（Q）	外部粘贴	从速录系统以外的应用程序粘贴	Ctrl+Q	×
14	XWU:N	新建	新建速录文档	Ctrl+N	√
15	XWU:O	打开	（速录系统不可用）	Ctrl+O	√
16	XWU:XZ（shi）	保存	保存速录文档	Ctrl+S	√
17	XWU:XBU（F）	查找/替换	对指定内容进行查找或替换	Ctrl+F	√
18	XWU:XG（H）	替换	（速录系统不可用）	Ctrl+H	√
19	XWU:Z	撤销	取消上一步有效操作	Ctrl+Z	√
20	XWU:IA（Y）	反撤销	恢复上一步撤销的内容	Ctrl+Y	√
21	XWU:INA（言）	篇首	光标快速移动到文章的篇首	Ctrl+Home	√
22	XWU:UEO（翁）	篇尾	光标快速移动到文章的篇尾	Ctrl+End	√

2. XW 系列常用快捷键的操作方法

1) 标志键：XW。

2) 功能：圆圈数字的录入、快捷自定义、三级高频特定单音字的录入。

3) 要点：

① 当速录系统中快捷键输入框为空时，XW+数字=①/②/③/④/⑤/⑥/⑦/⑧/⑨/⑩ 的录入。

② 当速录系统中快捷键输入框为非空时，XW+数字=数字对应框里的文字内容。

③ 独立或连续操作某一快捷键时，左右手需同按同起，不可常按不起。

表 4-0-2 为 XW 系列快捷键。

表 4-0-2　XW 系列快捷键

速录机快捷键	屏显符号	速录机快捷键	屏显符号	速录机快捷键	屏显符号	速录机快捷键	屏显符号	速录机快捷键	屏显符号
XW:D	①	XW:G	③	XW:I	⑤	XW:N	⑦	XW:A	⑨
XW:Z	②	XW:W	④	XW:U	⑥	XW:E	⑧	XW:O	⑩
键位	特定单音字	键位	特定单音字	键位	特定单音字	键位	特定单音字	键位	特定单音字
XW:BZNE	乘	XW:BZU	处	XW:IEO	又	XW:IU	於	XW:GI	即
XW:XZN	神	XW:XZNE	省	XW:UE	唯	XW:XINA	县	XW:ZNE	争

3. 做好庭审笔录的注意事项

（1）掌握庭审笔录基本格式

法庭笔录的格式一般由标题、首部、正文、尾部四部分构成。主要内容包括：开庭时间，开庭地点，案号，案由，是否公开审理，合议庭组成人员、书记员，审判长（员）宣布开庭审理该案，正文，尾部。

在庭审笔录中应有体现法庭调查、法庭调查结束、法庭辩论、法庭辩论终结、法庭最后陈述、组织双方当事人调解的字样，以体现程序的完整性，减少因程序违法而被二审改判的可能性。

（2）庭前做好准备工作

1) 预先审阅案卷，熟悉案情。一要了解与掌握主要案情及当事人、关系人的情况与特点，开庭前要主动接触一下诉讼参与人，初步了解他们的语速、特点。二要有重点地摘记案情要点，根据不同的案件类型，认真查明、了解与案件有关的专业名词、术语、数字、时间、人名、地名、方言土语和案件中不常用的事物名称，必要时还可写在纸上，供记录时参考。

2) 预先与审判人员沟通，掌握庭审提纲。开庭前，书记员要多与审判人员交流沟通，阅读主审人制作的庭审提纲，及时掌握合议庭的基本审理思路与庭审重点，研究审判中如何相互配合等问题。经过一段时间的配合，书记员必须熟悉每个审判员的审问方式与特点。

3）预先填好部分内容，减少当庭工作量。要将一些案件信息提前录入庭审笔录，如宣布案由、当事人身份信息、释明诉讼权利、诉状内容、证据清单、当事人当天提交的书面答辩状和新的证据等，在庭审中根据实际情况灵活变通，这样可以大大提高记录速度。

（3）注意掌握记录方法，事半功倍

开庭记录时，要保持注意力高度集中、头脑清醒，做到听、想、记紧密结合。要始终牢记庭审笔录的首要原则是"忠实"，即忠实于诉讼参与人的原话、原意、原景。在庭审记录过程中，如果当事人、代理人较多时，要记录清楚是谁说的，坚决杜绝张冠李戴。另外，在庭审过程中，如有诉讼参与人或旁听人员违反法庭秩序和纪律，被审判人员制止、警告或者采取措施的情况，也应记入笔录备查。对于庭审中发生的其他意外情况，也必须如实记载。

在坚持"忠实"原则的前提下，可以灵活运用以下方法。

1）重点法。该法对发言的中心内容和为案情类型所决定的重点内容，应予优先、准确、详细地记录。要优先记录当事人所说的话，审判人员所说的程序性的话可以暂时先放一放。一时记不下来的可以用红色标注，待庭审结束后再与当事人核对。

2）归纳提炼法。该法在发言人的陈述缺乏条理性、意思表达混乱，或者内容分散、重复时，记录人总结、整理、归纳发言人的主要观点和中心意思予以记录的方法。

3）分句法，又分为二句法和三句法。二句法是指记录时，脑中记忆耳上听来的一句话同时整理手下录入的一句话。在记录速度跟得上说话的速度时常采用二句法。三句法是手下输入一句话，脑中记忆一句话，耳上听来一句话。三句法常与归纳法和提炼法一起使用，也是庭审记录中最常用的方法。

4）标记法。该法是指在记录过程中，如遇到记录不全或录入有误的情况时，为了避免影响新内容的录入，当时不做即时修改而运用简单符号标记错漏或空行，待记录完毕后再作补齐的方法。标记符号多采用空行和空几个字符的空间。

（4）不同类型案件的庭审记录重点

庭审中，书记员应高度关注以下要点：①审判长归纳的案件没有争议的事实；②审判长归纳的案件争议的焦点；③审判长归纳的法庭调查和法庭辩论的重点。在民事案件庭审中，书记员还应当特别关注以下内容。

1）对于侵权赔偿的案件，损害或者侵权的事实、过程、过错责任及侵权行为造成的结果（包括伤情、程度、医疗、护理、交通等法律规定的项目费用）以及双方对赔偿数额的意见。

2）在不动产纠纷中，不动产的由来、权属及历史和目前的变动情况。

3）在债务纠纷中，债务的由来和形成情况（即何时何地、何种方式形成的债务）及双方在债务发生过程中达成的协议或者约定。

4）在婚姻纠纷中，要着重记明双方当事人的婚姻基础情况、婚姻缔结过程、生育情况、财产形成情况、离婚的真正原因、矛盾焦点，以及双方对共同财产处理、子女抚养意见等。

在行政诉讼中，还应当重点关注以下事实。

1）被告作出被诉行政行为的法律依据。

2）被告的法定职权，是否存在超越职权、滥用职权或者不作为。

3）被告作出被诉行政行为所依据的事实、证据。

4）被告作出被诉行政行为是否遵循法定程序。

5）原告与被诉行政行为之间的利害关系。

6）在行政赔偿诉讼中，原告诉讼请求的事实依据和法律依据。

在刑事案件庭审中，书记员应重点关注以下事项。

1）被告人、被害人的身份。

2）被告人有无刑事责任能力。

3）被告人实施犯罪的时间、地点、手段、后果及案件起因。

4）被告人有无罪过，实施犯罪的动机、目的。

5）是否系共同犯罪或者与犯罪事实存在关联，以及被告人在犯罪中的地位、作用。

6）被告人从重、从轻、减轻、免除处罚情节。

7）有关涉案财物处理的事实。

8）有关附带民事诉讼的事实。

9）有关管辖、回避、延期审理等的程序事实。

10）与定罪量刑有关的其他事实。

（5）庭审笔录的校对

庭审笔录校对是庭审活动的延续。审判人员、书记员、法警、当事人等应当同时在场，由书记员宣读庭审笔录。除当事人校对笔录外，审判人员也应当对庭审笔录进行校对，以便及时纠正笔误或遗漏。笔录宣读完毕后，应当由审判员、当事人分别发表笔录是否准确的意见，并由书记员记录入卷。

庭审笔录校对无误后，分别由审判员、书记员、当事人、代理人（辩护人）在笔录上签字。为了整齐美观，审判员、书记员的签字可以在庭审笔录的左下方，当事人、代理人签字、盖章可在庭审笔录的右下方。当事人可以在每一份笔录纸上签字、盖章，也可以在最后一张笔录纸上签字或盖章后，再将全部庭审笔录纸盖上卡缝章或捺上卡缝指印。在实践中，往往有诉讼参与人在校对后的笔录上写明"我看过后，和我说的一样"

或"本人看后，笔录无误"等字样，然后签名，当事人除签名外，还要在笔录中本人姓名、金额、时间等关键信息处捺指印。

在庭审结束后五日内当事人到庭要求阅读庭审笔录的，应当经过审判人员同意。由审判人员指定书记员负责当事人对庭审笔录的阅读。当事人对庭审笔录的准确性提出异议的，书记员应及时向审判人员汇报。审判人员了解情况后，如当事人坚持异议的，由当事人书面申请，装入卷宗，而不得在笔录上进行涂改。

当事人校对笔录后，如提出庭审笔录中自己的陈述记载确有遗漏或者差错的，应由当事人提出申请补正，由书记员将当事人申请补正的笔录内容记录在卷，不得在原始庭审笔录上进行改动，以保持原始庭审笔录的真实性、严肃性。如审判人员查实书记员记录确实有误的，应对当事人申请补正的内容予以认定。

任务 1　民事诉讼笔录听打录入训练

训练目标

1. 了解民事诉讼典型案件庭审过程。
2. 熟练掌握民事诉讼典型案件的亚伟码录入技巧。
3. 能够在民事庭审中准确完整地记录庭审过程。

训练步骤

1. 学习民事诉讼典型案件中的亚伟码录入技巧。
2. 通过听打方式，熟练掌握民事诉讼典型案件庭审笔录的听打速录技巧。

训练内容

一、融资租赁合同纠纷（一审简易程序）笔录实例

1. 录入技巧

融资租赁合同纠纷（一审简易程序）笔录实例技巧分类表，如表 4-1-1 所示。

4-1-1　民事听打技巧文（140 字/分）

表 4-1-1　融资租赁合同纠纷（一审简易程序）笔录实例技巧分类表

技巧类别	技巧词语
特定单音字	时（W）、号（W）、第（W）、现（X）、均（X）、需（X）、经（X）、区（W）、者（W）、按（X）、请（X）、由（W）、已（W）、重（W）、及（X）、须（W）
双音略码	时间（X）、工作（W）、根据（W）、规定（X）、其他（W）、代表（W）、要求（W）、进行（W）、提出（W）、对于（W）、严重（W）、追究（W）、责任（W）、根据（W）、规定（X）、现在（X）、特别（W）、双方（W）、参加（X）、说明（X）、内容（W）、首先（W）、下面（W）、重要（X）、构成（W）、保证（X）、知道（X）、通过（X）、没有（W）、按照（X）、确定（X）、判决（W）、为了（X）、存在（X）、最后（W）、影响（W）
三音略码	债权人、审判员
四音略码	人民法院、拒不到庭、简易程序、诉讼权利、民事诉讼、法庭调查、法庭辩论
多音略码	中华人民共和国、民事诉讼法、实业有限公司、律师事务所、民事判决书
全码捆绑	书记员、第一款、旁听席、当事人、第二款、不同意、通知书、告知书、起诉状、差旅费、保全费、有无异议、第三人、郑州市、置之不理、人为设置
重码选择	本院（4）、案号（3）、均应（2）、提问（2）、鼓掌（2）、未经（2）、手机（0）、如对（2）、休庭（2）、训诫（2）、同意（3）、无故（2）、如有（2）、通知（3）、就座（2）、适用（2）、本案（3）、收到（2）、举证（2）、不再（2）、有无（4）、以下（2）、质证（3）、详见（7）、清单（3）、提问（2）、刑事（3）、如实（2）、何时（2）、登记（2）、本息（3）、致使（4）、迁入（2）、人为（2）、鉴于（2）、无偿（2）、调解（2）、再行（2）、笔录（3）
联词消字	室（内）、豫（章）、初（步）、未（必）、值（得）、庭（外）、事（实）、离（子）、速（度/W）、裁（夺）、述（说）、诉（累）、费（德）、保（护）、函（大）、至（于）、市（尺）、负（责/W）、季（节）
其他	活动（后置/XGWUEO）

2. 听打练习

融资租赁合同纠纷（一审简易程序）笔录

时间：2020 年 7 月 20 日 10 时 30 分

开庭地点：本院 503 室

案号：〔2020〕豫××民初××号

案由：债权人撤销权纠纷

审判员：海某

书记员：李某

一、庭前工作

1. 根据《中华人民共和国民事诉讼法》第一百三十七条第一款之规定，现查明当事人和其他诉讼参与人是否到庭。

（开庭审理前，书记员应当查明当事人和其他诉讼参与人是否到庭，宣布法庭纪律。）

书记员：原告是否到庭？

原告：原告法定代表人高某到庭。

原告委托代理人周某某到庭。

书记员：被告是否到庭？

被告及第三人均未到庭。

2. 根据《中华人民共和国民事诉讼法》第一百三十七条第一款之规定，宣布法庭纪律：

（1）诉讼参与人和旁听人员均应服从审判员指挥；

（2）诉讼参与人在开庭审理期间要求发言、提问、陈述、辩论，需经审判员许可；

（3）开庭期间，不准随便走动、吸烟和随地吐痰，不准鼓掌、喧哗和妨碍审判活动的正常进行；

（4）未经许可，不准录音、录像，请到庭人员和旁听人员关闭手机等通信工具；

（5）旁听人员不准进入审判区，不准发言、提问；如对审判活动有意见，可在休庭后书面向法庭提出。

（6）对违反法庭纪律，不听审判员、值庭法警制止者，审判长有权根据不同情节予以训诫、责令退出法庭，对于情节严重的，法院有权予以罚款、拘留，构成犯罪的，依法追究刑事责任。

（7）法庭审理期间，因事需暂时离庭的诉讼参与人应报告审判员同意方可离庭；擅自离庭者按无故中途退庭处理。旁听席上如有证人，请退出法庭，等候通知出庭作证。

3. 书记员：全体起立，请审判员入庭就座。

报告审判员，原告委托代理人周某某到庭，被告及第三人均未到庭。

审判员：可以开庭，请坐下。

二、开庭审理

审判员：根据《中华人民共和国民事诉讼法》第一百三十四条第一款之规定，××市××区人民法院民事审判庭公开开庭审理原告××实业有限公司与被告孙某某融资租赁合同纠纷一案，现在宣布开庭。

审判员：根据《中华人民共和国民事诉讼法》第一百三十七条第二款之规定，现在核对当事人。

原告法定代表人：高某。

委托代理人：周某某，××律师事务所律师，特别授权。

被告：孙某某。

第三人：季某某。

审判员：原被告双方对对方出庭人员有无异议？

原告：被告及第三人均未到庭。

审判员：对方是否同意适用小额速裁程序？

原告：不同意。

审判员：经本庭核对，原告出庭人员符合法律规定，可以参加本案诉讼活动。被告及第三人经本院合法传唤，无正当理由拒不到庭参加诉讼，本院依法缺席审理。依据《中华人民共和国民事诉讼法》第三十九条第二款、第四十四条、第四十五条、第一百三十七条第二款之规定，本案由审判员海某适用简易程序独任审理，书记员李某担任法庭记录。对上述审判人员及书记员、当事人有权申请回避，但申请回避应当说明理由。

审判员：原告是否申请回避？

原告：不申请。

审判员：原告是否已收到本院送达的举证通知书、诉讼权利义务及风险告知书、小额诉讼告知书？

原告：收到。

审判员：开庭前，原被告已收到本院送达的书面诉讼权利义务及风险告知书，庭审不再重述。

审判员：原告宣读起诉状？

原告：宣读起诉状（略）。

审判员：有无补充内容？

原告：无。

审判员：根据原告的诉讼请求，本庭归纳以下审理焦点：1. 原告诉请确认赠与无效有无事实及法律依据；2. 原告诉请律师费、差旅费、保全费、保函费等有无事实及法律依据。

审判员：原告对所归纳的审理焦点有无异议和补充？

原告：无。

审判员：原被告双方围绕审理焦点进行举证、质证，首先由原告举证。

原告：详见证据清单。

审判员：下面由法庭进行提问，当事人陈述是民事诉讼中的重要证据，虚假陈述构成伪造证据，同时构成妨碍民事诉讼，须承担相应的民事、刑事法律责任，当事人需保证如实陈述，是否听清？

审判员：原告，何时知道涉案房产被赠与过户至第三人名下？

原告：2019 年 8 月 12 日，通过到郑州市不动产登记中心查询后得知。

审判员：是否执行到具体财产？

原告：未执行到具体财产。

审判员：现在宣布法庭调查结束，进行法庭辩论。

审判员：首先由原告发表辩论意见。

原告：1. 孙某某向原告借款在借款到期后没有按照约定偿还本息；2. 2013 年 7 月 30 日，孙某某经营的公司营业执照被吊销，孙某某明知而置之不理，致使原告债权无法实现；3. 为逃避债务，孙某某将户口从洛阳迁入郑州，人为设置原告实现债权的障碍；4. ××市××人民法院〔2019〕豫××民初××号民事判决书确定孙某某对本案的原告负有债务，该判决已生效，并进入执行程序，可以确定原告对被告孙某某享有到期债权；5. 孙某某在郑州购买房产并无偿赠与其外孙季某某的行为侵害了原告的债权，孙某某是为了逃避债务而转移财产，孙某某存在主观恶意；6. 原告诉请主张符合合同法第七十四条、第七十五条及合同法司法解释（一）第二十三条至第二十六条之规定，请法院依法支持原告的诉讼请求。

审判员：现在宣布法庭辩论结束，原告进行最后陈述。

原告：坚持诉讼请求。

审判员：鉴于一方当事人未到庭，本案不再主持庭上调解，但不影响庭下再行调解，调解不成时依法判决，现在宣布休庭，双方看笔录无误后签字。

二、追偿权纠纷（一审普通程序）笔录实例

1. 录入技巧

追偿权纠纷（一审普通程序）笔录实例录入技巧，如表 4-1-2 所示。

4-1-2　民事听打技巧文（160 字/分）

表 4-1-2　追偿权纠纷（一审普通程序）笔录实例录入技巧

技巧类别	技巧词语
特定单音字	区（W）、时（W）、号（W）、权（W）、周（X）、第（W）、现（X）、需（X）、县（XW）、者（W）、按（X）、请（X）、省（XW）、男（W）、由（W）、已（W）、重（W）、只（W）、称（X）、元（W）
双音略码	时间（X）、工作（W）、根据（W）、规定（X）、其他（W）、要求（W）、进行（W）、提出（W）、对于（W）、严重（W）、追究（W）、现在（X）、代表（W）、双方（W）、参加（X）、组成（X）、说明（X）、履行（X）、责任（W）、虽然（W）、没有（W）、管理（W）、过程（W）、况且（X）、造成（W）、损失（X）、问题（X）、或者（W）、属于（X）、判决（W）、关系（X）、首先（W）、不能（X）、目的（X）、已经（X）、超过（W）、受到（X）、调查（X）、为了（X）、客观（W）、决定（X）、独立（X）、完成（X）、因此（X）、办理（W）、作为（W）、照片（X）、经济（X）、必须（X）、部分（W）、情况（W）、影响（W）
三音略码	审判员、债权人、事实上、办公室
四音略码	有限公司、未经许可、构成犯罪、人民法院、拒不到庭、诉讼权利、经营不善、主管部门、连带责任、由此可见、法庭调查、法庭辩论

技巧类别	技巧词语
多音略码	人民陪审员、中华人民共和国、民事诉讼法、有限责任公司、责令退出法庭、律师事务所、公民身份号码、民事判决书
全码捆绑	书记员、第一款、当事人、审判长、审判区、刑事责任、旁听席、有无异议、无异议、合议庭、复印件、通知书、告知书、起诉状、申请书、真实性、有异议、管理局、科学院
重码选择	本院（4）、均应（2）、提问（2）、鼓掌（2）、手机（0）、如对（2）、休庭（2）、训诫（2）、同意（3）、方可（3）、无故（2）、如有（2）、通知（3）、就座（2）、董事（2）、本案（3）、李某（2）、收到（2）、举证（2）、不再（2）、登记（2）、通知（3）、瑕疵（2）、另行（3）、综上（2）、以下（2）、有无（4）、质证（3）、详见（7）、公章（2）、也有（4）、异议（2）、将会（2）、事宜（2）、显示（2）、明细（3）、并未（2）、属实（2）、发问（2）、已被（3）、庭后（2）、鉴于（2）、调解（2）、笔录（3）
联词消字	室（内）、初（步）、范（本）、邬（娜）、庭（外）、张（恩）、李（恩）、韩（不）、郑（恩）、值（得）、事（实）、离（子）、市（尺）、诉（诸）、院（系）、兼（课）、述（说）、亦（菲）、未（必）、欠（我）、付（出）、拟（议）、既（是）、词（义）
其他	但其（分开击打）、活动（后置/XGWUEO）

2. 听打练习

追偿权纠纷（一审普通程序）笔录

时间：2020 年 7 月 15 日 15 时 30 分

开庭地点：本院 407 室

案号：〔2020〕××民初××号

案由：追偿权纠纷

审　判　长：李某

人民陪审员：范某某

人民陪审员：邬某某

书　记　员：周某某

一、庭前工作

1. 根据《中华人民共和国民事诉讼法》第一百三十七条第一款之规定，现查明当事人和其他诉讼参与人是否到庭。

书记员：原告是否到庭？

原告：原告××新材料有限责任公司委托代理人张某某到庭。

书记员：被告是否到庭？

被告：被告李某某委托代理人韩某某到庭，被告郑某某、××县××农业有限公司未到庭。

2. 根据《中华人民共和国民事诉讼法》第一百三十七条第一款之规定，宣布法庭纪律：

（1）诉讼参与人和旁听人员均应服从审判长指挥；

（2）诉讼参与人在开庭审理期间要求发言、提问、陈述、辩论，需经审判长许可；

（3）开庭期间，不准随便走动、吸烟和随地吐痰，不准鼓掌、喧哗和妨碍审判活动的正常进行；

（4）未经许可，不准录音、录像，请到庭人员和旁听人员关闭手机等通信工具；

（5）旁听人员不准进入审判区，不准发言、提问；如对审判活动有意见，可在休庭后书面向法庭提出；

（6）对违反法庭纪律，不听审判长、值庭法警制止者，审判长有权根据不同情节予以训诫、责令退出法庭，对于情节严重的，法院有权予以罚款、拘留，构成犯罪的，依法追究刑事责任；

（7）法庭审理期间，因事需暂时离庭的诉讼参与人应报告审判长同意方可离庭，擅自离庭者按无故中途退庭处理。旁听席上如有证人，请退出法庭，等候通知出庭作证。

3. 书记员：全体起立，请审判长入庭就座。

报告审判长，原告××新材料有限责任公司委托代理人张某某到庭。被告李某某委托代理人韩某某到庭，被告郑某某、××县××农业有限公司未到庭。

审判长：可以开庭，请坐下。

二、开庭审理

审判长：根据《中华人民共和国民事诉讼法》第一百三十四条第一款之规定，××市××区人民法院民事审判庭公开开庭审理原告××新材料有限责任公司诉被告李某某、郑某某、××县××农业有限公司追偿权纠纷一案，现在宣布开庭。

审判长：根据《中华人民共和国民事诉讼法》第一百三十七条第二款之规定，现在核对当事人。

原告：××新材料有限责任公司，住所地××省××市××区××路1号院。

法定代表人：李某某，该公司总经理兼执行董事。

委托代理人：张某某，××律师事务所律师。

被告：李某某，男，汉族，1961年××月××日出生，住××市××路1号院1号楼12号，公民身份号码（略）。

委托代理人：韩某某，××律师事务所律师。

被告：郑某某，女，汉族，1974 年××月××日出生，住××市××路 2 号院 3 号楼 15 号，公民身份号码（略）。

被告：××县××农业有限公司，住所地××县××路 3 号院 1 号楼 12 号。

法定代表人：李子某，总经理。

审判长：原被告双方对对方出庭人员有无异议？

原告：无异议。

被告：无异议。

审判长：经本庭核对，原被告出庭人员符合法律规定，可以参加本案诉讼活动。被告郑某某，××县××农业有限公司，经本院合法传唤无正当理由拒不到庭，本院依法缺席审理。依据《中华人民共和国民事诉讼法》第四十条第二款、第四十四条、第四十五条、第一百三十七条第二款之规定，本案由审判长李某、人民陪审员范某某、人民陪审员邬某某依法组成合议庭，审判员李某担任审判长，书记员周某某担任法庭记录。对上述审判人员及书记员当事人有权申请回避，但申请回避应当说明理由。

审判长：原被告是否申请回避？

原告：不申请。

被告：不申请。

审判长：原被告是否已收到本院送达的举证通知书及诉讼权利义务及风险告知书？

原告：收到。

被告：收到。

审判长：开庭前，原被告已收到本院送达的书面诉讼权利义务及风险告知书，庭审不再重述。

审判长：原告宣读起诉状、撤回起诉申请书、变更诉讼请求申请书？

原告：宣读起诉状、撤回起诉申请书、变更诉讼请求申请书。

审判长：有无补充？

原告：有，原告在原审执行案件中已收到被告郑某某履行的八分之一款项 150 286.87 元，收款时间为 2019 年 6 月 24 日，若郑某某放弃执行回转，我方同意撤回对其的起诉。

审判长：被告答辩。

被告：1. 本案系追偿权纠纷，李某某仅系八个担保人之一，李某某仅应在八分之一份额内承担相应的补充责任，原告要求李某某承担全部清偿责任无事实及法律依据。

2. 虽然李某某系原郑州××农业有限公司法定代表人和清算组成员，但其主观上并没有恶意和过错，注销也是应市场监督管理局的要求进行，清算是依法进行，同时清算过程中登报公告通知债权人申报债权，原告亦未申报债权，况且郑州××农业有限公司因经营不善并无可支配财产，也没有给原告造成实际损失，原告所诉无事实和法律依据。

3. 对于郑州××农业有限公司注销登记的瑕疵问题，原告可以向主管部门申请撤销注销登记或者另行提起清算责任纠纷诉请，原告的起诉不属于本次案由审理范围。综上，请求贵院维持〔2018〕××民初××号民事判决书中关于李某某只承担八分之一补充清偿责任的判决。

审判长：根据原告的再审请求及被告的答辩意见，本庭归纳以下审理焦点：1. 原告主张李某某承担连带责任有无事实及法律依据；2. 原告对因注销登记请求赔偿责任与本案是否有法律关系。

审判长：原被告对所归纳的审理焦点有无异议和补充？

原告：无。

被告：无。

审判长：原被告双方围绕审理焦点进行举证、质证，首先由原告举证。

原告：详见证据目录。

审判长：被告质证。

被告：对证据一至证据六无异议。

对第七组证据真实性有异议，该组证据系复印件，原告应当提供由市场监督管理局加盖公章的工商信息资料。

对第八组证据真实性有异议，对证明目的也有异议，不能证明原告的证明目的。原告提供的证据不完整，事实上郑州××农业有限公司在 2017 年时已经不再经营了，公司也没有相应的财产，根据××区市场监督管理局的要求，超过半年未经营的企业将会受到调查，为了配合××区市场监督管理局的要求，积极主动进行清理注销，并非原告所述的提供虚假清算文件，公司注销过程中是依法进行的，虽然程序有些瑕疵，但清算过程是客观公正的，清算报告并非是虚假的，李某某也并非公司股东，不应当承担连带清偿责任。

审判长：原告有无补充？

原告：1. 郑州××农业有限公司是经股东××农业决定解散，且由××农业决定成立以李某某为清算人的清算组，其中李某某也是××农业的法定代表人。由此可见，郑州××农业有限公司的注销登记是由李某某一人独立完成，且其使用的××农业公章系已注销的公章，因此郑州××农业有限公司的决定解散和清算报告均不是其股东××农业所做的决定。2. 原告与郑州××农业有限公司及李某某本人就本案的纠纷开始于 2018 年，李某某在办理郑州××农业有限公司注销手续时，对郑州××农业有限公司欠付原告银行贷款是明知的，但其未依法将公司解散事宜通知原告，李某某作为清算人，依据公司法解释（二）的规定，应当承担连带责任。

审判长：被告举证。

被告：第一组证据：××农业科学院办公室文件一份、××区市场监督管理局照片一份，证明注销是根据××农业科学院及××区市场监督管理局的要求清理注销，并非原告所称的提供虚假清算文件注销。

第二组证据：2019年6月12日××经济报一份，证明公司注销时登报通知债权人申报债权，并非原告所称的没有通知。

审判长：原告质证。

原告：对第一组证据真实性无异议，但该文件显示拟注销的企业明细为××县××农业，并非是郑州××农业有限公司，该文件与本案无直接关联。××区市场监督管理局的提示也不能证明郑州××农业有限公司必须注销，且郑州××农业有限公司是否应当注销并非是本案的焦点，而是郑州××农业有限公司是否依法注销。

对第二组证据真实性无异议，但根据公司法解释（二）第十一条的规定，清算人在通知债权人时应同时履行书面通知义务和公告义务，原告与郑州××农业有限公司的诉讼在其清算时已经发生，但清算人李某某既未通知法院，也未通知原告，显然并未履行通知义务。

审判长：被告有无补充？

被告：郑州××农业有限公司的股东并非李某某，其股东有权决定公司注销，李某某只是公司员工无权决定注销公司，原告称李某某私自注销公司不属实。

审判长：双方就事实部分有无问题发问？

原告：郑州××农业有限公司的唯一股东是否为××县××农业有限公司。××县××农业有限公司在郑州××农业有限公司办理注销登记时是否已经注销。××县××农业有限公司注销后，其公章由谁保管。在郑州××农业有限公司股东已被注销的情况下，你方称的郑州××农业有限公司的注销是由股东决定，该股东是谁？

被告：根据工商登记信息显示的是"代理人不清楚"。

审判长：现在宣布法庭调查结束，原被告双方进行法庭辩论。

审判长：首先由原告发表辩论意见。

原告：庭后提交书面辩护词。

审判长：被告发表辩论意见。

被告：庭后提交书面辩护词。

审判长：现在宣布法庭辩论结束，原被告进行最后陈述。

原告：同辩论意见，坚持诉讼请求。

被告：同答辩及质证意见。

审判长：鉴于一方当事人未到齐，本案不再主持庭上调解，但不影响庭下再进行调解，调解不成时依法判决，现在宣布休庭，双方看笔录无误后签字。

任务 2　行政诉讼笔录听打录入训练

训练目标

1. 了解行政诉讼典型案件庭审过程。
2. 熟练掌握行政诉讼典型案件的亚伟码录入技巧。
3. 能够在行政庭审中准确完整地记录庭审过程。

训练步骤

1. 学习行政诉讼典型案件中的亚伟码录入技巧。
2. 通过听打方式，熟练掌握行政诉讼典型案件庭审笔录的听打速录技巧。

训练内容

一、行政不作为纠纷案件笔录实例

（一）听打练习一

1. 录入技巧

行政不作为纠纷案件笔录实例录入技巧（1），如表 4-2-1 所示。

4-2-1　行政听打技巧文
（140 字/分）

表 4-2-1　行政不作为纠纷案件笔录实例录入技巧（1）

技巧类别	技巧词语
特定单音字	时（W）、字（W）、第（W）、号（W）、区（W）、不（X）、请（X）、案（W）、东（W）、男（W）、岁（W）、由（W）、除（W）、打（W）、台（W）、又（XW）、那（X）、于（X）、再（W）、没（X）
双音略码	时间（X）、管理（W）、作为（W）、工作（W）、现在（X）、其他（W）、情况（W）、所有（W）、遵守（W）、必须（W）、提出（W）、或者（W）、严重（W）、追究（W）、责任（W）、根据（W）、规定（X）、下面（W）、一般（W）、代表（W）、组成（W）、进行（W）、权利（X）、要求（W）、重新（X）、增加（X）、自己（W）、你们（X）、没有（W）、过程（W）、有关（W）、如果（W）、关系（X）、可能（X）、影响（W）、明确（W）、履行（W）、扰乱（W）、人民（W）、因此（X）、同时（W）、准备（W）、白色（X）、当时（W）、看到（X）、电话（W）、他们（X）、我们（X）、

续表

技巧类别	技巧词语
双音略码	怎么（X）、以后（W）、告诉（X）、仍然（X）、联系（X）、出来（X）、月份（W）、根本（X）、调查（X）、什么（X）、知道（X）、由于（X）、造成（W）、不能（X）、损失（X）、受到（X）、刚才（X）
三音略码	审判员、诉讼法、判决书、起诉书
四音略码	缺席判决、人民法院、诉讼权利、国家机密、利害关系、法律效力、行政赔偿、法庭调查、出事地点、接二连三、出现问题、眼皮底下、家庭经济、违法行为
多音略码	责令退出法庭、中华人民共和国、有关法律规定、律师事务所、具体行政行为
全码捆绑	审判长、书记员、当事人、东大街、合议庭、个人隐私、依法行使、裁定书、调解书、十万元、起诉状、老太太、找不到、七点四十、脑出血、肇事者、受害者
重码选择	本院（4）、案号（3）、鼓掌（2）、闭庭（2）、撤诉（2）、训诫（2）、刑事（3）、权限（2）、发问（2）、涉及（2）、一辆（2）、本案（3）、举证（2）、如实（2）、报案（3）、单子（4）、失职（5）、生命（2）、伤害（2）、一致（2）
联词消字	室（外）、初（步）、张（恩）、诉（诸）、市（尺）、局（部）、董（秘）、齐（备）、杨（夕）、沈（部）、支（持）、钟（鼎）、科（目）、负（责/W）、轻（易）、币（别）、母（子）、晨（曦）、炸（鱼）、撞（锁）
其他	活动（后置/XGWUEO）、不听（分开击打）、有向（分开击打）、六点（分开击打）、南路（分开击打）、被一（分开击打）、就在（分开击打）、有人（分开击打）、才把（分开击打）、一问（分开击打）、都不（分开击打）

2. 听打练习

行政不作为纠纷案件笔录

时间：2020 年 7 月 15 日 15 时 30 分

开庭地点：本院 404 室

案号：〔2020〕××初字第××号

案由：张某诉被告××市公安交通管理局××区交通支队行政不作为

审　判　长：王　某

审　判　员：董　某

审　判　员：刘　某

书　记　员：章某某

一、庭前工作

书记员：现在，查明当事人和其他诉讼参与人的到庭情况。

原告：到庭。

原告诉讼代理人：到庭。

被告：到庭。

被告诉讼代理人：到庭。

书记员：现在宣布法庭纪律：

1. 到庭所有人员应听从审判员统一指挥，一律关闭通信工具，遵守法庭秩序，不准吸烟。

2. 旁听人员必须保持肃静，不得喧哗、鼓掌、插话，不得进入审判区，有意见可以在闭庭后提出。

3. 当事人及其诉讼参与人不得中途退庭，如擅自退庭，是原告的应作撤诉处理；是被告的则依法缺席判决。

4. 审判人员或法警有权制止违反法庭纪律、妨碍民事诉讼活动的行为，对不听制止的，可依法予以训诫、责令退出法庭或者予以罚款、拘留；对情节严重的，依法追究其刑事责任。

书记员：请审判长、审判员入庭。

审判长：请坐。

书记员：报告审判长，当事人及诉讼代理人已经全部到齐，可以开庭。

二、开庭审理

审判长：根据《中华人民共和国行政诉讼法》第五十四条的规定，本庭依法公开审理原告张某诉被告××市公安交通管理局××区交通支队行政不作为一案。现在，宣布开庭。

审判长：根据有关法律规定，下面核对当事人身份。

原告：张某，（略）。

原告诉讼代理人：杨某，××市××区××律师事务所律师，代理权限是一般代理。

被告：××市公安交通管理局××区交通支队，住所地××市××区东大街东路3号。

法定代表人：沈某某，支队长。

被告诉讼代理人：钟某某，男，37岁，××市公安交通管理局××区交通支队法制科科长。代理权限是一般代理。

审判长：根据《中华人民共和国行政诉讼法》第六十八条和《中华人民共和国人民法院组织法》第九条的规定，本庭由××市××区人民法院审判员王某担任审判长，与审判员董某和刘某依法组成合议庭。由本院书记员章某某担任法庭记录。

审判长：根据《中华人民共和国行政诉讼法》的规定，当事人在诉讼中享有以下诉讼权利：

（1）当事人有委托代理人进行诉讼的权利；

（2）当事人（被告限于诉前）有提供证据、要求重新鉴定或勘验的权利；

（3）当事人在诉讼中有陈述和辩论的权利；

（4）当事人有申请保全证据、提起上诉的权利；

（5）在诉讼中，原告有申请对被告具体行政行为停止执行的权利；

（6）原告有放弃、增加或变更诉讼请求、申请撤诉的权利，被告有变更或撤销自己所作出的具体行政行为的权利，但无权提起反诉；

（7）经审判长准许，有向证人、鉴定人和勘验人员发问的权利；

（8）经审判人员准许，当事人及诉讼代理人有查阅庭审材料的权利，但涉及国家机密和个人隐私的除外。以上诉讼权利，你们听清楚了没有？

原告：听清楚了。

被告：听清楚了。

审判长：在庭审过程中，当事人除享有以上诉讼权利外，还有申请审判人员及有关人员回避的权利。如果你们认为审理本案的审判人员、鉴定人员、勘验人员及书记员与本案有利害关系或其他关系，可能影响公正审判的，可以提出事实或理由申请回避。你们听清楚了吗？是否申请回避？

原告：明确，不申请回避。

被告：明确，不申请回避。

审判长：根据《中华人民共和国行政诉讼法》的规定，当事人在享有诉讼权利的同时，还应当承担以下诉讼义务：

（1）被告对自己所作出的具体行政行为负有举证责任，应当提供作出该具体行政行为的证据和所依据的法律、法规及其他规范性文件，如实陈述事实；

（2）在诉讼期间，被告不得向原告和证人收集证据；

（3）当事人有依法行使诉讼权利，遵守法庭秩序，自觉履行发生法律效力的判决书、裁定书和行政赔偿调解书的义务。

审判长：以上诉讼义务，你们听清楚了吗？

原告：听清楚了。

被告：听清楚了。

审判长：根据《中华人民共和国行政诉讼法》第四十八条规定，诉讼参与人和其他人应当遵守法庭规则。人民法院对违反法庭规则的人，可以予以训诫、责令其退出法庭或者予以罚款、拘留。对哄闹、冲击法庭，侮辱、诽谤、威胁、殴打审判人员，严重扰乱法庭秩序的人，依法追究刑事责任；情节较轻的，予以罚款、拘留。罚款金额为人民币十万元以下。拘留期限为十五日以下。因此，你们在享受诉讼权利的同时，还必须遵守法庭规则，不得扰乱诉讼秩序。听清楚了没有？

原告：听清楚了。

被告：听清楚了。

被告诉讼代理人：听清楚了。

审判长：法庭准备阶段结束。开始法庭调查。下面先由原告宣读起诉状。

原告诉讼代理人：原告之母，王某，女，63岁，于2019年11月2日早晨六点多钟在××区南路××饭庄东边约150米晨练时被一辆白色面包车撞倒在地，面包车当即逃逸。当时，被晨练人赵某看到此情况，立即拨打122报警台报案，约30分钟后见原告母亲还在出事地点，又给××区交通队打了电话，他们说："我们去了，没有找到现场。"报案人说："现在老太太还在那躺着呢，就在东边，你们怎么会找不到呢？"七点四十分以后，邻居告诉原告家人，将原告母亲送往医院，也没有看见警察的影子，原告母亲于2019年11月4日因脑出血死亡。11月3日，原告之兄彭某，妹夫钟某，询问122台，说有人报案，到交通支队查询报案情况时，警察仍然说没人报案。4日晚，报案人和我们联系上。5日，我们再去交通支队，警察才把报案单子找出来。

2020年7月份，原告发现一辆白色面包车，车号为9565，当时报案单子车号为9556，原告要求警察找饭馆老板和炸油条的伙计。警察说炸油条的找不到了。原告让警察拿出当时立案的现场记录，一问就是不知道，立案时根本就没去现场调查，就连原告母亲在什么位置离开现场和在什么位置撞的都不知道，××区交通支队接二连三的工作出现问题，证据在眼皮底下丢掉。原告认为，由于交通支队工作不负责任的失职行为，造成不能追究肇事者的责任，给受害者的生命和原告的家庭经济造成严重损失，精神受到严重伤害，因而请求人民法院确认被告××区交通支队不履行法定职责的违法行为。

审判长：被告，刚才原告陈述的诉讼请求和理由听清楚没有？

被告诉讼代理人：听清楚了。

审判长：和法庭庭前送达的起诉书是否一致？

被告诉讼代理人：一致。

（二）听打练习二

1. 录入技巧

行政不作为纠纷笔录实例录入技巧（2），如表4-2-2所示。

表 4-2-2　行政不作为纠纷笔录实例录入技巧（2）

技巧类别	技巧词语
特定单音字	按（X）、报（X）、次（W）、卖（W）、办（W）、再（W）、作（X）
双音略码	道路（W）、办法（W）、投入（W）、负责（W）、单位（W）、确定（X）、高度（W）、态度（X）、办理（X）、原则（X）、群众（W）、无论（W）、还是（X）、而且（X）、首先（W）、措施（X）、恢复（W）、但是（X）、需要（X）、问题（X）、因为（W）、属于（W）、迅速（W）、方法（W）形成（W）、双方（W）、最后（W）、存在（X）、照片（X）、部分（W）、决定（X）
三音略码	国务院、事实上、真实性、并没有
四音略码	公安机关、调查取证、综上所述、交通安全、赶赴现场、赶到现场、询问笔录、主要职责、区公安局、有限公司、大量工作
全码捆绑	公安部、找不到、报案人、合议庭、公安局、润滑油、证实了、第二次、无争议、有争议
重码选择	此案（2）、全市（7）、出具（5）、山西省（2）、各县（2）、行程（2）、花费（2）、余元（5）、通报（2）、告知（2）、质证（3）、实施（2）、警方（4）、并未（2）、证言（5）、证实（3）、单子（4）、传阅（2）、有何（2）、异议（2）、登记（2）、遗留（2）、出示（翻页选 2）、收到（2）、通知（3）、词语（3）、事后（2）、知晓（3）、评议（2）、微机（3）、牌照（2）
联词消字	许（多/W）、警（察）、力（气）、科（目）、查（实）、辆（次）、接（物）、传（统/W）、贵（人）、院（系）、彭（祖）、物（质）、员（额）、顾（问）、杨（树）、议（价）
其他	社会（后置/XZWUE）

2. 听打练习

审判长：下面请你进行简要答辩。

被告诉讼代理人：

1. 2019 年 11 月 2 日早 6 时 23 分许，支队指挥中心接到报案后，按国务院《道路交通事故处理办法》和公安部《道路交通事故处理程序规定》，以及公安机关内部程序及规定，立即部署警力，投入了侦破工作，并成立了由副支队长、事故科副科长总负责的专案小组，在侦破此案中，共涉及办案民警 22 人。排查全市有肇事嫌疑的车辆 19 辆，走访证人 21 人，依法询问嫌疑人 15 人，涉及社会单位 36 个，出具各类证据材料 58 份，往返 4 次，于山西省有关各县调查取证，行程 1 500 千米，花费办案经费 8 000 余元，在进行大量侦破工作的同时，我们将工作进展情况都及时向其家属进行了通报，因未能确定肇事车辆，故无法具体认定交通事故责任。

2. 我局指挥中心接报后，立即将《122 逃逸出警单》传至我交通支队分指挥中心。根据以上事实，在大量证据的支持下，证明我××区交通支队依法履行了公安机关的法定职责。

3. 我××区交通支队办案民警本着对人民高度负责的态度,依法履行了公安机关的法定职责,在办理案件过程中本着公正、公开的原则,将办案情况随时告知受害人家属。

综上所述,我们陈述一点意见,作为公安机关,依法办案,惩治肇事者,保护人民群众的生命和财产是我们公安机关应尽的职责。我们认为,原告的诉讼理由不成立,敬请贵院驳回原告的起诉。完毕。

审判长:当事人有遗漏的,可以补充陈述。

原告:没有。

原告诉讼代理人:没有。

被告:无论是此时此刻,还是今后,我们将继续查处此案,而且原告提供的任何线索,我们都将认真进行核查。如在 2020 年 2 月 21 日,我支队事故科副科长赵某根据原告提供的线索,仍继续查证肇事嫌疑车辆。

审判长:当庭陈述结束,下面进行当庭举证。下面由原告、被告进行举证、质证。根据规定,原告在起诉被告不作为的案件中,应当提供相应的证据材料,原告根据你的诉讼请求向本法院提交相关的证据。

原告:首先提交第一组证据,公安部《道路交通事故处理程序规定》和国务院《中华人民共和国道路交通安全法实施条例》第八十九条,公安机关接到报案后,应当立即派员赶赴现场,抢救伤者和财产,勘查现场,收集证据,采取措施尽快恢复交通。但是邻居告诉我们,七点四十后还没见到警察的影子,警方并未及时赶到现场。

第二组证据,我兄弟彭某的证言,11 月 3 日证实电询 122 台,说有人报案,到交通支队查询报案,确认说没人报案。5 日再去时,警察才找出报案单子。还有,2020 年 7 月份,我发现一辆白色面包车,车号为 9565。要求警察询问饭馆老板和卖油条的,警察用找不到了搪塞我,一问他们什么都不知道,工作极不负责任,根本没有及时询问好证人。

审判长:好,请法警递交证据在法庭传阅,书记员传递一下。被告,这份证据你看清楚没有?有何异议?

被告诉讼代理人:看清楚了,没有异议。

审判长:本庭对此份证据予以确认。原告,还有其他证据没有?

原告:原告出示证据暂时到此。

审判长:被告,就原告的起诉,你们有何证据需要向本庭提交?

被告诉讼代理人：有证据向法庭提交。第一组证据材料：证据材料一是《122 逃逸出警单》；证据材料二是民警出警单记录，证明我支队的出警情况；证据材料三是××区电力医院、××区医院急救中心的证言和我支队的出归队登记，证明我方确实出警调查；证据材料四是我支队对报案人的 4 次询问笔录和现场勘验报告，证实现场没有遗留物。

上述四个证据材料证实我支队在收到出警通知后立刻出警赶赴现场，并寻找受害人。但因为报案人和 122 值班员语言沟通出现了问题，且是因为报案人词语不清引起的，事实上是进行了迅速的寻找行动的，属于履行不能的情形。

审判长：请法警递交证据在法庭传阅。原告，有什么异议？

原告：有，他们出没出警我不知道，但是那些证据是事后取得的，我不承认。

审判长：被告，你对原告的质证异议，有什么新的意见，需要向法庭陈述？

被告诉讼代理人：确认交通事故现场和查找肇事车辆是我们警方的主要职责，在取证中通常的方法是对不知晓案件情况人的查询就不形成文字记录，但我们当时确实进行了取证。

审判长：法庭听清楚了双方的各自意见，就此份证据的真实性、关联性予以确认，就其合法性待合议庭评议后做最后裁定。下面请被告继续举证。

被告诉讼代理人：接下来向法庭出示第二组证据材料。

证据材料五，××市××区公安局交警支队顾某证明我支队接待并询问高某肇事车的车型、车号，并让他留下联系方式，以便随时联系。

证据材料六，××市公安局微机车辆管理档案车号××9556 的调出单，证明我支队民警反复核查，积极破案。

证据材料七，××市××润滑油有限公司销售经理的询问笔录。

证据材料八，"112"交通肇事逃逸事故侦破大会证明我支队积极组织警力办案，恪尽职守，不存在行政不作为。我支队民警积极查案，并没有存在不作为的情况。

审判长：请法警递交证据在法庭上传阅。原告诉讼代理人对被告出示的证据有什么质证意见？

原告诉讼代理人：没有。

审判长：下面请被告继续举证。

被告诉讼代理人：下面出示第三组证据材料。

证据材料九，民警王某的证言，证实自己和唐某科长 2020 年 2 月 14 日，带上原告和他的兄弟再次到××省××市核查牌照为××9556的汽车，使两兄弟确信民警没有办假案，也证实了他们因误解道歉。

证据材料十，交通事故肇事逃逸案件进程公示会记录，证实了家属的理解。

证据材料十一，第二次详细的车辆排查工作记录，证实了我们下了大力度对所报车号的嫌疑车辆进行了排查，并做了大量工作，排查了车辆照片、车挡、车主询问笔录。

证据材料十二，2009年2月21日，我支队事故科杨副科长根据原告提供的线索，仍然继续查证的工作记录。

审判长：请法警递交证据在法庭传阅。原告代理人对被告出示的证据有什么质证意见？

原告代理人：没有。

审判长：对双方无争议的事实当庭予以认定，有争议的部分合议庭庭议后再作决定。原告还有无证据向法庭提供？

原告：没有。

审判长：被告有无新的证据和规范性法律文件向法庭提供？

被告：没有。

（三）听打练习三

1. 录入技巧

行政不作为纠纷笔录实例录入技巧（3），如表4-2-3所示。

表4-2-3　行政不作为纠纷笔录实例录入技巧（3）

技巧类别	技巧词语
特定单音字	只（W）、加（X）、省（XW）、即（XW）、元（W）、已（W）
双音略码	已经（X）、旁边（X）、强调（X）、原则（X）、判决（W）、充分（W）、考虑（W）、经过（W）、如下（X）
四音略码	法庭辩论、适用法律、法定程序、若干问题
多音略码	不尽如人意、具体行政行为、中级人民法院
全码捆绑	不负责任、并以此、公安部、每一步、不同意、上诉状、北京市、主审法官
重码选择	以致（5）、核实（3）、讯问（2）、查处（2）、调解（2）、自愿（2）、休庭（2）、同意（3）、副本（3）、笔录（3）
联词消字	细（致）、驳（斥）、依（着）、伤（亡）、起（来/X）
其他	连我（分开击打）、并按（分开击打）

2．听打练习

审判长：法庭调查结束，下面进行法庭辩论。首先由原告发言。

原告诉讼代理人：原告所提交的证据足以证实原告工作中不负责任的失职行为，以致不能追究肇事者的责任，并以此理由来认定，××区交通支队不履行法定职责。

审判长：下面由被告发言。

被告：我们出示的三组证据证实我支队已经履行了职责。我们认为原告的诉讼理由不成立，敬请贵院驳回原告的起诉。

原告诉讼代理人：我们案发日去询问案件的情况，因原告母亲在饭庄前被撞的时候，炸油条的就在旁边，所以认为饭庄老板和车主认识，我们要求警察找饭庄老板和炸油条的进行调查。警方给我们的答复都不尽如人意，只说炸油条的人找不到。要他们拿出当时立案的现场记录，他们什么都不知道。连我母亲在什么位置都不知道，接二连三出问题，证据就在眼皮底下溜走了。我们认为，是由于交通支队不负责任的失职行为，造成不能追究肇事者的责任。

被告诉讼代理人：基于原告提出的要求，我们民警与饭庄老板和炸油条的核实情况，而诉我支队没有作为这一理由，不再细加驳论，只强调一点，我们对原告所提出的每一条线索都进行了认真核查。

审判长：刚才法庭认真听取了各方当事人就被告所作出的具体行政行为的合法性和行政赔偿事实是否存在、适用法律建议等问题所发的辩论意见，各方当事人是否还有新的辩论意见？

原告诉讼代理人：没有了。

被告诉讼代理人：没有了。

审判长：法庭辩论结束。现在，各方当事人及诉讼代理人可以发表最后意见。

原告及诉讼代理人：1．被告没有及时赶赴事故现场；2．被告没有及时询问相关证人。

由于××区交通支队工作中不负责任的失职行为，以致不能追究肇事者的责任，并以此理由来认定，××区交通支队不履行法定职责。

被告诉讼代理人：2019 年 11 月 2 日早 6 时 23 分许，支队指挥中心接到报案后，按国务院《道路交通事故处理办法》和公安部《道路交通事故处理程序规定》，以及公安机关内部程序及规定，立即部署警力投入侦破工作，并成立了由副支队长、事故科副科长总负责的专案小组，在侦破此案中共涉及办案民警 22 人，排查全市肇事嫌疑车辆 19

辆，走访证人 21 人，依法讯问嫌疑人 15 人，涉及社会单位 36 个，形成各种证据材料 58 份，四次往返于某省调查取证，行程 1 500 千米，支付办案经费 8 000 余元，同时将每一步工作向死者家属进行了通报。

综上所述，我们陈述一点意见，作为公安机关，依法办案，惩治肇事者，保护人民群众的生命和财产是我们公安机关应尽的职责，无论是此时此刻，还是今后，我们将继续查处此案，而且原告提供的任何线索，我们都将认真进行核查，因为这是我们公安机关的职责。我们认为，原告的诉讼理由不成立，敬请贵院驳回原告的起诉。

审判长：根据《中华人民共和国行政诉讼法》第六十条及《中华人民共和国民事诉讼法》有关规定，现在就行政赔偿部分由法庭主持调解。调解本着合法、自愿的原则进行，即当事人对法庭提出的调解建议，可以接受，也可以不接受，还可以自行提出新的调解建议进行协商。如一方不同意调解或者双方分歧太大，不能达成协议，法庭不再进行调解，将依法作出判决。各方当事人是否同意调解？

原告及诉讼代理人：不同意。

审判长：由于当事人一方不同意就行政赔偿部分进行调解（或双方分歧太大），调解不成将进行当庭裁判。裁判前，由合议庭对本庭进行评议，评议时将充分考虑各方当事人及诉讼代理人的意见。

现在，宣布休庭。

（合议庭进行评议，形成裁判决议。）

书记员：全体起立，请审判长及审判员入席。

审判长：请坐。现在宣布继续开庭。本案经过刚才的庭审及合议庭的评议，下面进行当庭宣判。

本院认为，根据国务院《道路交通事故处理办法》和公安部《道路交通事故处理程序规定》的有关规定，公安机关处理交通事故的职责是接到报案后，应当立即派员赶赴现场，抢救伤者和财产，勘查现场，收集证据，采取措施尽快恢复交通。本案被告对发生在 2019 年 11 月 2 日的交通肇事逃逸案，依法定程序予以立案，并做了大量的侦查工作，已经履行了法定职责。现原告起诉被告没有履行法定职责的理由不能成立，对其诉讼请求，本院不予支持。根据最高人民法院《关于执行〈中华人民共和国行政诉讼法〉若干问题的解释》第五十四条第一款判决如下：

驳回原告张某的诉讼请求。

诉讼费 80 元，由原告张某负担（已交纳）。

如不服本判决，可在判决书送达之日起 15 日内，向本院递交上诉状，并按对方当事人的人数提交副本，同时交纳上诉案件受理费 80 元，上诉于北京市第二中级人民法院。

审判长：现在，宣布闭庭。

书记员：全体起立。在主审法官退出法庭后当事人及旁听人员退出法庭。相关当事人确认无误后，请在庭审笔录上签字。

二、行政赔偿案件笔录实例

（一）听打练习一

1. 录入技巧

行政赔偿案件笔录实例录入技巧（1），如表 4-2-4 所示。

4-2-2　行政听打技巧文
（160 字/分）

表 4-2-4　行政赔偿案件笔录实例录入技巧（1）

技巧类别	技巧词语
特定单音字	第（W）、区（W）、由（W）、号（W）、元（W）、加（X）、再（W）、发（W）、马（X）、亩（X）、办（W）、份（W）、原（X）
双音略码	现在（X）、规定（X）、农民（X）、下面（W）、没有（W）、双方（W）、根据（W）、组成（X）、或者（W）、其他（W）、关系（W）、可能（X）、影响（W）、权利（X）、咱们（X）、时候（W）、已经（X）、进行（W）、时间（X）、这些（X）、你们（X）、知道（X）、需要（W）、首先（W）、履行（X）、造成（W）、损失（X）、我们（X）、后来（X）、过程（W）、起来（X）、包括（W）、前面（W）、相同（W）、土地（W）、建设（X）、目的（X）、投资（X）、代表（W）、得到（X）、属于（W）、产品（X）、生产（X）、判决（W）、受到（X）、情况（W）、负责（W）、要求（W）、照片（X）、造成（W）、部分（W）
三音略码	诉讼法、审判员、规范化、判决书
四音略码	人民法院、人民政府、行政赔偿、有限公司、违法行为
多音略码	中华人民共和国、人民陪审员、事实与理由、中级人民法院、
全码捆绑	当事人、合议庭、书记员、利害关系、裁定书、收到了、评估费、主审法官、规模化、养殖场、转让费、自治区、建筑物、菜篮子、畜牧业、资源局、建设局、通知单、申请书
重码选择	有无（4）、异议（2）、仲（8）、本案（3）、鉴于（2）、不再（2）、行（2）、收到（2）、共计（4）、吧（3）、主审（2）、穆（7）、同意（3）、万元（2）、清真（2）、立项（2）、均为（5）、通知（3）、奖金（2）、实施（2）、视频（2）、颁发（2）、举证（2）
联词消字	庭（长）、市（尺）、诉（诸）、镇（长）、张（恩）、吴（恩）、董（某）、宁（安）、终（于）、丁（某）、局（部）、厅（堂）、政（治）、拟（议）、建（设）、牧（业）、计（划）、河（道）、初（次）、院（落）

2. 听打练习

行政赔偿案件笔录

审判长：现在开庭，依照《中华人民共和国行政诉讼法》第七条、第五十四条的规定，××区人民法院第五民事审判庭审理××市××区××牛羊养殖农民专业合作社诉被告××市××区××镇人民政府行政赔偿一案。

下面，核对当事人身份。

审判长：原告对对方出庭人员有无异议？

原告：没有异议。

审判长：被告，对对方出庭人员有没有异议？

被告：没有。

审判长：经法庭审查双方当事人的委托代理人其委托手续齐全，程序合法，仲某、王某为原告的诉讼代理人，马某某、唐某某为被告的诉讼代理人。根据《中华人民共和国行政诉讼法》第七条、第六十八条的规定，本案由××市××区人民法院审判员张某某担任审判长，与审判员唐某某、人民陪审员吴某某组成合议庭，由书记员董某某担任法庭记录。根据《中华人民共和国行政诉讼法》第五十五条的规定，当事人认为本案的审判人员、书记员与本案有利害关系，或者其他关系可能影响公平审判的有权申请回避，原告申请回避吗？

原告：不申请。

审判长：被告，申请回避吗？

被告：不申请。

审判长：根据《中华人民共和国行政诉讼法》规定的权利和义务，咱们在上次一审的时候已经向各位当事人进行宣布过，本庭鉴于时间关系，不再宣布了。这些你们都知道吗？清楚吗？

原告：知道。

被告：清楚。

审判长：××市××区中级人民法院〔2021〕宁××行终××号行政裁定书，原告收到了吗？

原告：收到了。

审判长：被告收到了吗？

被告：收到了。

原告：是行政裁定书，审判长，收到了。

审判长：行政裁定书。

被告：收到。

审判长：有必要当庭宣读吗？

原告：不需要。

被告：不需要。

审判长：下面首先由原告向法庭陈述你的诉讼请求，以及事实与理由。

原告：原告在本案中的诉讼请求：1. 依法确认被告不履行行政赔偿义务的行为违法。2. 依法责令被告赔偿因违法行政行为为原告造成的各项损失共计 11 915 100 元，以及评估费 16 000 元，共计 11 931 100 元。评估费是在这个里面计算的，原来我们主张是 11 915 100 元，后来评估过程中有 16 000 元的评估费，一共加起来是 11 931 100 元，包括评估费，前面的损失是 11 915 100 元。我们的事实和理由和原来一审的事实和理由相同，我简要陈述一下。

审判长：一样的就不用再陈述了吧？

原告：好的。

审判长：下面由主审法官进行主审。

审判长：下面直接进行答辩。下面由原告向法庭提交证据。

原告：我们一共向法庭提交了以下 10 组证据：

证据一：土地永久性的转让协议。

证据二：一是《关于上报××市××区肉羊规范化养殖项目建设可行性报告》[（原）农牧发〔2011〕××号〕。证明目的：原告法定代表人马某某与股东穆某某与丁某某等达成土地转让协议，转让土地 68.935 亩，用于本案涉及的建设规模化肉羊养殖场，共支付土地使用权转让费 215 831 元。二是××市××区农牧局同意并向自治区农牧厅上报原告肉羊规模化养殖项目建设可行性报告。证据文件一份：《关于××市××区××镇××牛羊养殖农民专业合作社用地报告》[（原）三政发〔2011〕××号〕。这个证明目的有两个。一是被告向××区人民政府报告：原告拟在××村六组建占地 20 亩的养殖园区。二是根据该报告所附的该项目的建设情况，该项目建设的总投资为 497 万元，其中，企业自筹资金 300 万元，银行贷款 197 万元。

证据三：《关于上报××镇××村清真羊肉育肥加工专业合作社的报告》[（原）三政发〔2010〕××号〕，证明原告建设的清真羊肉育肥加工项目得到了被告及××市××区农牧局的立项支持。结合证据二可以看出，涉案项目属于合法建设，涉案项目用地及建筑物均为合法建设。

证据四两组：一是《关于对 2011 菜篮子畜牧业产品生产项目进行验收的通知》[（宁）农局牧发〔2011〕××号〕，二是《关于下达菜篮子畜牧业产品生产项目奖金计划和项目实施方案的通知》[（宁）农计发〔2011〕××号〕。证明目的：原告建设规模化肉羊养殖项目被认定为 2011 菜篮子畜牧业产品生产项目，并获得项目扶持资金。

证据五：村庄建筑物新建、扩建规划申请书。证明目的：原告建设规模化肉羊养殖场所占 20 亩建设用地获得××村委会、××镇人民政府、××区国土资源局、××区交通和乡镇建设局审批同意，属于合法建设项目。

证据六一共有三份：第一个是××区××镇河长办督办通知单，第二个是××区人民法院〔2019〕宁××行初××号行政判决书，第三个是××市中级人民法院〔2019〕宁××行终××号行政判决书。证明目的有两个：第一，被告的行政强制拆除行为××区人民法院和××市人民法院的生效判决确认违法；第二，原告经多部门层层审批，所建养殖场及建设建筑物系原告的合法财产，依法受到法律保护。

证据七：图片四张、视频五份。图片和视频的证明目的反映了行政强制拆除前原告建设的规范化肉羊养殖场基本情况以及违法行政强制拆除的过程，证明被告的强制拆除行为给原告带来了财产损失，依法应当予以赔偿。

证据八：行政赔偿申请书及录音一份。证明被告的强制拆除行为被××区人民法院和××市人民法院确认违法后，原告向被告及相关负责人提交了赔偿申请书，要求被告赔偿其强制拆除行为给原告带来的财产损失。

证据九：照片两张。证明被告为原告颁发优秀企业荣誉称号，荣誉证书，承认原告合法经营、建设的事实。

证据十：咨询报告、评估费的发票。证明本案在原一审期间，××市中院委托宁夏××房地产土地资产评估有限公司对涉案的资产进行评估咨询，与原告因被告的违法强制拆除行为造成的部分财产损失价值，最终咨询评估价值为 1 985 000 元。审判长，我们举证完毕。

表 4-2-5 行政赔偿案件笔录实例录入技巧（2）

技巧类别	技巧词语
特定单音字	均（X）、改（W）、回（W）、做（W）、有（X）、请（X）、使（X）
双音略码	具有（W）、不能（X）、达到（W）、而且（X）、作为（W）、问题（X）、其他（W）、过程（W）、形式（X）、错误（W）、对于（W）、对象（X）、因此（X）、造成（W）、管理（W）、责任（W）、时间（X）、确定（X）、就是（X）、因为（W）、什么（X）、主要（X）、以后（W）、提出（W）、有关（W）、正确（X）、在于（W）、责任（X）、由于（X）、基础（X）、决定（X）、内容（W）、所谓（X）、为了（X）、选择（X）、应该（X）、国家（X）、况且（X）、代表（W）、追究（W）、完成（X）、最后（W）、通过（W）
三音略码	被告人
四音略码	法律效力、法庭辩论、由此可见、专业人员、法庭调查
多音略码	承担赔偿责任
全码捆绑	不知情、真实性、有异议、实施了、等同于、有争议、起诉状、依职权、意见书、原被告、适用于、不同意、无异议
重码选择	未经（2）、不予（2）、适用（2）、两份（2）、主体（2）、适格（5）、几张（4）、出具（5）、发问（2）、一致（2）、重审（2）、放在（2）、质证（3）、资质（3）、灭失（2）、原有（2）、维系（2）、所述（2）、启动（2）、调解（2）、闭庭（2）
联词消字	待（定）、拆（除）、未（必）、属（于）
其他	矛盾（后置/XBWN）、该组（分开击打）、到此（分开击打）、两点（分开击打）

审判长：被告，提交你们的证据。

原告：原来一审当中已经核对过了。

被告：我们的证据一，土地永久性转让协议未经土地部门同意，不具有法律效力，该证件不能达到证明目的。可行性报告与被告人没有关系，而且被告人也不知情，不能达到原告的证明目的。证据二，不能达到原告的证明目的，原告提供的证明是原告的单方陈述，不能作为赔偿依据。证据三，对证据的真实性、合法性问题与行政赔偿没有任何关系。证据四，对证据的真实性有异议。证据五，对文件的合法性问题以及与提供的其他证据相互矛盾。证据六，该证据不具有合法性。证据七，原告提供的视频和照片不具有法律依据。视频类的证据不能证明被告实施的强制性过程。证据八，行政赔偿损失的金额不予认可。证据九，不符合证据形式，也不能达到证明目的。证据十，评估报告不能作为赔偿认定的证据，这个适用错误，不予认可。

审判长：还需要再看吗？

原告：不需要再看了。首先，原告所提交的两份文件证据的三性没有异议。但对两份文件证据的证明目的有异议，（原）三政发〔2011〕××号文件恰恰可以证明被告作出违法行政行为的主体适格，对于该违法行为来说，针对的对象是原告，因此被告是本案行政赔偿案件的适格主体，应当对其违法行为造成原告的全部损失承担赔偿责任。同时，结合原告所提交的证据六，两级法院的生效判决均可认定原告实施了涉案的违法行为判决，确认被告实施了涉案的违法行为，应当对其违法行为造成原告的损失进行赔偿，是本案赔偿的适格被告。

对于（原）三政发〔2010〕××号文件的证明目的不予认可，该文件可以证明被告是涉案河段的负责人，应依法履行监督、管理的责任，在本案中，被告的行为已经被法院确认违法。系本案的适格被告，对于提交的照片，三性及证明目的均不予认可，除了一张照片标有2016年11月9日的拍摄时间，其他几张照片均无法确定拍摄时间、拍摄人，对该组照片的真实性无法确定，无法达到其证明目的。对我们被告出具的证据陈述完毕。

审判长：双方有新的证据提交吗？

原告：没有。

被告：没有。

审判长：根据法律规定，双方当事人可以相互发问，下面可以向对方问问题了。

原告：就是以前发问的问题。

审判长：有辩论吗？

原告：没有。

审判长：还有吗？

原告：没有，我们的回答是一致的。

审判长：就这三个问题吧？

（是的。）

原告：这个问题改一下，是原来一审的，"今天出庭负责人"这几个字去掉。

审判长：因为本案对其他的事实没有异议，中级人民法院发回重审的就是对赔偿的范围和损失进行进一步查实。这个没有什么意见吧？对评价报告你们认为有什么意见没有？

原告：没有意见。

审判长：问一下被告，认为赔偿价值过高？

被告：对。

审判长：有异议吗？

被告：有。主要是否评估过高？法律相关的适用问题。

审判长：对评价报告的效力有异议，是吧？

被告：是。

审判长：评价报告的效力？

被告：法律上没有规定评价报告等同于评估报告。第二，我们收到评价报告以后，我们对此提出异议，待原告评估以后，我们提出异议。

审判长：还有补充没有？

被告：有补充，评估报告里的法律效力是不是待法律程序和适用法律评估后是否遵循有关法律依据，是否正确，是否合法。

审判长：对评估报告的资产和范围是不是有争议？

被告：有异议，评估机构做的时候，我们在进行评价的时候，是不是具有法律效力？

审判长：对评估报告确认的价格有异议。

审判长：这个报告是不是××市××区农牧局作出的这个可行性报告？

被告：就是这个。

原告：卷里面有。一审期间法院委托做的，直接放在卷里面了。

审判长：下面请原告做法庭辩论。

原告：首先，我们坚持原来的起诉状的事实理由，以及在这个环节的质证意见，同时，我们也坚持原一审中的辩论意见，结合今天的庭审情况，我们下面再补充一点，本案是发回重审的案件，其焦点问题在于被告因违法强制拆除行为，为原告财产承担的赔偿责任范围。本案在原一审中法院依职权聘请具有法定资质的评估公司就涉案的部分财产进行了评估咨询，由于在评估中，评估公司认为评估对象已经灭失，建议在对现有委托资料进行完善的基础上，出具价格咨询意见书，经中院合议庭征求原被告双方意见后，决定出具本案所涉及的咨询报告。因此，该咨询报告评估程序、评估内容符合评估程序及规则的规定，依法可以作为认定被告违法强拆行为对原告部分合法财产赔偿的依据，且原一审中被告对于评估报告不认可，也没有向法院提出重新鉴定的申请，由此可见，被告所谓的对评估报告的不认可，纯属为了拖延时间，无形中造成了对于原告依法获得赔偿的不满。对于评估报告中，所涉及的未被拆除的建筑物等财产以及未在该咨询报告中涉及的依法属于原告的合法财产，因为被告的违法行政行为造成无法继续使用和经营，失去了原有被告同意原告建设涉案项目的立项目的，使原告无法继续维系。对该部分的损失，也应当依法纳入赔偿范围，属于直接损失。我们的辩论意见暂时到此。

审判长：下面请被告发表辩论意见。

被告：对原告提出的被告强制拆除的行为违法，缺乏证据；应由被告承担相关损失，没有依据。第三，原告提供的证据十，就是评价报告，评价报告不能作为合法证据使用，根据《中华人民共和国资产评估法》第二十四条、第二十五条的规定，原告提出的咨询报告不能作为评估的依据，评估专业人员选择恰当的评估方式，上述证据缺乏使用依据，评估报告程序违法，不能作为立案的事实依据，原告应该承担举证责任，而不是由被告对咨询报告出具鉴定，免除其举证责任。原告提出的赔偿申请，没有证据支持。

原告：我们补充两点：第一点，本案是法院确认被告行政行为违法后，原告提出的国家赔偿之诉，原告是否向被告提交赔偿申请，并不影响原告依法提起的本诉。被告代理人所述的法律规定仅仅适用于未经法院确认违法，单独向行政机关提起国家赔偿之诉的法律规定。况且，原告向法庭已经提交证据证明，原告法定代表人向被告及相关负责人提交申请书的证据事实。恳请法庭依法查实，如被告及被告代理人当庭陈述属虚假陈述，依法追究其法律责任。

第二点，一审中评估机构的评估的启动是由原告申请法院依职权启动的，原告已经完成了举证责任，而被告在拆除前及一审中均没有对涉案财产进行证据保全，由此造成举证责任不利的后果由被告依法承担。

审判长：下面被告还有什么补充没有？

被告：没有。

审判长：法庭辩论结束，当事人进行最后陈述。原告，陈述你的观点。

原告：支持原告的诉讼请求。

被告：驳回原告的诉讼请求。

审判长：是否同意本庭调解？

原告：不调解。

被告：不同意。

审判长：由于原告、被告不同意调解，所以 本庭不再主持调解，通过法庭调查、辩论，对原被告无异议的证据本庭予以确认，可以作为本案定案的依据，对有异议的证据在判决书一并确认。

现在闭庭。

任务 3　刑事诉讼笔录听打录入训练

训练目标

1. 了解刑事诉讼典型案件庭审过程。
2. 熟练掌握刑事诉讼典型案件的亚伟码录入技巧。
3. 能够在刑事庭审中准确完整地记录庭审过程。

训练步骤

1. 学习刑事诉讼典型案件中的亚伟码录入技巧。

2. 通过听打方式，熟练掌握刑事诉讼典型案件庭审笔录的听打速录技巧。

训练内容

一、虚假诉讼罪（一审普通程序）笔录实例

4-3-1　刑事听打技巧文（140 字/分）

1. 录入技巧

虚假诉讼罪（一审普通程序）笔录实例录入技巧，如表 4-3-1 所示。

表 4-3-1　虚假诉讼罪（一审普通程序）笔录实例录入技巧

技巧类别	技巧词语
特定单音字	由（W）、区（W）、号（W）、入（W）、曾（W）、假（W）、无（X）、没（W）、第（W）、页（W）、已（W）、以（X）、于（X）、四（ZW）、即（XW）、份（W）、案（W）、合（W）、再（W）、采（W）、信（W）、请（W）、轻（W）
双音略码	现在（X）、首先（W）、人民（W）、没有（W）、当时（W）、需要（X）、要求（W）、朋友（W）、这样（W）、按照（X）、上面（W）、知道（X）、自己（W）、百万（W）、下面（W）、进行（W）、经过（W）、这些（X）、目的（X）、根据（W）、希望（W）、通过（W）、判决（W）、时候（W）、作为（W）、说明（X）、时间（X）、可能（W）、双方（W）、条件（W）、其他（W）、因此（X）、情况（W）、排除（W）、产生（W）、经济（X）、往来（W）、部分（W）、设计（X）、造成（W）、变化（W）、对于（W）、提出（W）、决定（X）、构成（W）、存在（X）、客观（W）、地方（X）、彻底（X）、已经（X）、充分（W）、考虑（W）、最后（W）、什么（X）、权利（X）、以后（W）
三音略码	被告人、真实性、辩护人
四音略码	法庭调查、公安机关、民事诉讼、从业人员、不相符合、建筑工程、法庭辩论、高度重视
多音略码	律师事务所、民事判决书、用法律保护
全码捆绑	公诉人、起诉书、检察院、检刑诉、协议书、项目部、民事裁定书、合法性、无异议、有异议、总公司、分公司、前提下、相吻合、裁定书、当事人、三日内、马丁斯、工程量、第一份、第二份、合议庭、危害性
重码选择	有无（4）、异议（2）、垫付（3）、还钱（2）、发问（2）、出具（5）、公章（2）、欠条（2）、主体（2）、举证（2）、质证（3）、供述（4）、证言（5）、前科（3）、明细（3）、到案（2）、出示（翻页选2）、自愿（2）、讯问（2）、笔录（3）、知情（2）、串通（2）、借条（3）、出借（2）、报案（3）、借钱（3）、印证（2）、节点（2）、中止（4）、花费（2）、撤诉（2）、本案（3）、一致（2）、终审（2）、有据（3）、核实（3）、出处（2）、做出（2）、评议（2）、悔过（2）、合意（6）、多项（3）、缓刑（2）、详见（7）、不再（2）、淡薄（2）、学法（3）、休庭（2）
联词消字	市（尺）、计（划）、章（鱼）、手（指）、盖（布）、借（助）、廖（伟）、曲（艺）、许（多/W）、未（必）、枚（恩）、皆（旺）、诉（诸）、迟（滞）、至（于）、费（德）、转（移）、卢（布）、豫（章）、终（于）、价（格）、院（系）、交（织）、议（和）、罪（过）、词（义）
其他	是我（并击）、我不（并击）、加盖（并击）、就在（分开击打）、是谁（并击）、是他（并击）、并不（并击）、并非（并击）、可知（并击）、用于（并击）、却是（并击）、之后（并击）、新的（并击）、而非（并击）、有法（分开击打）、有待（并击）、本庭（并击）、当庭（并击）、过于（并击）、矛盾（后置/XBWN）、乃至（并击）、社会（后置/XZWUE）、懂法（并击）、不得（并击）、我的（并击）、一下（并击）

2. 听打练习素材

虚假诉讼罪（一审普通程序）庭审笔录

审判长：现在宣布法庭调查开始，首先由公诉人宣读起诉书。

公诉人：××市××区人民检察院起诉书：××检刑诉××号。

（起诉书略）

审判长：被告人对起诉书指控的犯罪事实和罪名有无异议。

被告人：行为上确实触犯了法律，对基本的事实予以认可，没有意见。但我想说的是，当时本金是我垫付的，一直需要支付利息，偿还利息被人要求计入本金里，我向朋友还钱也是这样计算的。最终在还款协议书中写了 6 000 多万的本金。

审判长：公诉人是否对被告人发问？

公诉人：不发问。

审判长：辩护人是否发问？

辩护人：发问。你是否要求曾某某出具了虚假的还款协议书？

被告人：我让曾某某按照我实际支付的本金和利息出的协议，利息计入本金。上面的公章是公安机关鉴定后我才知道是假的，之前我不知道。2016 年，我起诉的广州××公司，2017 年才知道是假的。

审判长：被告人，你有无要求曾某某在欠条上加盖广州××公司公章？

被告人：我没有要求他加盖公司章，章就在他手里，他自己盖的。

审判长：当时这八九百万借款主体是谁？

被告人：我认为是曾某某和项目部借的。

审判长：下面进行法庭举证、质证，首先公诉人就起诉书指控的犯罪事实向法庭举证。

公诉人：1. 被告人廖某某的供述；

2. 证人曾某某、曲某等人的证言；

3. 民事诉讼卷宗、民事裁定书；

4. 户籍证明、无前科证明、欠款明细、专项法律服务合同及票据、到案经过等证据。

审判长：被告人对公诉人出示的证据有无异议。

被告人：我不认识曲某。我没强迫曾某某，是他自愿认可这些借款手续的，他一直没还我钱。

审判长：辩护人对公诉人出示的证据有无异议。

辩护人：1. 对曾某某讯问笔录（证据材料卷一第25～63页）合法性、真实性无异议，证明目的有异议。第一，根据曾某某供述，廖某某对伪造公章的行为并不知情（证据材料卷一第53页），且未与其恶意串通，希望通过判决侵占广州××财产（证据材料卷一第54页）；第二，早期的借条加盖项目部的财务章（证据材料卷一第30页），该章并非伪造（由证据材料卷一第60页可知曾某某伪造的为总公司章一枚，分公司章两枚），只是清算的时候皆已销毁（证据材料卷一第21页）；第三，在借条加盖项目部财务章的前提下，出借资金也确实用于工程（证据材料卷一第35、112、120页）。

2. 对报案材料、讯问笔录（证据材料卷一第64～78页）合法性、真实性无异议，证明目的有异议，林某作为广州××公司的审计总监，承认曾某某以河南分公司的名义向廖某某借钱（证据材料卷一第74页），这也与廖某某的说法相吻合（证据材料卷一第7页）。

3. 对广州××公司提交的情况说明及相关印证材料（证据材料卷二第68～89页）真实性有异议。理由有三点：①《专项法律服务合同》签订时间为2016年12月15日（证据材料卷二第82页），而廖某某诉广州××公司的案件却是2016年12月9日开庭，于开庭之后的时间节点才签订《专项法律服务合同》，辩护人作为法律从业人员很难理解。②××区法院于2016年11月28日即作出中止审理的裁定书（证据材料卷二第43页，证据材料卷四第95页），法院的裁定书不可能不送达当事人，即被告的广州××公司，而迟至2016年12月15日，广州××公司与广东××律师事务所双方签订该合同，并以法院中止审理作为支付律师费的条件。③根据《专项法律服务合同》约定，广州××公司应当在合同签订后三日内，即2016年12月18日前转款（证据材料卷二第82页），但广州××公司提交的转账凭证却迟至2017年2月7日（证据材料卷二第85页），同时广东××律师事务所指派的卢某律师还代理广州××公司同时期其他案件，如马丁斯起诉广州××公司案件［〔2016〕豫12民终××号民事判决书］，因此，在转账日期与合同约定不相符合的情况下，不排除广州××公司与广东华×公司因其他诉讼或非诉业务而产生经济往来的可能性。④广州××公司在"情况说明"中提到"涉案工程合同价为3900万"，但刻意隐瞒了部分事实，在建筑工程施工中经常有伴随设计变更造成的实际工程量变化，根据曾某某供述，项目实际花费大约6040万元（证据材料卷一第36页）。

审判长：公诉人是否答辩。

公诉人：辩护人的质证意见是其个人看法。

审判长：被告人及辩护人还有无新的意见。

被告人：无。

辩护人：无。

审判长：针对起诉书指控的犯罪事实，被告人及辩护人有无证据出示？

被告人：没有。

辩护人：有，提交三份证据。1. 深圳××区法院民事裁定书。2017 年 12 月 11 日作出准予撤诉的裁定。2. 马丁斯与广州××公司〔2016〕豫 13 民终××号××中院的民事判决书，证明该案判决与本案诉求基本一致，但××中院终审判决支持了原告的诉讼请求。3. 飞扬酒店 2011 年施工合同，证明曾某某为获取被告人信任是公司借款而非个人，而该借款也用于酒店项目施工。故被告人起诉公司有法有据。

审判长：法警交公诉人质证。

公诉人：第一份证据需核实真实性。第二份证据与本案无关，真实性有待核实。第三份证据没有出处和提取人，需要核实。

审判长：（合议庭交流合议）对控辩双方出示的证据，对于对方提出异议的部分，待合议庭评议后再做出是否采纳的决定。无异议的证据，本庭当庭予以采信。

审判长：现在宣布法庭调查结束，下面开始法庭辩论。首先由公诉人发表公诉意见。

公诉人：廖某某构成虚假诉讼罪，请法庭根据本案情况依法判决。

审判长：被告人自行辩护。

被告人：由律师进行辩护，提交悔过书。我相信法律、法官。

审判长：辩护人发表辩护意见。

辩护人：1. 检察机关、审判机关对于事实阐述过于武断，且证据材料存在诸多不客观、不真实甚至相互矛盾的地方。检察机关应当在彻底查明和理清当时借款合同的印章即项目部印章的真伪、出借款项的资金流向、广州××公司是否知情乃至默许、当事人合意等多项因素的前提下予以认定借款人，而非直接武断地认定曾某某即为借款人，并将其作为事实进行阐述。2. 关于法律服务费 80 万元同质证意见。3. ××区法院已经准予撤诉，社会危害性较小、情节较轻，被告人在庭审中也因不懂法而将利息计入本金的事实予以忏悔，请法庭给予缓刑的判决。（详见辩护词）

审判长：经过以上辩论，控辩双方的观点和意见，已经引起合议庭的高度重视，在评议本案时会予以充分考虑，法庭辩论不再进行。

审判长：现在宣布法庭辩论终结，由被告人作最后陈述。即被告人对本案审理最后有什么意见和要求可以向法庭提出。在法庭调查和辩论阶段已发表的意见不得重复。

被告人：我法律意识淡薄，以后多学法懂法，用法律保护我的权利。

审判长：（敲击法槌一下）现在宣布休庭。合议庭合议后择日宣判。被告人核实笔录无误后签字确认。

二、诈骗罪（认罪认罚刑事速裁）笔录实例

（一）录入技巧

诈骗罪（认罪认罚刑事速裁）笔录实例录入技巧，如表 4-3-2 所示。

4-3-2　刑事听打技巧文
（160 字/分）

表 4-3-2　诈骗罪（认罪认罚刑事速裁）笔录实例录入技巧

技巧类别	技巧词语
特定单音字	区（W）、第（W）、请（X）、由（W）、案（W）、无（X）、省（XW）、县（XW）、号（W）、于（X）、现（X）、已（W）、即（XW）、书（W）、以（X）、轻（X）、合（W）
双音略码	根据（W）、现在（X）、遵守（W）、电话（W）、进行（W）、传播（X）、其他（W）、安全（W）、规定（X）、时间（X）、影响（W）、设备（W）、内容（W）、准备（X）、工作（W）、已经（X）、人民（X）、下面（W）、什么（X）、民族（X）、文化（X）、程度（W）、代表（W）、情况（W）、超过（W）、组成（X）、过程（W）、权利（X）、如果（W）、你们（X）、可能（X）、说明（X）、提出（W）、重新（X）、或者（W）、最后（W）、首先（W）、经过（W）、没有（W）、目的（X）、充分（W）、追究（W）、自己（W）、希望（W）、条件（W）、达到（W）、表现（W）、造成（W）、经济（X）、损失（X）、不能（X）
三音略码	审判员、被告人、辩护人
四音略码	人民法院、提起公诉、基本情况、政协委员、强制措施、诉讼权利、也就是说、利害关系、法庭辩论、法庭调查、刑事案件、公安机关、违法犯罪、从轻处罚
多音略码	中华人民共和国、刑事诉讼法、刑事审判庭、在什么地方、律师事务所、人民陪审员
全码捆绑	书记员、诉讼参与人、检察院、诈骗罪、曾用名、公安局、刑事拘留、羁押于、看守所、起诉书、合议庭、公诉人、告知书、被害人、刑事责任、有期徒刑、人民币、无异议
重码选择	礼仪（2）、实施（2）、鼓掌（2）、进食（6）、拨打（2）、检察（2）、提问（2）、指定（3）、训诫（2）、介质（2）、有无（4）、住址（4）、前科（3）、批准（2）、副本（3）、收到（2）、本案（3）、检察员（3）、通知（3）、自行（1）、量刑（4）、异议（2）、自愿（2）、讯问（2）、不再（2）、发问（2）、出示（翻页选2）、到案（2）、户籍（1）、供述（4）、辩解（2）、质证（3）、庭后（2）、核实（3）、并处（2）、千元（4）、淡薄（2）、缓刑（2）、刑期（4）、万元（2）、悔罪（2）、悔过（2）、初犯（3）、如实（2）、详见（7）、休庭（2）、笔录（3）
联词消字	项（目）、市（尺）、阎（某）、犯（法）、叫（做）、捕（鱼）、镇（压）、罪（过）、史（册）、郑（恩）、检（查）、刑（部）、诉（说）、签（字）、知（道）、至（于）、杨（得）、钱（德）、未（必）、词（义）、议（和）
其他	活动（后置/XGWUEO）、不得（并击）、不听（分开击打）、带出（分开击打）、暂扣（并击）、你的（并击）、人大（并击）、同年（并击）、新的（并击）、听清（并击）、一份（并击）、从宽（并击）、再犯（并击）、较大（并击）

（二）听打练习素材

诈骗罪（认罪认罚刑事速裁）笔录

书记员：根据《中华人民共和国人民法院法庭规则》，现在宣布法庭纪律：

1. 全体人员在庭审活动中应当服从审判员的指挥，尊重司法礼仪，遵守法庭纪律，不得实施下列行为：

（1）鼓掌、喧哗；

（2）吸烟、进食；

（3）拨打或接听电话；

（4）对庭审活动进行录音、录像、拍照或使用移动通信工具等传播庭审活动；

（5）其他危害法庭安全或妨碍法庭秩序的行为。

2. 检察人员、诉讼参与人发言或提问，应当经审判员许可。

3. 旁听人员不得进入审判活动区，不得随意站立、走动，不得发言和提问。

4. 媒体记者经许可实施第 1 条第（4）项规定的行为，应当在指定的时间及区域进行，不得影响或干扰庭审活动。

5. 对违反法庭纪律的人员将予以警告；对不听警告的，予以训诫；对训诫无效的，责令其退出法庭；对拒不退出法庭的，指令司法警察将其强行带出法庭。

6. 行为人违反本纪律第 1 条第（4）项规定的，人民法院可以暂扣其使用的设备及存储介质，删除相关内容。

书记员：报告审判长，庭前准备工作已经就绪，可以开庭。

审判长：（敲击法槌一下）现在开庭。请法警带被告人到庭。

审判长：被告人可以坐下。

审判长：依照《中华人民共和国刑事诉讼法》第一百八十六条的规定，××市××区人民法院刑事审判庭今天在这里公开开庭审理由××市××区人民检察院提起公诉的被告人闫某某涉嫌犯诈骗罪一案。

审判长：下面查明被告人的基本情况。

审判长：被告人叫什么名字，有无别名、曾用名、化名？

被告人：闫某某，无别名、曾用名、化名。

审判长：你的出生年月日是什么时间？

被告人：（略）

审判长：什么民族？

被告人：汉族。

审判长：什么文化程度？

被告人：初中文化。

审判长：什么职业？

被告人：务工人员。

审判长：是否中共党员、人大代表或政协委员？

被告人：都不是。

审判长：捕前住址在什么地方？

被告人：××省××县××镇××村 121 号。

审判长：被告人，是否受过法律处分及处分的种类、时间？

被告人：无前科。

审判长：被告人，这次是否被采取强制措施及强制措施的种类、时间？

被告人：因涉嫌犯诈骗罪，于 2020 年 9 月 24 日被××市公安局××区分局刑事拘留，同年 10 月 3 日经××市××区人民检察院批准逮捕，次日被××市公安局××分局执行逮捕。现羁押于××市第×看守所。

审判长：辩护人，介绍身份情况及服务处所。

辩护人：辩护人叶某，××律师事务所律师。

审判长：被告人，起诉书副本是否收到？是否已有 10 天？

被告人：收到，已经超过 10 天。

审判长：辩护人，起诉书副本是否收到？是否超过 10 天？

辩护人：收到了，已经超过 10 天。

审判长：本案由××市××区人民法院刑事审判庭审判员史某某担任审判长，审判员周某、人民陪审员唐某某组成合议庭，书记员陈某某担任法庭记录。××市××区人民检察院指派检察员雷某出庭支持公诉。

审判长：根据《中华人民共和国刑事诉讼法》第二十九条、第三十条、第三十二条、第三十三条、第一百九十条、第一百九十七条、第一百九十八条之规定，下面宣布被告人、诉讼参与人在法庭审理过程中享有的诉讼权利：1. 有申请回避的权利。也就是说，如果你们认为合议庭的组成人员、书记员、公诉人与本案有利害关系，可能影响本案的公正审理，可以申请回避，但应当说明理由。

审判长：是否申请回避？

被告人：不申请。

审判长：辩护人是否申请回避？

辩护人：不申请。

审判长：2. 可以提出新的证据，申请通知新的证人到庭、调取新的物证，申请重新鉴定或者勘验。3. 被告人享有辩护的权利，即除了辩护人为你辩护外，还可以自行辩护。4. 在法庭辩论终结后，被告人有最后陈述的权利。

审判长：以上宣读的诉讼权利是否听清？

被告人：已听清。

审判长：辩护人，以上宣读的诉讼权利是否听清？

辩护人：已听清。

审判长：现在宣布法庭调查开始，首先由公诉人宣读起诉书。

公诉人：××市××区人民检察院起诉书：郑开检公诉刑诉〔2020〕××号。（宣读）

审判长：被告人，你对起诉书指控的犯罪事实、罪名及提出的量刑建议有无异议？

被告人：无异议。

审判长：辩护人，你对起诉书指控的犯罪事实、罪名及提出的量刑建议有无异议？

辩护人：无异议。

审判长：被告人，认罪认罚具结书是否是在律师的参与下自愿签的？

被告人：是。

审判员：《认罪认罚刑事案件被告人应知事项告知书》记载的被告人享有的权利及认罪认罚可能导致的法律后果，你是否明白？

被告人：明白。

审判长：公诉人是否讯问？

公诉人：不再讯问。

审判长：辩护人是否发问？

辩护人：不发问。

审判长：公诉人出示证据。

公诉人：1. 微信转款记录、微信聊天记录、闫某某书写的收条、公安机关情况说明、被告人的到案经过、户籍证明、无违法犯罪记录证明；2. 被害人杨某某的陈述；3. 被告人闫某某的供述和辩解。

审判长：被告人，对公诉机关出示的证据发表质证意见。

被告人：无意见。

审判长：辩护人，对公诉机关出示的证据发表质证意见。

辩护人：无意见。

审判长：被告人，是否有证据向法庭提交。

被告人：没有。

审判长：辩护人，是否有证据向法庭提交。

辩护人：提交谅解书一份。

审判长：公诉人，发表质证意见。

公诉人：庭后核实。

审判长：现在宣布法庭调查结束，下面开始法庭辩论。首先由公诉人发表公诉意见。

公诉人：被告人闫某某以非法占有为目的，骗取公私财物，数额较大，其行为触犯了《中华人民共和国刑法》第二百六十六条之规定，犯罪事实清楚，证据确实、充分，应当以诈骗罪追究其刑事责任。被告人闫某某自愿认罪认罚，根据《中华人民共和国刑事诉讼法》第十五条的规定，可以从宽处理。建议判处其有期徒刑十个月至一年零三个月，并处罚金人民币五千元。根据《中华人民共和国刑事诉讼法》第一百七十六条的规定，提起公诉，请依法判处。

审判长：被告人自行辩护。

被告人：自己法律意识淡薄，主动退还被害人钱，希望对自己判处缓刑。

审判长：辩护人发表辩护意见。

辩护人：1. 对事实和罪名无异议。2. 被告人的量刑建议刑期符合可以宣告缓刑的条件，诈骗数额为 1.9 万元，未达到数额巨大标准。3. 闫某某委托家人积极对被害人赔偿，并取得被害人谅解，有悔罪表现，真诚悔过，无再犯的危险。4. 根据辩护人提交的谅解书，在本案发生后，闫某某家人受闫某某委托已经同被害人达成赔偿。5. 被告人系初犯，犯罪情节较轻，在被公安机关传唤前积极退赔，未给被害人造成较大经济损失。6. 当庭认罪认罚，自愿供述自己罪行，请求对其从宽处理。7. 闫某某主动到案，到案后如实供述，系自首，依法对其从轻处罚。请求对被告人判处缓刑（详见辩护词）。

审判长：公诉人，有无补充？

公诉人：闫某某系传唤到案，在侦查机关是不认罪的，在审查起诉后期才认罪，不能认定为自首。

审判长：被告人，有无补充？

被告人：没有。

审判长：辩护人，有无补充？

辩护人：无。

审判长：现在宣布法庭辩论结束，被告人做最后陈述。

被告人：没有了。

审判长：（敲击法槌一下）现在宣布休庭，合议庭合议后择日宣判，被告人、辩护人核实笔录无误后签字确认。

考核要求

1. 通过反复练习，民事诉讼庭审笔录听打可以达到 180 字/分且准确率为 95% 以上。

2. 通过反复练习，行政诉讼庭审笔录听打可以达到 180 字/分且准确率为 95% 以上。

3. 通过反复练习，刑事诉讼庭审笔录听打可以达到 180 字/分且准确率为 95% 以上。

学习评价

请教师根据学生对民事诉讼、行政诉讼、刑事诉讼笔录听打录入的训练情况进行测评，如下表所示。

庭审笔录听打录入评价表

测评内容		准确率	速度	教师点评
民事诉讼笔录听打录入	4-1-1			
	4-1-2			
行政诉讼笔录听打录入	4-2-1			
	4-2-2			
刑事诉讼笔录听打录入	4-3-1			
	4-3-2			

知识拓展

书记员职业素养的养成

书记员工作作为法院审判工作的一部分，对审判质量、审判效率的提高发挥着重要影响，书记员工作既有依附性，又有独立性，笔者从审判人员的角度浅谈如何成为一名合格的书记员。

1. 应具有良好的心理素质

良好的心理素质对人的发展非常重要，书记员在繁杂的工作中面临着各种各样的考验，怎样面对压力和挑战，需要书记员具备良好的心理素质和积极的心态，以应对工作压力，避免工作失误。

2. 应具备一定的法学功底

书记员参与庭审记录、卷宗整理等工作，需要掌握一定的法律知识，这样才能更好地胜任该工作。因此，书记员要利用业余时间多钻研法律知识，增强自己的法学功底。

3. 应具备过硬的业务技能

第一，书记员要将提高打字速度作为业务技能的重中之重来加强练习。第二，书记员不能忽视笔头功夫，在追求记录速度的同时，还要注重字迹的工整和美观。第三，书记员要不断提高文字归纳总结能力，准确无误地记录庭审实况，确保诉讼的顺利完成。第四，书记员要掌握卷宗装订、扫描、归档技能，这些需要书记员具有细心、耐心和责任心。第五，书记员要具有一定的文字功底。

书记员除了辅助法官办理案件的工作外，还有综合业务方面的工作，如内勤、办公室的工作、诉讼服务中心的工作，这些工作都需要书记员具有良好的沟通能力和一定的文字功底。

在日常工作中，一名合格的书记员应注意增强以下 5 种意识。

第一，责任意识。书记员要树立强烈的责任意识，认真完成经手的每一项工作、每一个环节，真实再现诉讼活动的全过程。

第二，服务意识。书记员应当主动树立服务意识，从正常审判活动的需要出发，服务于审判、服务于当事人，配合法官保质保量地完成各项审判活动。

第三，效率意识。审判工作既要有高质量，又要有高效率。书记员应及时完成工作，绝不拖延，促进诉讼活动的高效完成。

第四，保密意识。由于职业的特殊性，书记员将全程参与案件的审判过程，提前得知合议庭、审判委员会对案件的处理意见。如果书记员保密意识不到位，则可能给审判活动带来不利影响。

第五，廉洁意识。书记员与审判活动有着密切联系，故而也可能利用特殊关系从事违纪违法行为。因此，书记员必须增强廉洁意识，严守审判纪律，不能因自己的不廉洁行为而影响司法工作的公平公正和人民法院的形象。

附　　录

附录 1　庭审文书样式

一、民事庭审文书样式

调解笔录

时间：××××年××月××日××时××分至××时××分

地点：……

审判人员：……（写明职务和姓名）

书记员：×××

协助调解人员：……（写明单位、职务、姓名）

调解经过和结果：

（首先核对当事人和其他诉讼参加人身份、宣布案由、告知诉讼权利义务等）

……。

（调解达成协议的，写明：）

经主持调解，当事人自愿达成如下协议：

……。

（确定调解协议签名生效的，写明：）本调解协议经各方当事人在调解笔录上签名或者盖章后，即具有法律效力。

（以下无正文）

当事人和其他诉讼参加人（签名或者盖章）

审判人员（签名）

书记员（签名）

【说明】

1．本样式根据《中华人民共和国民事诉讼法》第八章制定，供人民法院制作调解记录用。

2．对于调解和好的离婚案件、调解维持收养关系的案件、能够及时履行的案件及其他不需要制作调解书的案件，调解协议记入笔录，由双方当事人、审判人员、书记员签名或者盖章后，即具有法律效力。

3．在庭前会议或开庭审理期间调解的，应记入庭前会议笔录或法庭笔录，不需要另行制作调解笔录。

庭前会议笔录

〔××××〕……民×……号

时间：××××年××月××日××时××分至××时××分

地点：……

审判人员：……（写明职务和姓名）

书记员：×××

记录如下：

……（写明记录内容）。

（以下无正文）

当事人和其他诉讼参加人（签名或者盖章）

审判人员（签名）

书记员（签名）

【说明】

1．本样式根据《中华人民共和国民事诉讼法》第一百三十六条第四项和《最高人民法院关于适用〈中华人民共和国民事诉讼法〉的解释》第二百二十四条、第二百二十五条制定，供人民法院在答辩期届满后，召开庭前会议记录用。

2．庭前会议可以包括下列内容：①明确原告的诉讼请求和被告的答辩意见；②审查处理当事人增加、变更诉讼请求的申请和提出的反诉及第三人提出的与本案有关的诉讼请求；③根据当事人的申请，决定调查收集证据，委托鉴定，要求当事人提供证据，进行勘验和证据保全；④组织交换证据；⑤归纳争议焦点；⑥进行调解。

法庭笔录（开庭审理用）

时间：××××年××月××日××时××分至××时××分

地点：××××人民法院第×法庭

案号：〔××××〕……民×……号

案由：……（写明案由）

审判人员：……（写明职务和姓名）

书记员：×××

（开庭审理前，书记员应当查明当事人和其他诉讼参加人是否到庭，落座后宣布法庭纪律，请审判人员入庭就座）

审判人员：（敲击法槌）现在开庭。首先核对当事人和其他诉讼参加人的基本信息。

原告：×××，……。

被告：×××，……。

第三人：×××，……。

（以上写明当事人和其他诉讼参加人的基本信息，未到庭的括注"未到庭"，委托诉讼代理人括注"代理权限"）

审判人员：原告对出庭人员有无异议？

原告：……。

审判人员：被告对出庭人员有无异议？

被告：……。

审判人员：第三人对出庭人员有无异议？

第三人：……。

审判人员：经核对，各方当事人和其他诉讼参加人均符合法律规定，可以参加本案诉讼活动。××××人民法院依照《中华人民共和国民事诉讼法》第一百三十四条规定，今天依法适用普通程序，公开/不公开开庭审理〔××××〕……民×……号……（写明当事人及案由）一案。本案由审判员×××、审判员/代理审判员/人民陪审员×××、审判员/代理审判员/人民陪审员×××组成合议庭，由审判员×××担任审判长，由书记员×××担任记录。

告知当事人有关的诉讼权利义务。

审判人员：当事人可以提出回避申请。原告是否申请回避？

原告：……。

审判人员：被告是否申请回避？

被告：……。

审判人员：第三人是否申请回避？

第三人：……。

审判人员：现在进行法庭调查。首先由原告陈述诉讼请求、事实和理由。

原告：诉讼请求：……。

事实与理由：……。

审判人员：现在由被告答辩。

被告：……。

审判人员：现在由第三人陈述。

第三人：……。

审判人员：根据各方当事人的诉讼请求、答辩意见及证据交换情况，合议庭归纳本案庭审争议焦点如下：一、……；二、……；三、……。各方当事人对合议庭归纳的争议焦点是否有异议？

原告：……。

被告：……。

第三人：……。

审判人员：下面围绕本案争议焦点涉及的事实问题展开调查。

问题一：……。

原告：……。

被告：……。

第三人：……。

问题二：……。

原告：……。

被告：……。

第三人：……。

……。

审判人员：现在进行法庭辩论。法庭辩论阶段需要当事人发表法律意见的问题是：一、……；二、……；三、……。首先由原告发言。

原告：……。

审判人员：现在由被告答辩。

被告：……。

审判人员：现在由第三人发言/答辩。

第三人：……。

审判人员：现在由当事人互相辩论。首先由原告发表辩论意见。

原告：……。

审判人员：现在由被告发表辩论意见。

被告：……。

审判人员：现在由第三人发表辩论意见。

第三人：……。

审判人员：法庭辩论终结。现在由当事人最后陈述。首先由原告陈述。

原告：……

审判人员：现在由被告陈述。

被告：……

审判人员：现在由第三人陈述。

第三人：……

审判人员：征询各方当事人的调解意向。原告是否愿意调解？

原告：……。

审判人员：被告是否愿意调解？

被告：……。

审判人员：第三人是否愿意调解？

第三人：……。

审判人员：现在闭庭。（敲击法槌）

> 原告（签名或者盖章）
>
> 被告（签名或者盖章）
>
> 第三人（签名或者盖章）
>
> 审判人员（签名）
>
> 书记员（签名）

（如当庭宣判的，按下列格式：）

审判人员：现在休庭×分钟，由合议庭进行评议。（敲击法槌）

审判人员：（敲击法槌）现在继续开庭。

审判人员：……（写明当事人及案由）一案，合议庭经过审理，并进行了评议。现在当庭宣告裁判内容如下：（敲击法槌）

书记员：全体起立。

审判人员：……（宣告判决主文）。

如不服本判决，可以在判决书送达之日起十五日内，向本院递交上诉状，并按对方当事人或者代表人的人数提出副本，上诉于××××人民法院。

如当事人不当庭要求邮寄发送本裁判文书，应在××××年××月××日到××××处领取裁判文书，否则承担相应后果。

审判人员：现在闭庭。（敲击法槌）

> 原告（签名或者盖章）
>
> 被告（签名或者盖章）
>
> 第三人（签名或者盖章）
>
> 审判人员（签名）
>
> 书记员（签名）

【说明】

1. 本样式根据《中华人民共和国民事诉讼法》第一百三十七条至第一百五十一条、《最高人民法院关于适用〈中华人民共和国民事诉讼法〉的解释》第二百五十三条制定，供人民法院适用第一审普通程序开庭审理记录用。

2. 书记员应当将法庭审理的全部活动记入笔录。

3. 法庭笔录应当当庭宣读，也可以告知当事人和其他诉讼参加人当庭或者在五日内阅读。当事人和其他诉讼参加人认为对自己的陈述记录有遗漏或者差错的，有权申请补正。如果不予补正，应将申请记录在案。

4．法庭笔录由当事人和其他诉讼参加人签名或者盖章。拒绝签名或者盖章的，记明情况附卷。

5．法庭笔录由审判人员和书记员签名。

6．当庭调解达成协议的，使用法庭笔录记明，不另行制作调解笔录。

7．当庭宣判的，使用法庭笔录记明，不另行制作宣判笔录。

合议庭评议笔录

〔××××〕……民×……号

时间：××××年××月××日××时××分至××时××分

地点：……

合议庭成员：审判长×××、审判员/代理审判员/人民陪审员×××、审判员/代理审判员/人民陪审员×××

书记员：×××

……（记明合议庭评议内容）。

（以下无正文）

书记员（签名）

合议庭评议结论：

……。

（以下无正文）

审判人员（签名）

书记员（签名）

【说明】

1．本样式根据《中华人民共和国民事诉讼法》第四十五条制定，供人民法院合议庭审理后评议案件记录用。

2．合议庭评议案件，实行少数服从多数的原则。合议庭评议案件应当制作笔录，由合议庭成员签名。合议庭评议案件中的不同意见，必须如实记入笔录。

审判委员会讨论案件笔录
（第×次会议）

时间：××××年××月××日××时××分至××时××分

地点：……

会议主持人：×××

出席委员：……

列席人员：……

案件汇报人：×××

讨论××××人民法院〔××××〕……民×……号……（写明当事人及案由）一案记录如下：

……（记明审判委员会讨论内容）。

审判委员会讨论结论：

……。

（以下无正文）

审判委员会委员（签名）

记录人（签名）

【说明】

1．本样式根据《中华人民共和国人民法院组织法》第三十七条制定，供人民法院审判委员会讨论重大或者疑难的民事案件记录用。

2．提交审判委员会讨论案件，应当有书面报告。审判委员会讨论案件，实行少数服从多数的原则。讨论应当制作笔录，由出席委员签名。评议中的不同意见，必须如实记入笔录。

3．列席人员，应写明姓名、单位和职务。

<h2 align="center">宣判笔录</h2>

时间：××××年××月××日××时××分至××时××分

地点：××××人民法院第×法庭

旁听人数：×人

审判人员：……（写明职务和姓名）

书记员：×××

到庭的当事人和其他诉讼参加人：

……（写明诉讼地位和姓名）

书记员：全体起立。

审判人员：〔××××〕……民×……号……（写明当事人及案由）一案，宣告判决如下：

……（写明判决结果）。

如不服本判决，可以在判决书送达之日起十五日内，向本院递交上诉状，并按对方当事人或者代表人的人数提出副本，上诉于××××人民法院。

（判决准予离婚的，写明：）当事人在判决发生法律效力前不得另行结婚。

（以下无正文）

原告（签名或者盖章）

被告（签名或者盖章）

第三人（签名或者盖章）

审判人员（签名）

书记员（签名）

【说明】

1．本样式根据《中华人民共和国民事诉讼法》第一百五十条、第一百五十一条制定，供人民法院定期宣告判决记录用。

2．宣判笔录应当写明判决结果。

3．宣告判决时，必须告知当事人上诉权利、上诉期限和上诉的法院。

4．宣告离婚判决，必须告知当事人在判决发生法律效力前不得另行结婚。

5．宣判笔录由到庭的当事人和其他诉讼参加人签名或者盖章。拒绝签名或者盖章的，应记明情况。

6．参加宣判的审判人员和书记员应在宣判笔录上签名。

7．定期宣判的，宣判后立即发给判决书。

二、刑事庭审文书样式

审理笔录

开庭时间：××××年××月××日××时××分至××时××分

开庭地点：××××人民法院第×法庭

案号：〔××××〕……刑×……号

案由：……。

审判人员：……。

书记员：……。

书记员：……。

书记员：请大家安静，请公诉人、辩护人入庭就座。

书记员：现在宣布法庭纪律。

1．下列人员，不准旁听：

（1）不满十八周岁的未成年人；

（2）精神病人和醉酒的人；

（3）被剥夺政治权利，正在监外服刑和被监视居住、取保候审的人；

（4）携带武器、凶器及危险物品的人；

（5）其他可能妨害法庭秩序的人。

2．旁听人员必须遵守下列纪律：

（1）不准进入审判区，不准吸烟和随地吐痰，不准录音、录像和摄影；

（2）不准鼓掌、喧哗、吵闹和有其他妨害审判活动的行为；

（3）不准发言、提问。如对审判活动有意见，应以书面形式向人民法院提出。

3．诉讼参加人应当遵守法庭秩序，发言、陈述、辩论须经审判长许可。法警有权制止不遵守法庭秩序的行为，对不听警告和制止的，可以根据合议庭的指令强行带出法庭。

书记员：全体起立，请审判长、审判员（或人民陪审员）入庭。

审判长：（落座后）请坐下。

书记员：（站立面向审判长）报告审判长，开庭前的准备工作已经就绪，请审判长决定是否开庭。

审判长：（敲击法槌）根据《中华人民共和国刑事诉讼法》第一百八十八条的规定，××市人民法院刑事审判庭，今天在这里依法公开审理由××市人民检察院提起公诉的被告人×××涉嫌犯××罪一案，现在开庭。

审判长：带被告人×××到庭。

（法警押解被告人到庭，解除其戒具并实施看守）

审判长：下面查明被告人及诉讼参加人的基本情况。被告人向法庭说明你的基本情况。

被告人：……。

审判长：以前有没有受到过法律处分？

被告人：……。

审判长：被告人×××，你因何事何时被采取强制措施？

被告人：……。

审判长：被告人×××，××市人民检察院起诉书副本你是否收到，什么时间收到？

被告人：……。

审判长：被告人的辩护人向法庭说明你的基本情况。

辩护人：……。

审判长：根据《中华人民共和国刑事诉讼法》第一百八十三条、第一百八十九条的规定，本院依法组成合议庭进行审理。本庭由××市人民法院审判员×××担任审判长，与审判员×××组成合议庭。由×××主审本案，书记员×××担任法庭记录。××市人民检察院指派检察员×××出庭支持公诉。××律师事务所律师×××受被告人家属的委托，出席法庭为被告人×××进行辩护，××律师事务所律师×××受××市法律援助中心指派出席法庭为被告人进行辩护，被告人及辩护人，你们是否听清？

被告人及辩护人均答：听清了。

审判长：根据《中华人民共和国刑事诉讼法》第二十九条、第三十条、第一百九十条的规定，刑事诉讼当事人对审判人员、检察人员有下列情况之一的，有申请回避的权利：

（一）是本案的当事人或者当事人的近亲属的；

（二）本人或者他的近亲属和本案有利害关系的；

（三）担任过本案的证人、鉴定人、辩护人、诉讼代理人的；

（四）与本案当事人有其他关系，可能影响公正处理案件的。

对以上申请回避的理由，被告人及辩护人听清楚了吗？是否申请回避？

被告人及辩护人均答：听清楚了，不申请回避。

审判长：根据《中华人民共和国刑事诉讼法》第三十三条、第三十四条、第一百九十七条、第一百九十八条、第二百二十七条、第二百二十九条之规定，当事人在诉讼中还享有以下诉讼权利：

（一）被告人除委托辩护人进行辩护外，有为自己进行辩护的权利；

（二）被害人、被告人有提出证据、申请新的证人到庭，调取新的证据，重新鉴定、勘验的权利；

（三）在法庭质证过程中，被害人、被告人经审判长许可有向证人、鉴定人等发问及互相辩论的权利；

（四）被告人在法庭辩论结束后，有做最后陈述的权利；

（五）认为法庭记录有差错，有申请补正的权利；

（六）如不服一审判决，被告人有依法提出上诉的权利，刑事诉讼被害人有申请人民检察院，提起抗诉的权利。

以上诉讼权利，当事人听清楚了吗？

被告人：听清楚了。

审判长：根据《中华人民共和国刑事诉讼法》的相关规定，当事人在诉讼中还应当承担以下诉讼义务：

（一）应当依法行使诉讼权利；

（二）应当如实陈述，回答发问；

（三）不得伪造证据、隐匿证据或毁灭证据。

以上诉讼义务，是否听清楚了？

被告人：听清楚了。

审判长：现在开始法庭调查，由公诉人宣读起诉书。

公诉人：宣读 ×检 部刑诉〔2019〕号起诉书。（详见卷×）

审判长：被告人，公诉人宣读的起诉书与你收到的是否一致？

被告人：一致。

审判长：被告人对公诉机关指控你的犯罪事实和罪名有无异议？是否认罪？

被告人：……。

审判长：对起诉书指控被告人的犯罪事实，公诉人是否有问题向被告人讯问？

公诉人：……。

被告人：……。

审判长：被告人的辩护人是否有问题向被告人发问？

辩护人：……。

被告人：……。

审判长：下面由公诉机关就起诉书指控的犯罪事实向法庭出示相关证据。

公诉人：出示相关证据如下：

1.（详见证据材料卷）

2.（详见证据材料卷）

3．（详见证据材料卷）

4．（详见证据材料卷）

5．（详见证据材料卷）

审判长：被告人及辩护人对公诉人出示的证据有无意见？

被告人：……。

辩护人：……。

审判长：公诉人是否有其他证据要出示？

公诉人：……。

审判长：被告人及辩护人是否有证据需要当庭出示？

被告人：……。

辩护人：……。

审判员：对被告人及辩护人出示的证据，公诉人有无异议？

公诉人：……。

审判长：法庭调查结束，现在进行法庭辩论。首先由公诉人就本案犯罪事实与罪名发表意见。

公诉人：……。

审判长：被告人自行发表辩护意见。

被告人：……。

审判长：被告人的辩护人发表辩护意见。

辩护人：……。

审判长：公诉人对本案的量刑有无具体意见或建议。

公诉人：……。

审判长：被告人及辩护人对本案的量刑有无具体意见或建议。

被告人：……。

辩护人：……。

审判长：法庭已经充分听取了各方量刑建议和意见。辩论各方可以围绕本案的争论焦点继续发表新的意见，重复的不用另行发表。控辩双方是否需要发表新的意见？

公诉人：……。

被告人：……。

辩护人：……。

审判长：法庭已充分听取了公诉人、被告人及辩护人的意见，并已记录在案。辩论各方如果还有意见，可以在退庭后用书面方式提供给法庭。

审判长：庭审辩论结束。根据《中华人民共和国刑事诉讼法》的规定，被告人有最后陈述的权利。被告人，关于本案，你最后还有什么要向法庭陈述的？

被告人：……。

审判长：今天的法庭审理结束，待合议庭评议后将另行定期宣告判决。退庭后，被告人应当阅看庭审记录，如记录有遗漏或差错，可以要求补充或更正，确认无误后，应在笔录上签名。

审判长：被告人听清楚没有？

被告人：听清楚了。

审判长：将被告人还押。退庭。（敲击法槌）

【说明】

1. 本样式根据《中华人民共和国刑事诉讼法》第一百八十六条至第二百条制定，供人民法院适用公诉案件第一审普通程序开庭审理记录用。

2. 法庭审判的全部活动，应当由书记员写成笔录，经审判长审阅后，由审判长和书记员签名。

3. 法庭笔录应当在庭审后交由当事人、法定代理人、辩护人、诉讼代理人阅读或者向其宣读。

法庭笔录中的出庭证人、鉴定人、有专门知识的人的证言、意见部分，应当在庭审后分别交由有关人员阅读或者向其宣读。

前两款所列人员认为记录有遗漏或者差错的，可以请求补充或者改正；确认无误后，应当签名；拒绝签名的，应当记录在案；要求改变庭审中陈述的，不予准许。

4. 当庭宣判的，使用法庭笔录记明，不另行制作宣判笔录。

合议庭评议笔录

〔××××〕……刑×……号

时间：××××年××月××日××时××分至××时××分

地点：……

合议庭成员：审判长×××、审判员/人民陪审员×××、审判员/人民陪审员×××……

书记员：×××

……（记明合议庭评议内容）。

（以下无正文）

书记员（签名）

合议庭评议结论：

……。

（以下无正文）

审判人员（签名）

书记员（签名）

【说明】

1．本样式根据《中华人民共和国刑事诉讼法》第一百八十四条制定，供人民法院合议庭审理后评议案件记录用。

2．合议庭进行评议的时候，如果意见有分歧，应当按多数人的意见作出决定，但是少数人的意见应当写入笔录。合议庭评议笔录由合议庭的组成人员签名。合议庭开庭审理且评议后，应当作出判决。

审判委员会讨论案件笔录
（第×次会议）

时间：××××年××月××日××时××分至××时××分

地点：……

会议主持人：×××

出席委员：……

列席人员：……

案件汇报人：×××

讨论××××人民法院〔××××〕……刑×……号……（写明当事人及案由）一案

记录如下：

……（记明审判委员会讨论内容）。

审判委员会讨论结论：

……。

（以下无正文）

审判委员会委员（签名）

记录人（签名）

【说明】

1．本样式根据《中华人民共和国人民法院组织法》第三十七条制定，供人民法院审判委员会讨论重大或者疑难的刑事案件记录用。

2．提交审判委员会讨论的案件，应当有书面报告。审判委员会讨论案件，实行少数服从多数的原则。讨论应当制作笔录，由出席委员签名。评议中的不同意见，必须如实记入笔录。

3．列席人员，应写明姓名、单位和职务。

宣判笔录（一审）

时间：××××年××月××日××时××分至××时××分

地点：××××人民法院第×法庭

旁听人数：×人

审判人员：……（写明职务和姓名）

书记员：×××

到庭的公诉人：

到庭的当事人和其他诉讼参加人：

……（写明诉讼地位和姓名）

书记员：全体起立。

审判人员：〔××××〕……刑×……号……（写明当事人及案由）一案，宣告判决如下：

……（写明判决结果）。

如不服本判决，可在接到判决书的第二日起十日内，通过本院或者直接向××××人民法院提出上诉。书面上诉的，应当提交上诉状正本一份、副本二份。

（以下无正文）

公诉人（签名）

当事人和其他诉讼参加人（签名或者盖章）

审判人员（签名）

书记员（签名）

【说明】

1. 本样式根据《中华人民共和国刑事诉讼法》第二百零二条制定，供人民法院定期宣告判决记录用。

2. 宣判笔录应当写明判决结果。

3. 宣告判决时，必须告知当事人上诉权利、上诉期限和上诉的法院。

4. 宣判笔录由到庭的公诉人、当事人和其他诉讼参加人签名或者盖章。拒绝签名或者盖章的，应记明情况。

5. 参加宣判的审判人员和书记员应在宣判笔录上签名。

6. 定期宣判的，宣判后立即发给判决书。

注意：行政庭审文书样式，可以参照民事庭审文书样式。

附录 2　近音、近义词辨析

近音、近义词辨析及示例如附表 1 所示。

附表 1　近音、近义词辨析及示例

序号	词汇	辨析	示例
1	法制	"法制"是法律制度的简称	国家维护社会主义法制的统一和尊严
	法治	"法治"是用法律治理国家和社会，是一种贯彻法律至上、严格依法办事的治国原则和方式	中华人民共和国实行依法治国，建设社会主义法治国家
2	考查	"考查"指测试检验，用一定的标准来检查衡量或评定行为、活动等	要加强对领导干部任职前法律知识考查和依法行政能力测试
	考察	"考察"指实地观察调查或者对官员政绩的考核	招录机关根据考试成绩确定考察人选，并进行报考资格复审、考察和体检
3	检查	"检查"指为了发现问题而用心查看	任何单位、个人不得在高速公路上拦截检查行驶的车辆，公安机关的人民警察依法执行紧急公务的除外
	检察	"检察"指国家法律监督机关（我国专指人民检察院）依法定程序进行的法律监督活动	人民检察院依照法律规定独立行使检察权，不受行政机关、社会团体和个人的干涉
	监察	"监察"用于对各级国家机关及其工作人员工作的监督（督促）考察及检举	各级监察委员会是行使国家监察职能的专责机关，依法对公职人员进行监察，调查职务违法和职务犯罪，开展廉政建设和反腐败工作，维护宪法和法律的尊严
4	交纳	"交纳"较"缴纳"的含义更广，涵盖面更宽。法律中规定，当事人自己向法定机关交付款项时，一般使用"交纳"	当事人进行民事诉讼，应当按照规定交纳案件受理费。财产案件除交纳案件受理费外，还应按照规定交纳其他诉讼费用
	缴纳	在规定包含有强制性意思时，可以用"缴纳"	违反本法规定，应当承担民事赔偿责任和缴纳罚款、罚金，其财产不足以同时支付时，先承担民事赔偿责任
5	抵消	"抵消"用于表述两种事物的作用因相反而互相消除	经济改革后，现在的医院收到的政府金融支持十分有限，其结果是医院必须生财有道来抵消其运作成本
	抵销	"抵销"用于表述账的冲抵。法律中表述债权债务的相互冲销抵免情形时，用"抵销"，不用"抵消"	合伙人发生与合伙企业无关的债务，相关债权人不得以其债权抵销其对合伙企业的债务；也不得代位行使合伙人在合伙企业中的权利
6	账 帐	表述货币、货物出入的记载、账簿及债务等意思时，用"账"，不用"帐"	保险代理机构、保险经纪人应当有自己的经营场所，设立专门账簿记载保险代理业务、经纪业务的收支情况

序号	词汇	辨析	示例
7	谋取	"谋取"是中性词，可以谋取合法利益，也可以谋取非法利益	① 我们的工作是为人民谋取利益，为广大群众谋取幸福 ② 学校以向学生推销或者变相推销商品、服务等方式谋取利益的，由县级人民政府教育行政部门给予通报批评
	牟取	"牟取"是贬义词，表示通过违法行为谋取名利	国务院证券监督管理机构工作人员应当忠于职守，依法办事，公正廉洁，接受监督，不得利用职务牟取私利
8	作出	"作出"多与决定、解释等词语搭配使用	农村土地承包仲裁委员会对回避申请应当及时作出决定，以口头或者书面方式通知当事人，并说明理由
	做出	"做出"多与名词词语搭配使用	对在社会主义建设中做出显著成绩的残疾人，各级人民政府和有关部门给予表彰和奖励
9	权利	"权利"是指自然人、法人或者非法人组织依法享有并受法律保护的利益范围或实施一定行为以实现某种利益的资格	民事主体的人身权利、财产权利及其他合法权益受法律保护，任何组织或者个人不得侵犯
	权力	"权力"是指国家机关或者法律法规授权的组织在职责范围内支配和指挥的力量	全国人民代表大会是最高国家权力机关
10	抚养	"抚养"主要是父母、祖父母、外祖父母等长辈对子女、孙子女、外孙子女等晚辈的抚育、教养	父母对子女有抚养教育的义务，子女对父母有赡养扶助的义务等
	扶养	"扶养"是指夫妻双方、兄弟姐妹等同辈之间在物质和生活上的相互帮助	夫妻有互相扶养的义务
11	截止	"截止"表示到某个时间停止，强调"停止"	在投标文件递交截止时间之前，不足三家投标人递交投标文件的，应停止开标，重新招标
	截至	"截至"，意思是停止于某期限，但是并未结束，后面仍继续	截至××××年××月××日，××届全国人大常委会第××次会议闭幕，我国现行有效的法律共计××件
12	必须	"必须"，副词，表示"一定要"，用在动词之前	律师执业必须遵循"以事实为根据，以法律为准绳"的原则
	必需	"必需"，动词，表示"一定要有"，可作谓语、定语	被执行人未按执行通知履行法律文书确定的义务，人民法院有权查封、扣押、冻结、拍卖、变卖被执行人应当履行义务部分的财产，但应当保留被执行人及其所扶养家属的生活必需品
13	收集	"收集"指聚集在一起	证据必须由司法人员和当事人依据法定程序收集和提供

序号	词汇	辨析	示例
13	搜集	"搜集"指到处寻找并聚集在一起（不易得到的东西）	国家有计划地加强统计信息化建设，推进统计信息搜集、处理、传输、共享、存储技术和统计数据库体系的现代化
14	侦查	"侦查"是指在刑事诉讼过程中，侦查机关为查明案情，收集犯罪证据材料，证实和抓获犯罪嫌疑人，追究犯罪嫌疑人刑事责任，依法采取的一系列专门调查手段和强制性措施	讯问被告人必须由人民检察院或者公安机关的侦查人员负责进行。讯问的时候，侦查人员不得少于二人
	侦察	"侦察"是指为查明敌情、地形和有关作战的其他情况而进行的活动	军事设施，是指国家直接用于军事目的的下列建筑、场地和设备，如军用通信、侦察、导航、观测台站和测量、导航、助航标志等
15	制定	"制定"是指定出法律、规程、政策等，侧重在确定，不轻易变动	《中华人民共和国民事诉讼法》以宪法为根据，结合我国民事审判工作的经验和实际情况制定
	制订	"制订"指创制、拟定，表示正在进行，或者表示某种打算，或者没有最后定案	保险条款的制订是为了适应各种商品情况
16	中止	"中止"指中途停止，有可能恢复	在犯罪过程中，自动放弃犯罪或者自动有效地防止犯罪结果发生的，是犯罪中止
	终止	"终止"指彻底结束，不再进行	有下列情形之一的，合同的权利义务终止： （一）债务已经按照约定履行； （二）合同解除…… ……
17	兑换	"兑换"指用证券换取现金或用一种货币换取另一种货币	经常项目项下的个人外汇业务按照可兑换原则管理，资本项目项下的个人外汇业务按照可兑换进程管理
	对换	"对换"指相互交换，对调	土地使用权对换、房屋对换，对换价格不相等的，由多交付货币、实物、无形资产或者其他经济利益的一方缴纳税款
18	妨碍	"妨碍"指使不能顺利进行，阻碍	干扰医疗秩序，妨碍医务人员工作、生活，侵害医务人员合法权益的，应当依法承担法律责任
	妨害	"妨害"指使受损害	以暴力、威胁方法阻碍全国人民代表大会和地方各级人民代表大会代表依法执行代表职务的，以妨害公务罪定罪处罚
19	财务	"财务"指机关、企业、团体等单位中，有关财产的管理或经营以及现金的出纳、保管、计算等事务	隐匿或者故意销毁依法应当保存的会计凭证、会计账簿、财务会计报告，构成犯罪的，应当依法追究刑事责任

续表

序号	词汇	辨析	示例
19	财物	"财物"指钱财和物资	下列经济业务事项,应当办理会计手续,进行会计核算:财物的收发、增减和使用
20	实行	"实行"指用行动来实现纲领、政策、计划等	对重大安全隐患治理实行逐级挂牌督办、公告制度
	施行	"施行"指法令、规章等公布后从某时起发生的效力;或者按照某种方式或办法去做	本条例自公布之日起施行
21	询问	"询问"指征求意见;打听	侦查人员询问证人,可以在现场进行,也可以到证人所在单位、住处或者证人提出的地点进行
	讯问	"讯问"指问、审问。具有强制性	犯罪嫌疑人自被侦查机关第一次讯问或者采取强制措施之日起,有权委托辩护人
22	指证	"指证"意为指认并证明	证人亲自出庭指证犯罪行为
	质证	"质证"是指在庭审过程中,由一方出示证据,并说明证据来源及证明内容,而由对方就证据本身及证明内容进行辨认、质疑、反驳的一项诉讼活动	证人证言必须在法庭上经过公诉人、被害人和被告人、辩护人双方质证并且查实以后,才能作为定案的根据
23	监视	"监视"是指从旁严密注视、观察	人民法院、人民检察院和公安机关对符合逮捕条件,有法定情形之一的犯罪嫌疑人、被告人,可以监视居住
	监事	"监事"是公司中常设的监察机构的成员,又称"监察人",负责监察公司的财务情况,公司高级管理人员的职务执行情况,以及其他由公司章程规定的监察职责	有限责任公司设监事会,其成员不得少于三人。监事会应当包括股东代表和适当比例的公司职工代表
24	诉讼代理人	"诉讼代理人"指的是在代理权限内,代理被代理人进行诉讼活动的人	离婚案件有诉讼代理人的,本人除不能表达意思的以外,仍应出庭
	诉讼代表人	"诉讼代表人"是指为了便于诉讼,由人数众多(在中国民事诉讼与行政诉讼中,一般指十人以上)的一方当事人推选出来,代表其利益实施诉讼行为的人	当事人一方人数众多的共同诉讼,可以由当事人推选代表人进行诉讼。代表人的诉讼行为对其所代表的当事人发生效力
	法定代表人	"法定代表人"是指依法代表法人行使民事权利,履行民事义务的主要负责人	法人由其法定代表人进行诉讼,其他组织由其主要负责人进行诉讼
25	罚金	"罚金"是指审判机关强制被判刑人在一定期限内缴纳一定数额的钱的刑罚	判处罚金,应当根据犯罪情节来决定罚金数额
	罚款	"罚款"是指行政机关强制违法者缴纳一定数量的钱,是一种行政处罚	违法事实确凿并有法定依据,对公民处以二百元以下、对法人或者其他组织处以三千元以下罚款或者警告的行政处罚的,可以当场作出行政处罚决定

附录 3　常用姓氏录入技巧

1. 可以直接单击的姓氏

王*　　陈*　　黄*　　孙*　　林*　　高*　　唐*　　龙*　　段*

孔*　　毛*　　万*　　牛*　　蓝*　　向*　　欧*　　管*　　苗*

路*　　翁*　　成*　　华*　　连*　　车*　　蒙*　　强*　　米*

谈*　　全*　　农*　　冷*　　应*　　楼*　　干*　　南*　　木*

和*　　占*　　满*　　柴*　　桑*

2. 可以用特定单音字击打的姓氏

周（X）　马（X）　宋（W）　曾（W）　于（X）　田（W）　白（W）　关（W）

包（W）　时（W）　党（W）　原（X）　公（X）　文（W）　伍(W:WU)查（W）(zha-cha)

3. 可以用双音略码录入的姓氏

饶命/X　保证/X　封建/X　乐趣/X　明显/X　利用/X　解决/X（xie-jie）

许多/W　程度/W　方法/W　安全/W　宁愿/W　古代/W　乐观/W　麻烦/W　门口/W

单位/W（shan-dan）　　仇恨/W（qiu-chou）

4. 可以用"恩"联词消字的姓氏

李恩　　张恩　　刘恩　　赵恩　　吴恩　　徐恩　　胡恩　　何恩　　郑恩

罗恩　　谢恩　　邓恩　　冯恩　　蔡恩　　潘恩　　袁恩　　江恩　　崔恩

韦恩　　石恩　　孟恩　　雷恩　　邵恩　　康恩　　尹恩　　洪恩　　樊恩

乔恩　　俞恩　　申恩　　焦恩　　霍恩　　官恩　　麦恩

5. 可以用拼音 de 联词消字的姓氏

杨得　　楚得　　朱德　　曹德　　彭德　　苏德　　范德　　贾德　　熊德

秦德　　常德　　武德　　钱德　　庄德　　庞德　　兰德　　穆德　　艾德

6. 可以用拼音 bu 联词消字的姓氏

韩不　　顾不　　莫不　　吕布　　卢布　　夏布　　葛布　　花布　　沈部

师部

7. 可以用拼音 wu 联词消字的姓氏

丁武　　练武　　任务　　侯伍　　房屋　　司务　　景物　　边务　　植物
盖屋

8. 可以用拼音 wei 联词消字的姓氏

廖伟　　邱蔚　　郝伟　　芦苇　　尚未　　滕巍　　尤为　　匡威　　燕尾

9. 可以用拼音 yi 联词消字的姓氏

钟一　　赖以　　左翼　　曲艺　　迟疑　　商议　　屠椅

10. 可以用拼音 mu 联词消字的姓氏

杜牧　　丘墓　　汤姆　　柏木　　银幕　　薛暮　　项目

11. 可以用"某"联词消字的姓氏

翟某　　靳某　　闵某　　褚某　　臧某

12. 可以用拼音 di 联词消字的姓氏

陆地　　倪迪　　甘地　　谷底　　娄底

13. 可以用拼音 e 或 zhi 或 da 或 ji 或 shi 或 yu 联词消字的姓氏

余额	金额	沙俄	窦娥
柳枝	耿直	简直	丛枝
郭达	萧大	盛大	畅达
邹忌	阮籍	屈肌	阳极
陶氏	温室	舒适	费时
易于	章鱼	池鱼	荣誉

14. 可以用拼音 le 或 he 或 luo 或 xi 联词消字的姓氏

施乐	梅勒	席勒
鲁河	祝贺	符合
阎罗	柯罗	奚落
游戏	郎溪	岑溪

15. 可以用其他音节码联词消字的姓氏（1）

戴尔　聂耳　姚伯　毕业　鲍耶　颜色　栗色　严格　帅哥
凌迟　廉耻　刁悍　贺客　荆轲　揭批　桂皮　喻体　宫体
童真　寇振　梁祝　宗主　詹森　覃脤（tan shen）

16. 可以用其他音节码联词消字的姓氏（2）

董卓　叶子　魏本　蒋四　傅三　谭盾　史特　龚睿　黎川
殷墟　邢州　齐心　骆驼　纪律　缪长　季节　辛巴　涂鸦
裴度　闻听　牟利　卜辞　冉冉　蒲剧　卫国　吉他　隋唐
姬热　郁闭　巩固　卓夫　栾城　戚少　甄别　苟安　冀望
衣着　雍正　卞则　虞舜　巫婆　敖东　邝美　仲尼　储备
鞠躬　井喷　冼星海　蔺芈（lin mi）　佘山（she）

17. 需要用左消进行联词消字的姓氏

（御）苑

18. 可以直接击打出来的复氏姓氏

欧阳　　上官

19. 需要用重码选择录入的姓氏

祁门（2）　　晏紫（9）　　鄢陵（3）　　佟健（4）

20. 需要用形码录入的姓氏

郜（告+耳）

附录4　各省份及省会城市录入技巧

1. 直辖市+简称+录入技巧

北京市（京/京师）　　上海市（沪/沪深）　　天津市（津/津亭）
重庆市（渝/渝开）

2. 省级行政单位+简称+录入技巧+省会

河南省（豫）（豫章）郑州市　　　安徽省（皖）（皖江）合肥市
福建省（闽）（闽西）福州市　　　甘肃省（甘）（甘地）兰州市
贵州省（黔）（黔南）贵阳市　　　海南省（琼）（琼脂）海口市
河北省（冀）（冀望）石家庄市　　黑龙江省（黑）哈尔滨市（四音）
湖北省（鄂）（鄂州）武汉市　　　湖南省（湘）（湘儿）长沙市
吉林省（吉）（吉林）长春市　　　江苏省（苏）（苏武）南京市
江西省（赣）（赣州）南昌市　　　辽宁省（辽）（辽西）沈阳市
青海省（青）（青年/X）西宁市　　山东省（鲁）（鲁河）济南市
山西省（晋）（晋祠）太原市　　　陕西省（陕）（陕西）西安市
四川省（蜀）（蜀山）成都市　　　云南省（滇）（滇池/2）昆明市
浙江省（浙）（浙大）杭州市　　　台湾省（台）（W）台北市
广东省（粤）（粤北）广州市

3. 自治区+简称+录入技巧+省会

广西壮族自治区+桂+桂皮+南宁市
西藏自治区+藏+（zang-cang）+拉萨市
宁夏回族自治区+宁+宁愿/W+银川市
新疆维吾尔自治区+新+乌鲁木齐市+多音
内蒙古自治区+内蒙古+三音+呼和浩特市+多音

4. 特别行政区

香港（港）（港务）　　　　　　　澳门（澳）（澳门/X）

参 考 文 献

毕晓曼，周申才，2015．中文计算机速录与速记[M]．成都：电子科技大学出版社．

杜平，2016．书记员职业素养的养成[N]．江苏法制报，2016-08-16（00C）．

冯璐，2017．庭审速录实务[M]．北京：中国政法大学出版社．

康晓钟，葛峰，2008．影响庭审笔录忠实性的因素及其判断标准[N]．人民法院报，2008-12-02（005）．

寇昉，2018．书记员工作流程[M]．北京：人民法院出版社．

寇森，2016．检察机关书记员速录职业能力培训教程[M]．北京：中国检察出版社．

李爱，程丽莉，2011．速录技能[M]．武汉：华中科技大学出版社．

李冉毅，2018．试论刑事庭审笔录法定化：以审判中心为视角[J]．江西警察学院学报（2）：111-116．

李晓棠，尚铮铮，2020．书记员工作实务[M]．2版．北京：中国人民大学出版社．

廖清，2017．亚伟中文速录机培训教程[M]．北京：社会科学文献出版社．

孟昭科，2011．怎样做好书记官工作[M]．北京：人民法院出版社．

孙道萃，张礼萍，2012．刑事庭审笔录的性质与运用初探[J]．江西警察学院学报（5）：81-85．

王家良，2010．信息化条件下庭审笔录的完善[N]．人民法院报，2010-09-22（008）．

夏忠球，2019．速录员提高速录速度的方法研究[J]．办公自动化（14）：62-64．

薛伟宏，2016．书记（官）员研究[M]．北京：法律出版社．

周秀峰，2014．书记员如何做好庭审笔录[N]．江苏法制报，2014-10-20（00C）．